U0559369

中层管理者的卓越助手 & 完美造就个人职业生涯

中层的三核心和八关键

刘易明 编著

中国华侨出版社

图书在版编目（CIP）数据

中层的三核心和八关键／刘易明编著．—北京：中国华侨出版社，2015.7

ISBN 978-7-5113-5560-7

Ⅰ.①中… Ⅱ.①刘… Ⅲ.①企业领导学 Ⅳ.①F272.91

中国版本图书馆 CIP 数据核字（2015）第 156615 号

●中层的三核心和八关键

编　　著／刘易明
责任编辑／文　蕾
版式设计／丽泰图文设计工作室／桃子
经　　销／全国新华书店
开　　本／710×1000 毫米　1/16　印张／17.5　字数/236 千字
印　　刷／联城（北京）印刷有限公司
版　　次／2015 年 8 月第 1 版　2015 年 8 月第 1 次印刷
书　　号／ISBN 978-7-5113-5560-7
定　　价／36.00 元

中国华侨出版社　北京市朝阳区静安里 26 号通成达大厦 3 层　邮编：100028
法律顾问：陈鹰律师事务所
编辑部：(010) 64443056　64443979
发行部：(010) 64443051　传真：(010) 64439708
网　址：www.oveaschin.com
E-mail：oveaschin@sina.com

序言

XU YAN

一个企业的战略意图能否顺利实现，完全取决于管理者的执行能力，执行能力的高低则取决于管理者的自身素质。

对于一个企业来说，各项工作目标是否能够落实，关键在于企业的管理者。如果企业的管理者都是会想事、能办事、办好事、不出事、能共事的人，那么工作目标就一定能实现。

建设管理者队伍，关键要提高管理者队伍的素质。管理者的素质体现在三个方面：

1. 理论上要充实。作为管理者，要不断加强学习，给自己充电，提高自身素质。只有理论上的成熟才能达到思想上的成熟，只有理论上的提高才有工作能力上的提高。

2. 工作上要扎实。管理者做工作不搞花架子，必须带着对企业和员工的深厚感情，全身心地投入，深入群众，体察民情，解决民忧，扎扎实实工作。

3. 制度上要落实。制度由大家来订，一旦建立制度，就必须用这些制度来规范约束管理者自己的行为，并且狠抓落实，奖惩到位。

中层管理者是连接企业建筑高层组织与基层组织的坚实桥梁，是企业核心能力的代言人，是企业文化的践行者，更是企业价值实现的设计者和执行者，是企业的宝贵财富和资源。

假如把企业比作一个健全的人，那中层管理者就是连接大脑和四肢的脊柱，是企业的腰杆子。如果企业的腰杆子不硬，企业就永远站不起来，无法承受来自残酷的市场风雨的洗礼。

正是因为中层管理者特殊的位置和承担企业生存发展的重大责任，使中层管理者成为企业这个完整组织中矛盾的焦点和风暴的中心。高层领导埋怨中层执行不力，基层员工觉得中层指挥无序，面对来自高层和基层的双重压力，让中层管理者身心俱疲，备感困惑和挫折。

谁能指点迷津，让中层管理者醍醐灌顶，开阔思想格局，领悟管理真谛，既能赢得高层赏识，又能赢得下属的佩服，从而走出工作困境，达到职业生涯的更高境界？

笔者通过 6 年中层、8 年高层的职业生涯精心总结出来的中层管理者“三核心与八关键”，希望对广大中层管理者能有所裨益。

什么是中层管理者的“三核心”？

作为中层管理者，上有高层领导，下有普通员工，首先要对自身有一个正确的角色认知，只有弄明白“我是谁”，才能摆正自身位置，接下来才能把事情做对，即建设团队并带领团队认真执行高层领导的决策，顺利达成企业奋斗目标，同时也实现自身的价值。

所以中层管理者的“三核心”将重点阐述以下三个方面内容：

中层三核心之一：必须要摆正位置；

中层三核心之二：必须要会带团队；

中层三核心之三：必须要有执行力。

什么是中层管理者的“八关键”呢？

一个企业能否生存发展，关键在中层，中层管理者的关键就在于执行能力。

中层管理者的“八关键”就是要告诉中层管理者在执行过程中容易陷入的误区，这些误区主要包括：目标管理的误区、时间管理的误区、管理沟通的误区、辅导下属的误区、危机管理的误区、绩效管理的误区、激励的误区、授权管理的误区这八个方面。

对于中层管理者来说，如何避免陷入执行误区，少走许多弯路，怎样才能把事情一次性就做对，这是中层管理者“八关键”的重点探讨内容。

任何一种思想或者方法，都不能包治企业百病，对于笔者提出的中层管理者的“三核心和八关键”，由于笔者才疏学浅，一定有许多疏漏之处，望大方之家不吝赐教，给予指正。

是为序。

刘易明

2015 年 1 月于北京奇正学堂

上篇 中层的三核心

下篇 中层的八关键

上篇

中层的三核心

企业的组织结构，一般分为三个管理层次，即决策层（领导层）、中层（执行层）和基层（操作层）。

企业的中层是一个比较特殊的群体，上有决策层，下有基层，处于企业这个组织系统中的夹心位置。

有人说，中层优秀，企业才优秀。中层对于一个企业的重要作用早已为业界所共识。

那么，作为企业的中层，如何才能上不辜负领导赏识，下对得起员工的信任，协调好自身与员工以及组织之间的错综复杂的关系，出色地完成自己的使命，实现企业的奋斗目标？

兵不在多而在精，将不在勇而在谋。

任何事物的发展都有其内在的规律和本质，只有抓住这些规律和本质，才能事半而功倍，取得最终期望的结果。

中层三核心之一：必须要摆正位置

中层管理者是职场中最有发展潜力的级别，他们在企业中具有一定的影响力和号召力，对上可以与老板接触，对下可以指挥员工、部署工作，如果工作出色，业绩突出，可以晋升为高层管理者，实现职业生涯的更高目标。

但中层管理者也面临很大的工作压力与挑战：上有眼光挑剔、不断督促自己的高层领导，下有个性迥异、难以管理的员工，还有企业内部其他各部门之间的关系要理顺和摆平，在这复杂多变的职场中任何一种关系如果处理不好，都有可能给自己带来职业生涯的危机。

作为中层管理者，上任伊始，首先面对的第一个问题就是对自身角色的认知问题，也就是说，中层管理者如何摆正自身位置。

孔子说："名不正，则言不顺；言不顺，则事不成。"

这里所谓的名正言顺，对企业中层管理者来说，就是要摆正自己所处的位置，了解自己的角色定位，做自己该做的事，说自己该说的话，才能顺利开展企业的各项工作，最大限度发挥自己的水平，避免犯下一些不必要的错误，使自己逐步成长为一个优秀的中层管理者，向自己职业生涯的更高目标不断迈进。

一、中层管理者的角色定位

“认识你自己”（Know Yourself），相传是刻在德尔斐的阿波罗神庙的三句箴言之一，也是其中最有名的一句。传统上对这句话的阐释，是劝人要自知，明白人只是人，并非诸神。

尼采也曾经说过：“聪明的人只要能认识自己，便什么也不会失去。”

如果一个中层管理者不了解自己，不知道自己肩负的使命，不能找准自身的角色定位，便不可能成长为一个优秀的中层管理者。

无论你是刚从基层提拔上来的中层管理者，还是从别的企业、别的部门空降过来的中层管理者，环境变了，位置变了，工作内容变了，思想、意识、做事方式、说话的方式等都要随之改变。

中层管理者角色转换的一个尤为突出的特点就是：由原来的“战斗员”变成了“指挥员”，由“运动员”变成了“教练员”，工作性质从一定意义上的“劳力”变成了“劳心”。

美国作家约翰·加德纳说：“有才华是一回事，但是能否成功地发挥才华又是一回事。”

那么，作为中层管理者，怎样才能成功地发挥自身才华呢？毫无疑问，源于清晰的角色认知基础上的自我塑造和自我改变才是重中之重。因为只有这样，中层管理者才能客观、全面地了解自己，才能充分地调动自己的积极性，才能全身心地投入工作，才能磨炼和提高自己的才能，才能确保自己是一个知深知浅的下属和上司。

（一）中层管理者的定义

在企业的组织结构中，一般可以划分为三个层级：高层、中层和基层。

高层指的是企业的经营者、决策者。

中层通常指的是在一个企业系统内，既有上级领导存在，又有下属供其指挥的职位上所配备的管理者。

中层一般相对于基层和高层管理者而存在，中层管理者没有确定的职级和职位，在每个企业系统内，根据其所处地位而具体确定，一般是指企业的部门领导、项目主管、车间主任等。

中层以下的员工群体就是基层。

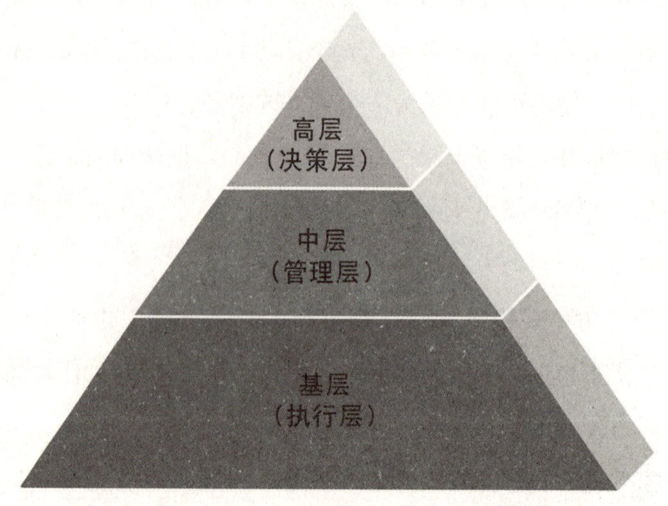

企业的层级划分

（二）中层管理者的角色认知

一个企业的目标能否实现，关键还是要看中层管理者的能力。中层管理者作为高层决策的执行者和基层工作的组织者、管理者，是衔接上下级之间的中转站，是企业生存和发展的关键，在企业中处于非常重要的位置。

中层管理者上有领导，下有员工，在一个单位处于上与下、宏观与微观的结合点上，既要在上级的领导下开展工作，又要指导本部门员工开展工作。一项工作的推进，既靠高层领导的正确决策，更需要中层管理者狠抓落实。

中层管理者是连接高层决策者和基层操作者的桥梁，在企业中处于承上启下的位置，有三个方面需要好好把握。

1. 处于参谋助手的位置

中层管理者不仅仅要做到上情下达，更要研究分析基层工作和员工队伍的各种情况，为领导出谋划策，为高层的决策提供充分的第一手材料。

2. 处于中坚力量的位置

一个企业的普通员工之所以能从基层发展到中层，一般都是因为工作出色，有独当一面的能力，才得到领导的信任、提拔和重用。所以中层管理者整体上能力水平都比较强，综合素质都比较高，是一个单位的业务骨干、中坚力量，代表着一个单位管理者队伍的整体素质和对外形象。

3. 处于执行层的位置

一个企业高层领导作出的决策，关键是要通过中层管理者去推动、去落实、去实践。尤其是一项正确决策的实施，最终能否产生预期的效果，与企业的中层管理者如何执行、如何有效实施有着很大的关系。

中层管理者作为企业管理的系统继承者，是企业核心能力的代言人，更是企业价值实现的设计师。在执行过程中，中层管理者是企业信息的集散地，也是企业创新的发源地，更是企业文化的践行者和传播者。中层管理者执行能力的高低将直接决定企业的生死和存亡。

正因为中层管理者所处的位置具备上述三个特点，所以一个企业中层管理者队伍的素质如何、能力高低、作风好坏，在很大程度上决定着一个企业的总体工作面貌。

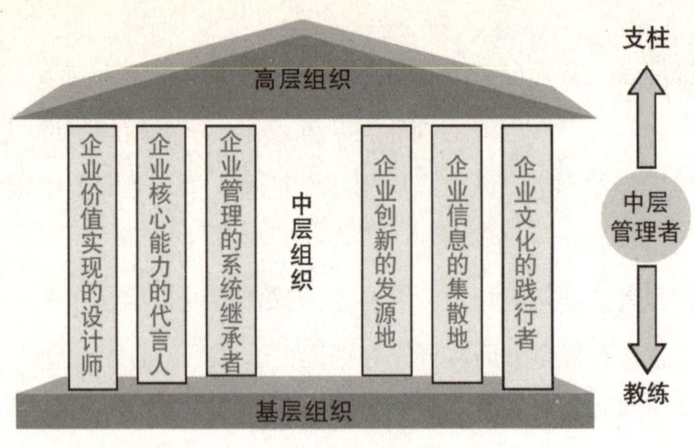

企业建筑结构示意图

（三）中层管理者的角色定位

1. 中层管理者是经营者的替身

企业的经营者为什么要设立中层？

企业经营者之所以设立中层管理者，是因为责任需要分担。

无论是从专业的角度，还是从能力的角度来看，一个人不可能具备一个企业的各种分工所需要的技能。没有人是既懂产品生产、又懂产品营销，还懂财务管理的全才。为适应社会化分工越来越细的要求，中层管理者在职责上实现了管理的专业性。这种管理分工基础上的协作，将大大提高整个组织的运转效率和生产力。

作为经营者“替身”的中层管理者，必须遵循以下原则：

(1) 中层管理者之所以能够对下属发号施令，其职权来自上司的委任或授权，必须对高层领导负责。

(2) 中层管理者是上司的代表，其言行是一种职务行为。当其对下属发表言论，或是对下属的某些行为作出评价、处理的时候，不是代表其个人，而代表的是企业或者上司。

(3) 中层管理者也是被管理者，要服从并坚决执行企业或高层领导作出的各项决议和决定，即使对高层领导的各项决定有自己的想法，也要首先坚决地去执行，不能打折扣或者变通执行。

(4) 中层管理者要在职权范围内做事，不错位，不越位。任何一个中层管理者，其职权行使都有一定的范围，或一个部门，或一个项目，超范围行使权力都是角色错位的越权行为。

2. 对基层员工来说，中层是管理者、教练员、绩效伙伴、创新和变革者

(1) 管理者

彼得·德鲁克说，所谓管理者，就是凭借职位和知识，对该组织的整体绩效和经营能力产生影响的人，即“通过他人实现目标”的人。所以，中层管理者的首要任务是以身作则，帮助下属去完成工作。

中层管理者通过计划、组织、领导、控制等职能运用，以实现组织赋予自己的目标。在现实的管理活动中，管理者如果仅具有法定的权力，是难以做好管理工作的。

中层管理者在工作中应重视“个人影响力”，成为具有一定权威的管理者。所谓“权威”，是指管理者在组织中的威信、威望，是一种非强制性的“影响力”。权威不是法定的，不能靠别人授权。权威虽然与职位有一定的关系，但主要取决于管理者个人的品质、思想、知识、能力和水平；取决于同组织人员思想的共鸣，感情的沟通；取决于相互之间的理解、信赖与支持。这种“影响力”一旦形成，各种人才都会吸引到管理者周围，通过对下属的激励和指导，运用最有效的沟通和协调方式，处理下属成员之间的冲突，不断提升下属的工作能力，形成一支有战斗力的团队，让下属心悦诚服地接受管理者的引导和指挥，从而产生巨大的物质力量。

(2) 教练员

一项调查表明，下属工作能力的70%来自中层管理者的培训和辅导。

作为中层管理者，不要以为培育下属是公司的事情、人力资源部的事情。当你感到下属的能力不足以应付工作的挑战时，你不要责备公司的人力资源部没有给你招聘到合格的人才，不要责备公司没有安排专门的培训。你如果想让下属提高工作绩效，顺利地完成本部门的工作目标，你就必须充当教练员的角色，不断地在实际工作当中训练和辅导下属，而不是让下属自己摸索，等着他们“实践出真知”，那你就失职了。

⑶ 绩效伙伴

中层管理者与下属是绩效伙伴关系，你与下属是绩效共同体。因为你的绩效有赖于下属出色地完成任务，下属的绩效有赖于你的支持和辅导，是一个团队，大家互相依存，共生共荣，是拴在一根绳上的蚂蚱，谁也离不开谁。

⑷ 创新和变革者

在世界 500 强的企业中，其平均寿命只有短短 40 年，而那些能保持基业长青的企业无一例外都是不断创新和变革的企业。

在世界经济一体化的今天，在残酷的市场竞争中，一家企业要想生存、发展，就必须不断加快创新和变革的脚步，谁跑得慢，谁就会被市场无情地淘汰。

中层管理者在企业创新和变革中处于一个至关重要的地位。

首先，在企业中，一个创新型的中层管理者会及时将来自下属创新的声音和变革的思路传递给高层领导，从而引发公司自下而上的创新和变革；其次，公司层面的创新和变革需要中层管理者传递下去，从而引发公司自上而下的创新和变革；最后，重要的是，中层管理者在客户层面、市场层面、管理层面有着比公司高层和基层员工更大的信息量和体验，因而更容易抓住创新和变革的突破口及操作点。

3. **在企业内部，各部门之间、上下级之间是互为客户和供应商的关系**

所谓的供应商，就是提供商品或服务的人或组织。这很好理解，企业的各个部门是构成企业这个整体机器有效运行的重要组成部分。作为企业来说，没有哪一个部门会不和其他部门产生协作而完成工作。

上级的决策有赖于下级的执行和完成，下级的表现就是上级的成就，从这个意义上来说，上下级之间也是互为客户和供应商的关系。

肖斌是一家企业的销售部经理。一天，他接到很多客户投诉，他们普遍反映刚上市的一批新产品质量太差。由此造成市场销售量锐减，产品大量积压，肖斌因为此事被总经理狠狠地训斥了一顿。

肖斌觉得很委屈，于是跑到质检部门兴师问罪："你们怎么搞的？轻易就将这种有问题的产品过关？"

质检部经理说："这怎么能怪我们？这是生产部的事情。这一批产品都是这样的质量，不让过关难道要销毁？这个责任谁来担？"

"嗯，有道理。"肖斌于是跑到生产部，对生产部经理说："你们怎么能生产出质量如此低劣的产品？现在遭到客户大量投诉和退货，你让我怎么办？"

生产部经理说："这不是我们的责任，要怪只能怪采购部，原材料都是采购部提供的，有什么原材料就生产什么样的产品。"

"嗯，有道理。"肖斌于是跑到采购部，对采购部经理说："你们太不负责任了，怎么能采购这种劣质的原材料呢？"

采购部经理说："财务部只给我们那么点钱，能买来这样的原材料已经不错了，这还欠着人家供应商不少钱呢，不是看我的面子，人家根本不给发货。"

"嗯，有道理。"肖斌于是跑到财务部，对财务部经理说："为什么就不能给采购部多拨一些钱呢？"

财务部经理说："能拨多少钱，也不是我说了算呀！我只能根据你们销售部的回款来统筹安排资金，你每个月只回那么一点钱，让我怎么办？"

肖斌傻眼了，问题绕了一圈，又绕到自己头上了。

这个案例说明，在一个公司的系统内部，上下级之间、各部门之间是互为客户和供应商的关系，无论哪一个部门或者哪一个环节出了问题，就会引起连锁反应，很难独善其身。

在企业里，中层管理者之间的矛盾错综复杂，容易发生冲突，最让人头疼。

(1) 部门之间相互推诿

因为部门之间职责划分不清晰，界限不清楚，很容易造成部门之间相互推诿的现象。

(2) 本位主义

缺乏大局观念，只想着本部门的事，只关心本部门的利益。还有许多中层管理者抱定的哲学是“事不关已，高高挂起”，“个人自扫门前雪，莫管他人瓦上霜”。

如果在企业里，各部门之间相互把对方当作客户和供应商会产生什么结果?

如果我们把对方当作客户对待，就会以大局为重，以公司整体利益为重，站在更高的角度去看待问题，充分了解客户的需求；通过及时、周到的服务让客户满意，时时、事事站在对方的角度去考虑问题，一切以客户的满意为中心，将对方是否满意作为衡量自己做得好与不好的唯一标准。这样就一定能够赢得你的客户。换言之，你这样对待客户，换来的也一定是好的回报和结果。

很多企业往往重视客户而忽视供应商，其实这个观点是错误的，如果企业没有供应商的支持和帮助，不能和供应商之间建立一个长期的、稳定的关系，将会对企业的生存、发展产生重要的影响，让人欣慰的是，这种观点正在改变。

各部门之间如果能够做到互为客户和供应商的关系，这将是一个不可战胜的、高绩效的团队，一支攻无不克、战无不胜的“虎狼之师”。

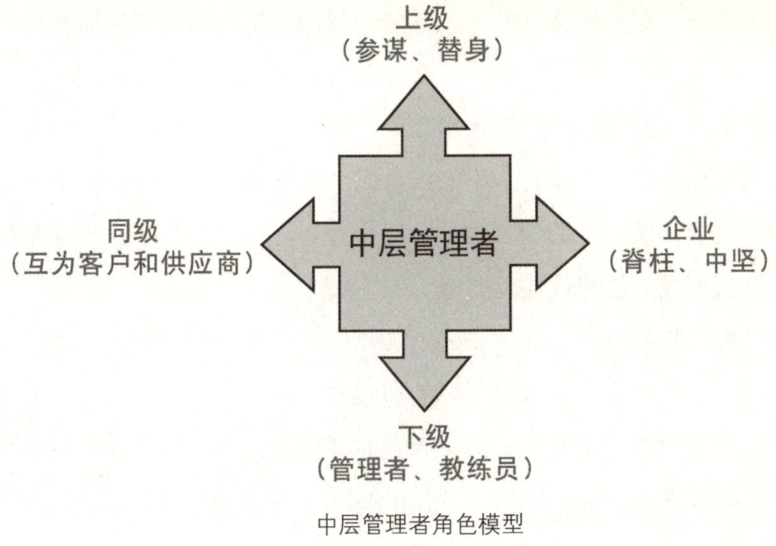

中层管理者角色模型

（四）中层管理者角色认知的误区

根据美国《管理者》杂志公布的一项调查数据表明，超过 40%的企业总裁认为自己企业中最能干、最有贡献的就是中层管理者。因为中层管理者是企业的高层与基层之间的纽带，是企业的中坚和脊梁，其重要性不容置疑。

从职业生涯角度，中层管理者是重要的成长阶梯，对于中层管理者自身而言是事业的新起点，但对普通员工来说，却是事业的高点。每一个企业的组织结构都是金字塔式的，等级越高，可提供的职位就越少，竞争越激烈，对中层管理人员的素质要求也越高。在大公司，那些对等待缺乏耐心的员工有可能成为企业家，开创自己的事业，另一些人简单地接受这个现实，调整了自己的生活和职业目标，努力满足自己的成就感、自我认知以及个人除工作之外的其他成长需要。

在很多企业里，管理者忙于每天的事务处理，对于自己的角色认知往往存在一些误区，这种情况在一些企业中很普遍，且有多种表现形式。

1.“官僚主义”

企业中有一些中层管理者，尤其是部门的正职，在工作中表现得比较强势，官僚主义作风严重，认为什么都是自己说了算，不重视发挥副职的作用，更不重视发展团队的智慧和力量。

其实，作为中层管理者，不能给人以“太强势”的感觉。太强势的管理者很容易发展成为“胆大妄为型”的管理者，而且至少不属于那种深得民心、众人拥戴的优秀管理者类型。

2.“民意代表”

有些中层管理者为了赢得下属的拥戴和支持，在处理上、下级的关系问题上，往往忽视对上级负责的原则，而一味地偏袒下属，这种行事作风实际上是把自己定位为下属的“民意代表”。

其实，中层管理者若要取得下属的拥戴和支持，应该努力提高自己的管理能力和人格魅力，即不断提升自己非权力性影响力的作用，而不是靠做“民意代表”。

正确的做法是，既要对上级负责，又要对下级负责，并把二者有机结合起来。

3.“自由人”

在一些重要的会议上，有的中层管理者是这样表述的：“刚才我说的这些话，只代表我个人意见”；在一些重要的谈判桌上，也经常表达自己是不代表企业的。

其实，这样的说法是要分场合、分对象的。如果你对上级发表个人意见是没有问题的；如果你对下属这样说就显得很不合适；如果你对外单位这样说就更不合适了。作为中层管理者，对上级时你是代表下级，对下属时你是代表上级，对外你则是代表企业、代表组织。因此，中层管理者应该清楚地意识到自身的角色，以及会给组织所带来的影响。切不可像打排球的“自由人”那样机动灵活，随意行事、随意发表自己的观点。

4.“传声筒”

很多中层管理者只是机械地传达上级的精神，同时又不能科学地反映下面的情况，以“传声筒”“搬运工”“快递员”形象而存在，就失去存在的价值，也没有发挥好承上启下的桥梁作用。

作为中层管理者，要清楚地认识到自己在组织中的定位以及所应该发挥的作用。在具体的日常工作中，既要弄清楚上级领导的决策意图和工作重点，要充分了解下面的具体情况，包括可能存在的有利因素和不利因素，做到心中有数，然后把二者有机地结合起来。

5.“业务骨干”

上级提拔中层管理者，应该说大部分都是从单位的业务骨干中选拔和培养的。作为业务骨干，一旦走到了领导岗位，就应该重新给自己定位，如果还一味地埋头忙于业务性或技术性工作，忽视自己的职责主要是进行管理，不断提高团队中的每一个人的综合素质和工作能力，形成强大的团队合力，让部门的工作绩效产生集合效应，而不是做具体的业务性或技术性工作。

6.“好好先生”

现实领导活动中，与“官僚主义”做法相反的是做“好好先生”。其主要表现形式是怕得罪人，缺乏管理自信和勇气，不求有功，但求无过。思想上保守、因循守旧，满足于已有的知识、技能以及工作经验，不愿接受新鲜事物或汲取新思维、新方法、新视觉。工作按常规性要求推进，不明确，计划不周详，执行不到位，行为过程控制不力。出了事情或造成过失只做检讨但仍不予改进。

实践表明，“好好先生”式的领导，其做法既不利于团队建设，更不利于事业的发展。

对于上述6种角色认知误区，中层管理者一定要坚决克服和杜绝。

二、中层管理者的使命与职责

企业要持续稳步发展，扩大规模，提高管理水平，毫无疑问，除了周密的发展战略及管理体系外，最重要的是中层管理者的使命意识和执行能力。

使命是一种内在的精神、深邃的理念、重要的行为准则，也是一种责任。

使命的意义在于把一个企业管理机构建设成为一种上下贯通、运转高效、执行力强的体系。受令的中层管理者，不能把企业的决策方案当作一项工作任务传达下去就完了，中层管理者的职责不仅仅是传递信息，而是要使下达的决策方案得以贯彻执行。执行的过程是否顺利，是否降低标准，是否按时执行，速度、力度、成效如何，还存在什么问题，等等，这些都需要中层管理者随时把控。

（一）中层管理者的使命

对于企业中层管理者来说，其使命主要分为对内和对外两个部分。

1. 中层管理者对外主要使命是带领员工创造客户价值

管理大师彼得·德鲁克说过："企业的唯一目的是创造客户。"中层是创造客户、创造价值的核心力量，没有中层就没有创造客户价值的原动力。中层创造客户价值的过程中主要起到带领、执行、创新等作用，这包括企业的外部客户和企业的内部客户，因为中层能够具体接触到客户的问题并且引发思考。

2. 中层对内的使命是帮助员工成长

员工的成长和中层领导密不可分。中层领导经常接触员工，能够及时发现问题并找到解决方案。员工真正的成长在于实践，而带领员工实践的正是中层领导。

中层领导是通过帮助员工成长实现团队成长；通过团队的成长创造更多的客户价值；通过更多的客户价值帮助企业赚更多的钱。这就是中层成功定律。

中层管理者应该像老板一样思考，像秘书一样工作。

（二）中层管理者的职责

在管理实践活动中，中层管理者必须找准自身的定位，明确自身的职责，即组织、协调和管理，掌握和运用科学的管理方法与领导艺术，努力实现工作的不断创新。

中层管理者组织、协调和管理的重要职责内容包括以下几个方面：

1. 立足全局，处理好全局与局部的关系

清人陈澹然说：“不谋全局者，不足谋一域。”在工作中，中层管理者应该站在高层领导的角度去看待问题，而不能只站在本部门利益、局部利益或个人的利益上，要有大局观，以大局为重。

全局意识以及统筹能力的把握，将成为影响中层工作业绩的重要因素之一。

中层管理者的工作是全局工作的重要组成部分。只有立足全局，才能更好把握局部；也只有做好局部工作，才能对全局工作起到积极作用。如果中层管理者思考问题角度和出发点主要是自己部门或分内的事情，就会把主要精力放在小问题上，就会忘记企业的整体目标，会丧失创造力，或者至少会逐渐枯竭。

这样一来，中层管理者处理问题的能力以及处理问题的结果必然与上级的预期和要求存在差距，这种差距使得中层管理者准确把握上级意图和工作大局时带有很大的局限性。若要打破这种局限，就必须强化全局意识，提高辩证思维能力。

(1) 学会用全面的观点看问题

只有把本部门的工作放到大局中来谋划、思考，才能使自己的工作融入全局工作当中去，并推动和促进全局工作的开展。

(2) 学会用发展的观点看问题

领导工作既具有阶段性，也具有连续性。在推进阶段性工作过程中，要善于运用前瞻性思维思考工作的发展趋势，在不断实现阶段目标的过程中，为实现长远目标创造条件。

(3) 学会用矛盾的观点看问题

企业不同的发展时期，工作重点是有区别的，而工作重点就是大局。只有善于抓住重点并解决主要矛盾，才能有效地带动其他矛盾的解决，进而推动整体工作的开展。

2. 加强沟通，发挥好桥梁和纽带作用

在一个企业中，上级领导和普通员工之间的根本利益是一致的，但在某些具体利益或某些观点上总有存在不一致的时候。当一致的时候，中层管理者的工作比较好开展。而在出现不一致的时候，有些中层管理者则显得无所适从了。他们有的采取回避的态度，既不得罪上级，也不得罪员工，走一步，看一步，无所作为；有的则唯上级决策是从，不顾普通员工的感受；有的以维护员工利益为借口，消极地执行决策，甚至不执行决策；等等。中层管理者的这些态度和做法，必然会把自己置于被动之中，不仅决策的执行达不到应有的效果，也把自己推向矛盾的焦点，陷入尴尬的境地。那么，如何化解呢？一般来说，在上级决策和普通员工意愿出现矛盾的时候，中层管理者应采取如下积极的态度和科学的方法去解决。

(1) 积极寻求工作的切入点

寻求工作的切入点，关键是要对矛盾有正确的分析，在求同存异中发现一致，在求异存同中寻找利益的平衡点，这样就会在一致和平衡的基础上实现工作的突破。

⑵ 善于沟通，发挥好桥梁和纽带作用

上级和员工看问题的角度是有区别的，出现矛盾也是必然的。作为中层管理者，要善于通过正常的渠道特别是深入细致的思想工作，让员工真正了解和把握上级的意图，提高执行的自觉性；同时，要把员工的意愿实事求是地向上级反映，使上级了解员工的真实想法。这种有效沟通，会实现上级和员工的彼此理解，减少工作的阻力和摩擦。

⑶ 做矛盾的转化工作

任何矛盾的双方，都存在着由此及彼转化的可能，关键有转化的条件。中层管理者作为中间环节，要发挥桥梁的作用，当好双方信息的传递员，必要时要拿出对策，找到解决问题的条件，促使矛盾向着有利解决问题的积极方向转化。从这个意义上讲，中层管理者对于化解矛盾、确保稳定、促进和谐发展等，都起着至关重要的作用。

3. 积极建言献策，当好高层领导的参谋和助手

在一个企业中，中层管理者既是上级决策的主要执行者，也是上级决策的重要参谋和助手。上级决策是针对工作实践中的问题而提出的解决方案，要集中各方面的信息特别是中层管理者的意见和建议，并在此基础上进行科学分析而最终作出决策。中层管理者处在工作第一线，不仅对各种信息的了解有一定的优势，而且对决策执行中可能遇到的问题也有切身体验。所以，对高层的决策，中层管理者不应该把自己简单地定位在执行上，还应该积极地建言献策，当好上级决策的参谋和助手。如果因为自己对上级决策基本没有话语权就只满足于知道干什么，而对其他问题不闻不问，那么就只能跟着上级的决策转，甚至对决策的执行也会走样。中层管理者在建言献策的过程中，一定意义上是与上级思想互动的过程，也是介入决策的过程，这也有利于更好地理解并执行上级决策。

中层管理者如何才能做好上级决策的参谋和助手呢?

中层管理者首先要高度关注企业的发展，用心研究行业、市场的前景和变化规律，能提出一针见血的高质量建议。

中层管理者还要认真总结工作内容，善于发现问题，随时为上级决策提供有价值的信息。

中层管理者还要讲究建言献策的方式方法和技巧，尤其要注意提出问题的时间和场合，以及上级领导可接受的程度。切忌不分时间、场合，部分对象，甚至固执己见和过于随意，如此一来，即使是正确的意见和建议，上级也很难接受。

4. 摆正位置，做事到位不越位

作为一个中层管理者，首先要弄清楚自己的角色和位置，绝不能“越位”，更不能“抢镜头”，要明白自身的职责所在。

中层管理者居于承上启下的关键点上，要负责把高层领导的意图、指示准确地贯彻落实到基层，又要把基层的情况如实汇报给领导，并提出解决问题的方案或意见。中层领导不是决策者，但要具备“超级思维”的能力，并随时为上级领导提供解决问题的方案，努力当好上级的参谋和助手。

用一句话来概括，就是高层领导听不到的、想不到的、看不到的，中层管理者要替高层领导听到、想到、做到。

中层管理者的角色不单单是承上启下的纽带，还是上、下级关系的一个缓冲带。

中层管理者在很多时候相当于一个缓冲器，对企业内的各种冲突起到缓解甚至是消除的作用，减少冲突对团队的损害。组织内存在各种各样的冲突，既有领导与下属的冲突，也有领导之间、下属之间的冲突。中层管理者担当冲突的缓冲器，就是要隔开发生冲突的双方，避免矛盾双方的直接碰撞。由于中层管理者的介入，矛盾双发能够更为冷静地思考问题，做出符合理性的判断。比较常见的上、下级冲突过程中，高层领导的决策一般是通过中层管理者下发到基层员工，基层员工的意见也要通过中层管理者的吸收、过滤和消化。这一点，对于一个中层管理者来说都是极为重要的事情。若处理不当的话，会两头不落好，最后不仅没有人支持，更严重者还会四面楚歌，被孤立起来。

这就对中层管理者的管理技巧和领导艺术提出了很高的要求。

5. 分配任务，监督考核

现实生活中有很多的主管好像很忙，而他们的员工却相对来说很轻松，这是一种管理的错位，中层管理者要做“教练”而不是做“警察”。他们每天花费了80%以上的时间去处理对公司只有20%贡献的事情，而对于80%贡献的团队绩效却从没有认真思考过。一个成功的中层管理者一定是一个会合理利用员工的管理者，他们懂得如何把自己的压力和工作任务合理分配给自己的下属，并懂得使用一套完善的体系进行监督，从而使得自己有充足的时间去做更加重要的事情。

有很多的中层管理者，从上级领导那儿接到任务后，不懂得如何把任务分配，然后自己去监督落实情况。能否合理进行任务的分配，并有一套完善的监督考核机制，从而促使本部门整体绩效的提高是决定一个中层管理者是否优秀的必要条件。

6. 促进团队发展

中层管理者一旦进行了思想的转变，他便会在部门工作中站在一个更高的位置来处理各种事情。而对于这样的变化，员工将产生积极的反应——从被动工作转变为主动工作。但是，中层管理者的首要任务是什么一直是一个广受争议的话题，大部分观点倾向于如何提高员工效率，让员工按时、保质、保量地完成工作任务，而持有这一观点的人更多地倾向于用严格的制度、有效的时间管理来监督考核员工，从而使得员工被动地完成工作。使员工被动地完成工作这一点似乎没有什么争议的地方，但是很少有人去考虑长此以往下去，对部门以及员工的绩效将会产生不良的影响。

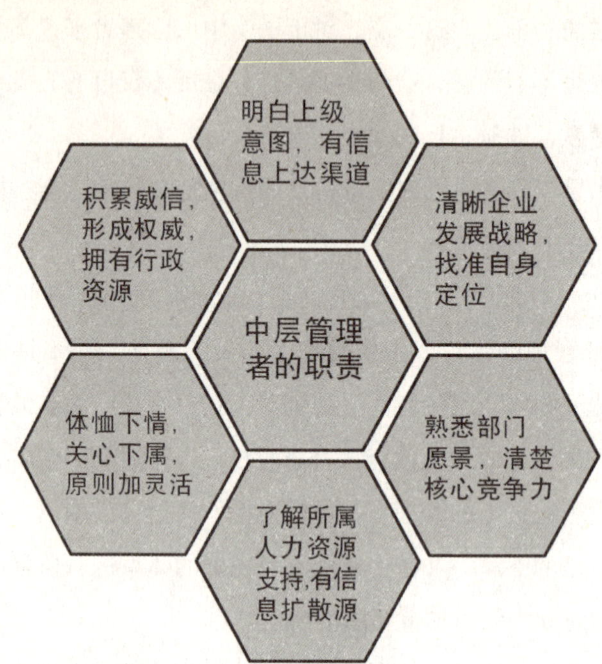

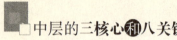

中层管理者的职责

韩杰是国内一家空调生产企业的销售部经理，加入公司时间不长，由于销售业绩突出，去年年初被老总提拔，成了企业的中层领导。升职后，他更是投入百分百的激情在工作上，加班到深夜成了他的家常便饭。对上面传达的指示，他都会尽全力执行，即使下属对公司的指令产生质疑，他也都以“上面的指示我们就要坚决服从”这样一句话给“镇压了”。

半年下来，韩杰的个人业绩依旧名列前茅，但是，他带领的整个销售部的业绩却不尽如人意。因此，在平时的会议上，他将心中的怒火全部抛给了自己的下属。结果没想到在年底的评估大会上，他遭受了前所未有的压力，老总认为他领导团队的能力欠佳，他的下属又怪他是一个没有人情味的上司，就连其他兄弟部门也都抱怨受到了销售部的连累。韩杰没有想到，自己的辛苦换来的却是这样的结局，他甚至想到了是不是要跳槽或是转行。

韩杰这样的结果，根本原因就在于没有明确定位好自己。

中层管理者随着身份、地位的转变，角色也要跟着转变。韩杰应该迅速由原来的技术骨干转变为管理者、教练员，把自己团队的每一个成员复制成为像他一样优秀的员工，形成 1+1 大于 2 的合力效应。这才是领导提拔他的初衷。

不能认识到这一点，韩杰只能是一个优秀员工，而不是一个合格的中层领导者。

三、中层管理者的必备素质

中层管理人员不同于一般员工，在企业中起中流砥柱的作用。中层管理人员素质的高低，在很大程度上会影响基层员工的职业行为习惯，甚至关系到企业发展的前途、得失，因此对中层管理者的素质，要有更高层次的要求。

（一）中层管理者的气质特征

一个优秀的中层管理者必须具备极佳的气质特征，这种气质是中层管理者重要的无形资产。如果中层管理者具有外在的气质魅力，就会带给人亲切的和有能力的感觉，也容易被认为具有优良的品质。因此，同事很容易支持他的意见，对他所提出的决策也会有较高评价。这些气质特征表现在以下几个方面：

1. **了解下属的需要**

中层管理者必须了解与他共事的所有人员。布莱恩曾说：“我必须比我的球员更了解他们，否则怎能让这些人全力发挥?”

2. **足堪重任**

不同阶层的领导者所需的知识显然也不同，最低阶层的领导者只需娴熟手边的工作，而高阶层领导者虽不必奢望自己能处理管辖范围以外的事，却必须了解管理的整个系统、整个系统的任务及其运作，而中层管理者由于所处的位置的特殊性，必须兼具决策能力和执行能力。

3. **强烈的承担责任的意愿**

中层管理者应表现出较高的工作水平，拥有较高的成就，渴望带领他人的进取心，精力充沛，对自己所从事的事业坚持不懈，并具有高度的自动自发的主动精神。

这个特质让中层管理者在所处环境里发挥主动精神，担负决策重任，在别人不愿插手时奋勇向前。

4. **坦率、诚实与正直**

中层管理者可以通过真诚、无欺地交流以及言行高度一致的作风，在他与下属之间建立相互依赖的关系。

坦率就是开诚布公，就是不拐弯抹角，无论面对事情的结果是积极的还是消极的。他们能迅速而又准确地对人以及形势作出估计，让别人清楚地明白自己的立场。

5. **自信**

中层管理者为了使下属相信他的目标和决策的正确性，必须表现出高度的自信。

乐观自信能够鼓舞人心。面对困难而依然镇定自若，这本身就是对他领导的团队的一大鼓舞，这样会安定人心，让员工齐心协力，共渡难关。

6. 智慧和付诸行动的判断力

中层管理者需要具备足够的智慧来收集、整理和解释大量信息，能够确立目标、解决问题和作出正确的决策。判断力是综合了艰难、可疑、直觉、猜测而获得正确结论的一种能力。付诸行动的判断力包括有效解决问题、规划策略、设立优先次序，同时以直觉和理性判断事情的能力，最重要的是，它能评估合作者和反对者的潜力。

7. 管理、决定、设立优先次序的能力

中层管理者必须当机立断，规划未来目标、设立优先次序、设计行动方针、挑选得力助手，以及指派代表等。

8. 热情、乐观和精力充沛

富有领袖气质的中层管理者的一个了不起的品质便是他们在整个工作时间和业余时间里，都保持高度的热情，而且始终精力充沛。

9. 人际关系和谐

人际关系和谐能让员工齐心协力地开展工作，处理问题时也能使员工心悦诚服，并增强员工的信心。善于与员工相处的技巧，核心是社会洞察力。正确评估追随者愿不愿意朝既定方向迈进，知道冲突或困扰在暗中破坏团队行动的意愿，充分激发已有的动机，了解员工的感受。

（二）中层管理者的心态

企业的兴旺中汇集了每个人的尽心尽责，企业的衰败中饱含了众人的离心离德。身为中层管理者，不免会遭遇来自上下左右的压力，有时手握权力却做不成想做的事，有时不计付出却得不到应有的回报，逐渐地，责任感淡漠了，主动性减弱了，忠诚度降低了，而产生这些想法的根源看似都合理，但这些改变是真正解决问题的出路吗？对于个人和企业肯定都不是。

中层管理者想要建立良性和谐的上下级关系，只有正确进行自我认知，处理好“心态问题”，才能担当起中流砥柱的角色。

中层管理者应该具备的心态：

1. 积极阳光的心态

事物永远是阴阳同存，优劣共生的。积极的心态看到的永远是事物好的一面，而消极的心态只看到不好的一面。积极的心态能把坏的事情变好，消极的心态能把好的事情变坏。积极的心态像太阳，照到哪里哪里亮。消极的心态像月亮，初一十五不一样；不是没有阳光，是因为你总低着头；不是没有绿洲，是因为你心中一片沙漠。因此，管理者一定要以积极的心态去看待人和事。

2. 平和的心态

在人生道路上，可能春风得意，也可能坎坷不平，无论如何，我们都要一直走下去。荣耀也罢，屈辱也罢，都要以平和的心态去面对，少一些无奈与感慨，多一份从容和淡然。

3. 包容自律的心态

员工某方面比自己强就不行，因工作性质不同员工的收入比自己都高就不行，对中层管理者的制度约束比员工的还多就不行……容不下这样那样超出自己理想状态的人和事，嫉贤妒能，这样对员工记仇的中层管理者就像不停咬自己舌头的牙齿一样愚蠢。制度不是单给员工制定的，中层管理者更要表率在前，制度面前要自律，诱惑面前要自律，摆正自己的心态，勿以恶小而为之。

4. 敬业的心态

敬业，就是尊敬、尊崇自己的职业。

敬业的心态就是将工作当成自己的事的一种态度，其具体表现为忠于职守、尽职尽责、善始善终等职业道德，其中糅合了一种使命感和道德责任感。

敬业的心态是一种最基本的做人之道，也是一个人在职场生涯成就一番事业的必要条件。

所有的成功者，他们与我们都做着同样简单的小事，唯一的区别是，他们从不认为他们所做的事是简单的小事。只要是自己的工作，就要彻底地对它负责任。

一家幼儿园公开招聘园长，由于待遇优厚，前来参加应聘的人很多，甚至包括专攻幼儿心理学的女研究生和多名早已有了职业和稳定收入的女大学生，但经过考核最终被录取的却不是她们，而是一个刚刚大学毕业的小姑娘，她叫赵羽惜。

招聘园长的最后一轮面试地点设在二楼，楼梯拐角处有个脏兮兮的小男孩，流着鼻涕，正站在那儿眼泪汪汪地等着什么，当众多的应聘者穿过长长的楼梯去面试时，只有赵羽惜停下来，她不仅掏出手帕给孩子擦鼻涕，还亲切地说了一句："小弟弟别哭，是不是找不到妈妈了？等一会儿姐姐去去就来，带你去找妈妈。"

面试后，众多的应聘者匆匆下楼，对小男孩视若无睹，唯有赵羽惜把脏兮兮的小男孩抱起来，亲切地哄他，并带他去找妈妈。这一切画面，被早已架好的录像机全部录了下来。

应聘者谁也没有发现这个小男孩原来是幼儿园专门安排的。当幼儿园的领导宣布被录用者是赵羽惜并播放了刚才的录像时，所有的应聘者都羞愧地低下了头。尽管她们知识渊博、经验丰富，但与赵羽惜相比，却恰恰少了一种叫作"爱"的东西。这种爱，正是敬业精神的一种外化表现。

即使你的职业是平庸的，如果你处处抱着尽职尽责的态度去工作，也能获得个人极大的成功。如果你想做个成功的值得公司信任的员工，你就必须尽量追求精确和完美。尽职尽责地对待自己的工作是成功者的必备品质。

5. 合作的心态

合作是一种境界，合作可以打天下，强强联合。合力不只是加法之和，1+1=11 再加 1 是 111，这就是合力。但第一个 1 倒下了就变成了-11，中间那个 1 倒下了就变成了 1–1，成功就是把积极的人组织在一起做事情。

6. 感恩的心态

感恩周围的一切，包括坎坷、困难和我们的敌人。事物不是孤立存在的，没有周围的一切就没有你的存在。首先感恩我们的父母，是他们把我们带到了这个世界，其次感恩公司给了我们这么好的平台，再次感恩我们的上司，是他不断地帮助你、鼓励你，还要感恩我们的同事，是大家的努力才有我们的成功，总之，要感恩一切。

7. 团队至上的心态

个人可以做事，只有团队才能做成事业。中层管理者个人能力再突出也需要将团队放在最重要的位置，维护团队就是维护自己，让每一名团队成员都甘愿为团队的事业努力，能够激发出团队战斗力的管理者才是一个优秀的管理者。

8. 服务员工的心态

作为中层管理者，自己能获得成长的前提是成就员工，成就企业；自己能获得收益的前提是能让企业有效益，员工赚到钱；自己能获得荣誉的前提是为企业做出贡献，为员工创造机会。

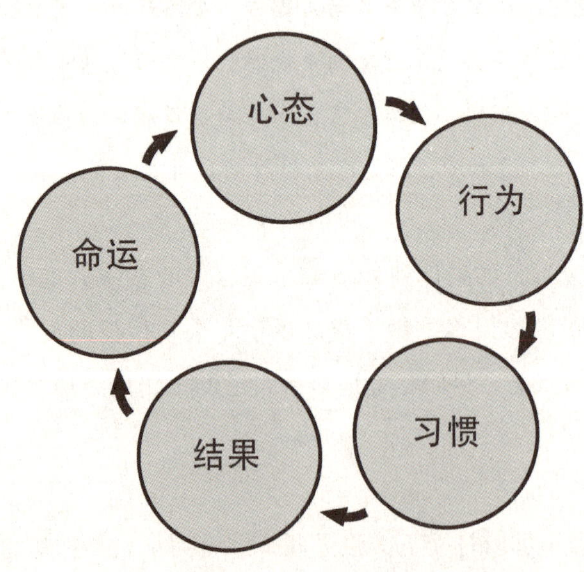

心态积极 + 目标清晰 = 成功的起点

如果认为员工在中层管理者面前只有服从和服务，那最终的结果很可能是管理权杖被员工无情地践踏在脚下。服务是双向的，一个明智的管理者不会等着员工先来为他服务，就像一个出色的销售员不会等着客户来给他服务一样。服务别人换来的不是自我尊严的降格而是信任的升级，摒弃高高在上、指点东西，所有人都为你所用的陋习吧，脚踏实地地为员工服务，想员工之所想，急员工之所急，担当起员工的表率和企业的公仆。

（三）中层管理者的素质要求

中层干部必须具备悟性强、业务精、工作勤奋等良好素质，具体表现为以下八个方面。

1. 有自动、自发的能力

工作主动性是指管理者在工作中不惜投入较多的精力，善于发现和创造新的机会，提前预计到事情发生的可能性，并有计划地采取行动提高工作绩效、避免问题的发生、创造新的机遇。

不能积极主动地前进，不敢为人先，集体的成绩就会受到限制。如果中层管理者不能对企业的总体绩效产生积极的推动作用，就是在为自己的事业自掘坟墓。衡量中层管理者工作成效的标准之一就是要看其个人主动发起的行动数量。在这一点上，中层管理者与冲浪运动员颇为相似。冲浪者只有赶在浪潮前面，才能够精彩地冲向岸边。而如果每次都慢半拍，就只能在海里起起落落，等待下一波浪涛的到来。走在时代前列需要真正的努力与积极性。

《亮剑》是2005年一部非常受欢迎的电视剧，里面的男主人公李云龙备受观众喜爱和钦佩，其中有一场戏让人印象非常深刻。

1942年，日本侵华总司令冈村宁次对晋中进行了残酷的大扫荡。驻晋第一军司令官筱冢义男奉命制订了针对性极强的A号作战计划，八路军驻晋部队损失惨重。八路军129师直属独立团团长李云龙奉命突围至晋西北赵家峪驻扎，在团长李云龙和政委赵刚的苦心经营下，独立团不断壮大，已经发展到上万人，装备也因屡次和日伪军交战中的缴获而得到很大改善。

经政委赵刚的撮合，李云龙和当地妇救会会长秀琴结婚，不料结婚当晚，独立团叛徒朱子明泄露情报，独立团驻地遭日军山本特战小分队偷袭，目标直指团长李云龙，李云龙因出去巡逻而幸免，赵政委受重伤。山本没有实现军事行动目标，下令焚村并抓走秀琴。在撤退过程中遭到国民党晋绥军358团上校团长楚云飞部的阻击，逃往平安县城。

李云龙未请示上级，迅速集结独立团部队，包围了平安县城，并准备拿下平安县城，救出妻子。

筱冢义男为营救山本特种小分队，派遣大批日军驰援平安县城，一场稀里糊涂的混战开始了。驰援日军在经过八路军驻地的时候，无一例外遭到顽强阻击，连国民党楚云飞部也参加了阻击战，为李云龙攻打平安县城赢得了时间。

这些部队在没有接到任何命令的情况下，打援的打援，伏击的伏击，忙得不亦乐乎，稀里糊涂成了李云龙攻打平安县城这场战役的棋子。

最终，李云龙拿下了平安县城，全歼山本特种小分队和驻守平安县城的日伪军，秀琴牺牲。

李云龙的这次军事行动，事先没有请示上级，按理来说是一次严重的无组织、无纪律行为，应该受到严厉处分，但从战斗的实际效果来看，这一场混战令晋西北日军损失惨重，各参战部队缴获颇丰，有的小块根据地无意中连成一片。上级决定对李云龙的严重错误不予追究，对其战功不予表彰，功过相抵。

李云龙之所以敢在未经请示的情况下就兴师动众，围攻平安县城，那是因为在他心里，杀敌是第一位的，胜利是第一位的。为了杀敌，为了胜利，就应该全力以赴，不惜一切代价，这就是作为企业中层管理者的最高层次的“自动自发”的精神。

2. 注意细节

任何事情从量变到质变都不是一个短暂的过程，如果中层管理者没有持之以恒的“举轻若重”，做好每一个细节的务实精神，就达不到“举重若轻”的境界。

如果管理者认为宏图大略才是当务之急，那么此想法将会诱使他相信所有的细节不值得关注。但与此同时，也将有一大堆“小事”带来一连串麻烦，导致他的重大机会被破坏，直至化成泡影。

3. 对企业忠诚、负责

人的可靠是根本，管理可靠是关键，设备可靠是基础。

其中人的忠诚度是最关键要素，只有通过建设诚信文化，把握住“人”这一核心，以人为本开展卓有成效的工作，遵循人心里活动的客观规律，采取有效的工作方法，增强员工的忠诚度，必将成为企业可持续发展最牢固的基础。

4. 善于分析、判断、应变

分析判断能力是指管理者能否看出表面上互不相干事件的内在联系，并从系统的角度进行分析。分析判断能力有助于管理者把握全局，并能深入、系统地分析问题和解决问题。判断力是通过管理者对已知信息的处理，对事物发展趋势进行方向性把握的能力。判断力有助于管理者在进行部门规划和工作计划时，提高工作效率和准确度。

判断能力对于一个经理人来说非常重要，企业经营错综复杂，常常需要主管去了解事情的来龙去脉、因果关系，从而找到问题的真正症结所在，并提出解决方案。这就要求中层管理者洞察先机，未雨绸缪，要清楚怎样才能化危机为转机，最后变成良机。

5. 求知欲强，乐于学习

学习型管理者的定义：学习型管理者的学习不仅仅是正规的学校教育，也不仅仅是单纯地吸收新知识、获取新信息，学习型管理者更是将学习视为其生存和发展的必要。他们的学习是和工作紧密联系在一起的，是创造性的学习，是潜意识的学习，是终身的学习。

6. 具有创新精神

在迅速发展的当今社会，创新意识是不可缺少的重要条件，而且创新意识更是一个企业生存和发展的灵魂。

创新能力是人们应用发明成果开展变革活动的能力。这个变革活动是指包括从产生新思想到产生新事物再到将新事物推向社会，并使社会受益的系统变革活动。因此，发明创造是创新的基础，创造能力是创新能力的重要组成部分。创新是一种企业行为或社会行为。在市场经济条件下，企业的生存与发展、员工的职业竞争与就业，要求员工特别是高级经营人才、高级专业技术人才和高级技能人才应不断提高创新能力，发扬创新精神，科学进行创新，以实现“以新应变”“以新取胜”的目的，做到针对新情况创造新产品、开发新技术、完善新制度、开拓新市场、获得新效益。

创新能力是员工职业能力的核心。创新能力又是一种潜能，需要开发。创新能力通常由创新精神（个性品质）、创新思维、创新技法和创新技能等构成。

7. 团队精神

团队精神是大局意识、协作精神和服务精神的集中体现，核心是协同合作，反映的是个体利益和整体利益的统一，并进而保证组织的高效率运转。团队精神是组织文化的一部分。

何为团队精神？无论是媒体，还是企业，都在谈“团队精神合作”“团队精神”，但究竟什么是“团队精神”呢？团队精神反映的就是一个人与别人合作的精神和能力。

团队精神的形成并不要求团队成员牺牲自我，相反，挥洒个性、表现特长保证了成员共同完成任务目标，而明确的协作意愿和协作方式则产生了真正的内心动力。团队精神是组织文化的一部分，良好的管理可以通过合适的组织形态将每个人安排至合适的岗位，充分发挥集体的潜能。如果没有正确的管理文化，没有良好的从业心态和奉献精神，就不会有团队精神。

8. 职业化素养

所谓的职业化，就是规范化、标准化、国际化的职场行为准则，是职业经理人必须遵循的一套规则。

职业化是一种潜在的文化氛围，是一种在职场上的专用语言。

职业化是一种精神，是一种敬业精神，是一种对工作的热爱，对事业的一种孜孜不倦的追求精神。

通俗地讲，规范化就是在合适的时间、合适的地点，用合适的方式，说合适的话，做合适的事。

21 世纪是人才的竞争，人才的竞争就是职业化素养的竞争。

四、中层管理者必备的管理技能

我们都知道，中层管理者是企业管理的中坚力量，是企业员工的直接管理者，在企业里担任既是领导又是下属的角色。既要按部就班严格执行领导的决策，又要灵活机动地调整局部战术，制订相应计划，并组织实施。既要承担上传下达的管理职能，还要不遗余力地做好宣传、落实组织计划、激励员工执行。在不断“深化、优化、细化、序化”各项工作流程的基础上，对员工进行规范化、具体化管理。

要想成为一个合格的中层领导者，就必须具备一定的管理技能。

（一）什么是管理

现代管理学之父彼得·德鲁克认为，管理是为组织提供指导、领导权并决定如何利用组织资源去完成目标的活动。

管理是社会组织中，管理者为了实现预期的目标，以人为中心进行的协调活动。它包括 4 个含义：

1. 管理是为了实现组织未来目标的活动；
2. 管理的工作本质是协调；
3. 管理工作存在于组织中；
4. 管理工作的重点是对人进行管理。

管理就是制定、执行、检查和改进。

制定就是制订计划（或规定、规范、标准、法规等）；

执行就是按照计划去做，即实施；

检查就是将执行的过程或结果与计划进行对比，总结出经验，找出差距；

改进首先是推广通过检查总结出的经验，将经验转变为长效机制或新的规定；其次是针对检查发现的问题进行纠正，制定纠正、预防措施。

（二）中层管理者的管理内容

从管理的对象来划分，管理的内容分为人和事。而事，又在人为，所以管理归根结底就是管理人。中层管理者，对上级是执行角色，没有什么管理职能，无须探讨；对下属是领导角色，带领团队，需要管理，实施目标，也需要管理。作为中层管理者要做好管理，需要把握两个方面要素：

1. 自我管理

中层管理者首先要管理好自己，再管理下属。

自我管理有以下几个方面需要着重注意：

（1）自我岗位职责的分析

首先应该分析自己的岗位职责、公司对自己的职位期望和定位、职位的发展空间及享有资源，分析清楚了才能有的放矢。

（2）自我能力优劣势分析

认清楚自己，是为了更好地管理自己。经常性分析总结自己的优势、擅长领域，才能摸索总结出适合自己的管理方式和行为方式。

（3）自我时间管理分析

对于每个管理者而言，时间都是有限的，除了例行工作之外，每天临时性的工作也会接踵而来（公司会议、客户拜访、媒体约见、临时事务等），要是没有时间管理和规划，很容易疲于应付，顾此失彼，抓了芝麻丢了西瓜，让自己一头糨糊而且疲惫不堪。

这个时候，建议你的方法是用工作计划表和工作分类法相结合，有了新的临时工作内容，添加到自己的工作计划表中，按照工作分类法的不同等级，去优化处理。

2. 管理下属

下属是支撑中层管理者业绩的关键因素。管理下属，有几个关键环节需要把握。

（1）岗位职责管理

做好岗位职责说明书，让每个人清楚知道自己的工作职责，避免在遇到问题时互相推诿。同时，下属在清楚地了解自己工作范围后，如果受益于其他同事帮助，容易有颗感恩的心，利于内部团结。

（2）员工的绩效管理

不积跬步，无以至千里；不积小流，无以成江海。只有将公司或者部门的大目标有效分解成可实施的小目标，才能逐一落实。

将一年的部门目标分解到十二个月，旺季和前半年尽量多分配。然后再细分为每个人每个月、每个周的任务指标。

对于下属，采用月绩效考核，周汇总考核，日汇报考核。

采用早晚会制度，早上利用半个小时时间，让每个人阐述今天的工作计划，昨天的工作完成情况，理由分析和需要资源及其他部门同事配合需求。给下属产生无形业绩压力的同时，让每个人清楚了解到同事们都在做什么，从中找出差距，不断提升自我。

这样，作为管理者也能清楚了解到下属每天在做什么，每个人的工作状态和部门整体状态如何。行为目标将支撑结果目标，只有把握好每一天，才能确保每个月乃至每一年。

(3) 团队建设管理

团队建设需要注意的问题很多，比如下属的培训、激励、沟通、职业生涯的规划，等等，因为团队性质的不同，管理方法也不尽相同。但是，团队建设最关键的一点，就是对企业、对团队价值观的认同，对利益的认同，才能产生凝聚力和创造力。

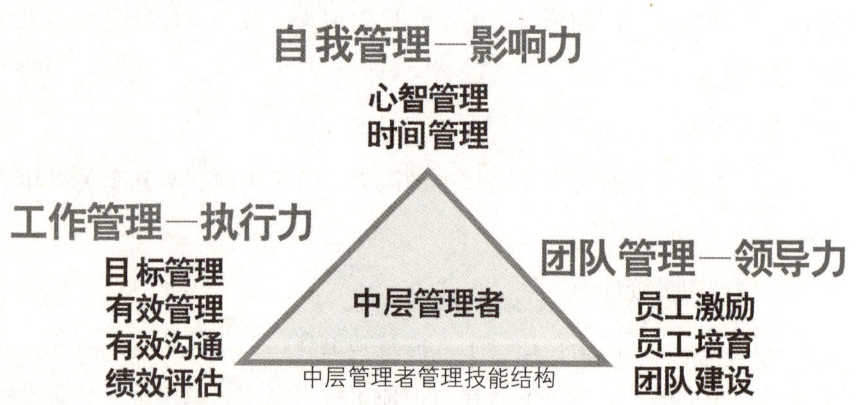

中层管理者管理技能结构

(三) 中层管理者的技能要求

管理学家法约尔及库茨等人把管理人员的能力分成三种类型：

1. 专业能力：使用某一专业领域内有关的工作程序、技术和知识完成组织任务的能力。

2. 人际能力：与处理人际关系有关的能力，即理解、激励他人并与他人共事的能力。

3. 决策能力：观全局、认清为什么要做某事的能力，也就是决策能力。具体包括：理解事物的相互关联性从而找出关键影响因素的能力，确定和协调各方面关系的能力，权衡不同方案优劣和内在风险的能力，等等。

处于基层（执行层）的员工，主要需要的是专业能力与人际能力；处于中层（管理层）的管理人员，更多地需要人际能力和决策能力；处于高层（决策层）的经营人员，需要较强的决策能力。

员工的层级越高，对专业能力要求越来越低，对决策能力要求越来越高。

无论哪个层级的员工，对人际能力的要求都处在高位水平。

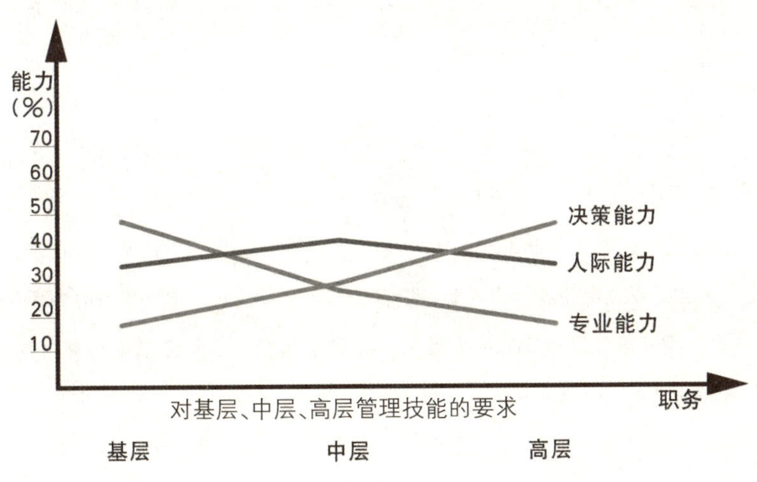

中层三核心之二：必须要会带团队

一个没有团队精神的组织，将不会发展、壮大；一个没有团队精神的民族，是一盘散沙，难以立足于世界之林。

孙子曰：“上下同欲者胜。”

任何时代，单枪匹马都打不了天下，尤其是社会分工越来越明细的今天，只有彼此抱团，积极地相互协作，充分利用团队的合力，才能开创一片属于自己的天空。

对于企业来说也是如此，一个人的能力改变不了一个企业的现状和命运，所以中层管理者要在提高自身的能力的同时，把自己的团队打造成一支有凝聚力的团队。

中层管理者与普通员工的最大区别，就是看他能否带领和培养一支出色的团队，利用团队的合力实现企业的目标。

一、什么是团队

很小的时候，我就看过《西游记》，当然看的是热闹。唐僧骑着白龙马，带领孙悟空、猪八戒还有沙和尚，一路上斩妖除魔，历经千难万险，终于取回真经，功德圆满。现在想来，这四个人，便组成了一个项目团队，唐僧是这个团队的项目经理，是一个中层管理者。

师徒四人西天取经的过程，就是一个团队合作的过程，是一群志同道合的伙伴互相协作、互相鼓励直至实现共赢的过程。

下面就以唐僧西天取经团队为例，来探讨这一节的相关内容。

（一）团队的定义

所谓的团队，就是由员工和管理层组成的一个共同体，该共同体合理利用每一个成员的知识和技能，协同工作，解决问题，达到共同的目标。

管理学家斯蒂芬·P.罗宾斯认为，团队就是由两个或者两个以上的，相互作用，相互依赖的个体，为了特定目标而按照一定规则结合在一起的组织。

团队是为了实现某一共同目标由相互协作的个体所组成的正式群体。可以说，所有团队都是群体，但这并不意味着所有的群体都是团队，只有有着共同目标而且相互协作的正式群体才能成为工作团队。在群体中，团队的所有成员都希望并且要求相互之间提供帮助和支持，以团队方式开展工作。通过这种工作方式，可以促进团队成员之间的协作，提高工作效率。

（二）团队的构成要素

团队的构成要素可以总结为5P。

1. **目标**（Purpose）

团队应该有一个既定的目标，为团队成员导航，知道要向何处去，没有目标这个团队就没有存在的价值。

唐僧西天取经团队的目标：到西天取得真经，永传东土，劝人为善。

团队的目标必须跟整个组织的目标一致，此外，还可以把大目标分成各个阶段要完成的小目标，具体分到各个团队成员身上，让团队的所有成员都知道这些目标，激励大家合力实现这个共同的目标。

2. **人**（People）

人是构成团队最核心的力量，2个（包含2个）以上的人就可以构成团队。目标是通过所有人员具体实现的，所以人员的选择是团队中非常重要的一个部分。

如来佛祖——西天取经项目团队的发起人，整个组织的总负责人；

观音菩萨——人力资源部经理；

唐僧——项目经理；

孙悟空——骨干成员；

猪八戒——普通成员；

沙和尚——普通成员；

白龙马——交通工具；

各路神仙——提供项目支持；

唐太宗——项目客户。

3. **定位**（Place）

团队的定位包含两层意思：

团队的定位，团队在企业中处于什么位置，由谁选择和决定团队的成员，团队最终应对谁负责，团队采取什么方式激励下属？个体的定位，作为成员在团队中扮演什么角色？是制订计划还是具体实施或评估？

(1) 团队的定位

西天取经这个项目的发起人是如来佛祖，他也是整个组织（佛界）最高层的管理人员，他提出了西天取经这个项目，并责成观音菩萨提供项目关键资源和协调利益相关者，并最终决定项目是否结束和对项目团队进行奖惩。

①项目经理的条件：必须对佛法虔诚信仰，不怕艰难困苦，坚持到达西天的行动勇气；

②提供取经的资源：锦襕袈裟、九环锡杖，可以使取经人“免堕轮回”“不遭毒害”，“紧箍儿三个以及咒语”可以给取经人收服徒弟，“管教他入我门来”；

③项目的管理原则：情感管理；

④有效的激励机制：修成正果。

⑤公正的绩效评价：

唐僧：前世原是如来佛祖的二弟子，名叫金蝉子。因为不听说法，轻慢大教，故真灵被贬，转生东土。后皈依，秉迦持，又乘佛教，取来真经，封为旃檀功德佛，修成正果；

孙悟空：曾因为大闹天宫被压在五行山下500年，后皈依，辅佐唐僧西去取经，能够惩恶扬善，除魔降怪有功，全终全始，封为斗战胜佛，修成正果。

猪八戒：本是天河水神，天蓬元帅，因为在蟠桃会上酗酒调戏了嫦娥，被贬下界投胎，身如畜类，在福陵山云栈洞为祸，后皈依，辅佐唐僧取经，虽有顽心，但因牵马有功，封为净坛使者，修成正果。

沙和尚：本是天庭卷帘大将，先因蟠桃会上打碎琉璃盏，被贬下界，落于流沙河，伤生吃人造孽，后皈依，诚敬迦持，保护唐僧西去取经，一路上登山挑担有功，封为金身罗汉，修成正果。

在《西游记》中，观音菩萨、太上老君等诸神佛可看作是职能部门经理，大多数项目需要的资源都掌握在他们手中，这些资源包括各种法宝，就连项目经理和项目团队成员也是他们指派的。天上诸神乃是职能部门经理，其中观世音菩萨的职能类似于人力资源部经理。这些部门经理们为项目提供资源，规范项目的运行，并记录项目的过程。当取经团队碰到困难时，他们总是及时施以援手，必要时还会亲自出马。

⑵ 团队成员的角色认知和定位

在团队中，每个人都要认清自己并找准自己的位置，对自己进行准确定位。在做某项工作前，应该清楚自己能干什么，适合干什么，如何做才有利于达成团队总体目标。

有个人家里养了一只公鸡、一只小狗和一头驴子。

公鸡每天早晨负责打鸣报时，叫醒主人。因为公鸡的尽忠职守，按时完成工作，主人从未起晚过。

驴子每天都在磨坊里拉磨，磨出豆子做成豆腐到集市上去卖，换来的钱维持一家人的生活开销，驴子的工作很辛苦。

那只狗负责看家护院，它很会讨主人的欢心。每当主人回来时，它总是飞快地迎上去，又是摇尾巴又是亲热地叫唤，主人总是高兴地抚摸它，有时小狗还伸出舌头舔舔主人的脸。

驴子看到这一切，心中很是不快，心想自己和公鸡每天起早贪黑地埋头苦干，尤其是自己，干活累不说，还经常挨打，小狗什么都不干，就因为它会讨主人的欢心，看来得想办法与主人联络联络感情。于是，驴子找公鸡商量如何与主人联络感情。

公鸡一听，就劝驴子道：“主人之所以养活我们，是因为我们肩负着不同的职责，我负责按时打鸣，你负责磨豆腐以维持主人一家的日常生活需要，而那只小狗负责帮主人看护这个家，逗主人开心。所以，你不要异想天开，还是干好自己的事情吧。”

驴子并没有听从公鸡的劝告。有一天，当主人卖完豆腐回家时，它挣脱了绳子，大叫着迎了上去，把蹄子搭在主人的肩上，伸出舌头就舔。主人又惊又怒，使劲把它推开，并狠狠地用鞭子抽打它，最后给它套上新的绳子，又把它关进了驴圈里。

驴子缺乏对自己的角色认识，不知道自己在这个家中的位置与作用，最终事与愿违，受到了主人的惩罚。

团队中，同样存在着“驴子现象”，许多团队成员没有对自己进行合理定位，不清楚自己在团队中应扮演怎样的角色。对管理者而言，如果团队中有太多角色定位不清的成员，势必会影响团队目标的顺利实现。因此，管理者应努力帮助团队成员提高角色认知能力。

一般来说，在一个完美的团队中，其成员必须具备 9 种角色特征：

①实干者：具有实干精神，能高效完成工作任务，但缺乏灵活性。

②协调者：能充分展示个人魅力，引领团队成员向共同目标努力，但往往忽略组织目标。

③推进者：充满活力，勇于挑战，不满足现状，能积极进取，但容易冲动，引起争端。

④创新者：思维活跃，遇到问题有独到见解，能找到解决问题的突破性方法，但不注重细节，很难与人相处。

⑤信息者：善于沟通，善于对团队外部的变化和信息进行调查研究并及时汇报，但说话直来直去，容易得罪人。

⑥监督者：对人对事公平、公正，善于评价各种想法和建议，保证团队合理决策，但缺乏激励他人的能力。

⑦凝聚者：善解人意，能促进团队成员之间的交流，培养成员的团队意识和凝聚力，但遇事犹豫不决，不能当机立断。

⑧完美者：做事持之以恒，有始有终，注重细节，对工作要求标准很高，但爱斤斤计较，不够洒脱，没有风度。

⑨技术专家：有丰富的专业技能和知识，在技术领域里有绝对的权

威，但对人苛刻。

一个团队，规模有大有小，小的三五人，大的数十人甚至更多。

作为团队的个体来说，无论哪一种角色，都有优点，同时也具有这样那样的缺点，所以，没有完美的个人，只有完美的团队，大家组合到一起，在能力上相互补充，相互信任，相互协作，才能成为一个完美的团队。

同时，作为团队的成员，并不一定是一个成员的身上只具备一种角色特征，有的成员非常优秀，兼具三五种角色特征都是有可能的，不能一概而论。

下面我们来分析一下唐僧西天取经这个团队的成员的角色类型。

①唐僧——完美者角色类型。

唐僧的身上完全体现了团队中完美者角色类型的全部特征：能以善待人，以德服人，以身作则，为完成目标锲而不舍，任劳任怨。对成员要求太高，有时甚至苛刻，会让下属痛苦不堪。

②孙悟空——兼具实干者、推进者、创新者、技术专家等综合性角色特征。

孙悟空似乎无所不能，是团队的骨干成员，解决问题的高手，但不注重团队协作配合，喜欢独来独往，容易犯个人英雄主义错误。

③猪八戒——兼具信息者和凝聚者的成员角色。

有人做过调查，猪八戒是《西游记》中最鲜活有趣的人物形象。

猪八戒性格活泼，情感外露，热情奔放，是团队的润滑剂，当孙悟空闹意见、有情绪、搞辞职的时候，老猪是最佳的思想工作者。

猪八戒永远是说得多，做得少。但只要是老猪在场，就永远是欢声笑语，可一旦遇到麻烦，他们就会消失得无影无踪。

④沙和尚——兼具实干者和监督者的角色类型。

沙和尚性格内敛，处世低调，为人忠厚诚实，踏实肯干，但缺少创造力。习惯于遵守既定的游戏规则，不会给团队带来麻烦，但也不会给团队带来惊喜，他的平和的性格造就了良好的人际关系。

作为团队成员，我们必须针对自己的角色类型，来选择与之相匹配的职业角色，做好个人的职业生涯规划。

由于性格上的差异，每个人在思考问题的方式、对待困难的态度、利用时间的方式、处理感情问题的方式、处理人际冲突的方式等方面，都会有很大的区别。因此，我们有必要学习如何理解不同性格类型的思维方式和行为方式，以便与他们进行良好的沟通，建立融洽的关系。

作为团队的管理者，为了让所有的团队成员都能表现出令人满意的忠诚度和工作热情，应该把每一位团队成员的职业生涯与公司的发展前景结合在一起。

根据不同的岗位来厘定不同的任职条件，然后选拔与之相匹配的性格类型。

针对不同性格类型的员工进行科学的团队组合，使之形成优势互补，通过有效的团队文化建设来推动公司业务的持续发展。

对于企业而言，为了充分调动员工的积极性，同时让员工素质不断满足企业发展需要，帮助员工制定职业生涯规划，无疑是企业实现人才战略目标的重要措施。

4. 权限（Power）

团队当中领导者的权力大小跟团队的发展阶段相关，一般来说，团队越成熟领导者所拥有的权力相应越小，在团队发展的初期阶段领导权是相对比较集中。团队权限关系的两个方面：

(1) 整个团队在组织中拥有什么样的决定权？比方说人事决定权、财务决定权、信息决定权。

对于这个团队的管理者唐僧来说，团队成员是他的上司观音菩萨指派给他的，他没有人事权。

团队的资金完全是自给自足，晚上睡觉靠借宿，吃的靠化斋，交通工具靠白龙马，完全可以自给自足，不用上面拨款。

(2) 组织的基本特征，比方说组织的规模多大，团队的数量是否足够多，组织对于团队的授权有多大，它的业务是什么类型。

西天取经这个项目团队是一个很成功的项目团队，团队成员不同背景，各具特色，各有所能，各司其职，相互配合，最终达成西天取经的目标，修成正果。

取经的项目团队一共有 4 个人，每个人的技术能力都比唐僧强，他们都能腾云驾雾，都有一定的背景和来头，如猪八戒是天河水神，天蓬元帅，沙和尚是天庭的卷帘大将等。

团队成员的业务能力和工作态度各异，孙悟空业务能力强但心高气傲，猪八戒的业务能力仅次于孙悟空，但工作没有责任心，推一下动一下；沙和尚能力一般，但勤勤恳恳，任劳任怨。如何将这些人组成一个有战斗力的团队是一个大难题。

5. **计划**（Plan）

计划有两个层面含义：

(1) 目标最终的实现，需要一系列具体的行动方案，可以把计划理解成目标的具体工作的程序。

(2) 提前按计划进行可以保证团队的顺利进度。只有在计划的运行下团队才会一步一步地接近目标，从而最终实现目标。

任何一个项目都应该有周密的计划，但是《西游记》的取经团队没有。项目经理唐僧接到观音菩萨下达的西天取经任务，没有作任何分析和计划，也没有计划什么时候把经书取回来，更没有落实好项目所需的资源就仓促上路。在观音菩萨的安排下，沿途收下了孙悟空、猪八戒和沙和尚三个徒弟，以及交通工具白龙马一匹。

师徒四人一路上也没有阶段性目标，走到哪儿算哪儿。

任何一个项目都有时间管理，唐僧的取经团队没有。观音菩萨本来要求项目经理唐僧用两年时间完成取经任务，但他在离开洪福寺时就把期限改了，预计 5~7 年，最后的结果是唐僧在贞观十三年（639）九月从长安出发，到贞观二十七年（653）返回长安，整整花了 14 年。

《西游记》毕竟是神话故事，唐僧的取经团队也只是理想中团队，与现实生活有很大的距离。在唐僧这个团队中，有如来佛祖、观音菩萨以及天上各路神仙的支持，外部资源应有尽有。

在现实企业的项目管理中，考虑到市场竞争的因素，这种无期限、没有市场压力的项目是不可能存在的。所以，作为一个项目经理，千万别跟唐僧比，还是向项目经理诸葛亮先生学习吧，未出茅庐而三分天下，学会做计划，好的计划是项目成功的关键。

二、团队的发展阶段

在许多项目团队中，项目组成员来自不同的职能部门或不同组织，以前从未在一起工作过，要想使这样一组人发展成为一个高效的团队，需要经过一个过程。通常可将这一过程分为四个阶段：组建期、激荡期、规范期以及执行期。

（一）组建期

在这一阶段，项目组成员刚刚开始在一起工作，总体上有积极的愿望，急于开始工作，但对自己的职责及其他成员的角色都不是很了解，他们会有很多的疑问，并不断摸索以确定何种行为能够被接受。

唐僧西天取经的团队也不例外。刚开始只有唐僧孤身一人，后收服孙悟空、猪八戒和沙和尚，团队始组建完成。

在这一时期，项目经理需要进行如下团队的指导和构建工作。

1. 向团队成员宣传团队的目标，并为他们描绘未来的美好前景及项目成功所能带来的效益，公布项目的工作范围、质量标准、预算和进度计划的标准和限制，使每个成员对团队目标有全面深入的了解，建立起共同的愿景。

2. 明确每个团队成员的角色、主要任务和要求，帮助他们更好地理解所承担的任务。

3. 与项目团队成员共同讨论团队的组成、工作方式、管理方式、具体的规章制度、方针政策，以便取得一致意见，保证今后工作的顺利开展。

在这一阶段，项目经理首先要做的就是快速让成员进入状态，降低不稳定的风险，确保团队目标的顺利进行。

这一阶段的领导风格要采取控制型，不能放任，由领导者设立合理的目标，清晰直接地把自己的想法与目的告知团队成员，不能让成员自己想象或猜测，否则容易走样。关系方面要强调互相支持、互相帮忙。

这一阶段就是要快速建立必要的规范，不需要完美，但需要能尽快让团队进入轨道，这时规定不能太多、太烦琐，否则不易理解，又会导致绊手绊脚。

（二）激荡期

这是团队内激烈冲突的阶段。随着工作的开展，各方面问题会逐渐暴露。成员们可能会发现，现实与理想不一致，任务繁重而且困难重重，成本或进度限制太过紧张，工作中可能与某个成员合作不愉快。这些都会导致冲突产生、士气低落。

唐僧西天取经的团队在组建初期也经历了一番激荡过程。

唐僧和孙悟空之间发生的第一次冲突是在《西游记》第十四回，起因是六个年轻的强盗拦住唐僧、悟空师徒二人，意欲抢劫，被悟空用金箍棒全部打死。

唐僧很生气，对悟空说："你纵有手段，让他们知难而退就是了，为什么非要赶尽杀绝呢？"

悟空解释说："师父，我若不打死他们，他们就要打死你。"

唐僧却不领他的情，责怪他不存善念，随意杀人；"想你当年大闹天宫是任性胡来，如今还是任性胡来。你本去了西天，也做不了和尚。"

孙悟空觉得很委屈，受不了唐僧的唠叨，按捺不住心头火起，说："你既然这样说，我不在你眼前惹你心烦，我回去就是了。"

唐僧不曾答话，孙悟空已经将身一纵，跑得无影无踪。

唐僧与孙悟空的第二次冲突是在三打白骨精一节，以及后文还有悟空和八戒之间的冲突，悟空和沙僧之间的冲突，等等，不再一一赘述。

在这一阶段，项目经理需要利用这一时机，创造一个理解和支持的环境。

1. 允许成员表达不满或他们所关注的问题，接受及容忍成员的任何不满。

2. 挑选核心成员，培养核心成员的能力，建立更广泛的授权与更清晰的权责划分。

3. 做好导向工作，努力解决问题、矛盾。

4. 依靠团队成员共同解决问题，共同决策。

这一阶段的领导者重点是在可掌握的情况下，对于较为短期的目标与日常事务，能授权部属直接进行，只要定期检查，与维持必要的监督。在成员能接受的范围内，提出善意的建议，如果有新进人员进入，必须尽快使其融入团队之中，部分规范成员可以参与决策。但在逐渐授权的过程，要同时维持控制，不能一下子放太多，否则收回权力时会导致士气受挫，配合培训是此时期很重要的事情。

（三）规范期

在这一阶段，团队将逐渐趋于规范。团队成员经过震荡阶段逐渐冷静下来，开始表现出相互之间的理解、关心和友爱，亲密的团队关系开始形成，同时，团队开始表现出凝聚力。另外，团队成员通过一段时间的工作，开始熟悉工作程序和标准操作方法，对新制度，也开始逐步熟悉和适应，新的行为规范得到确立并为团队成员所遵守。

唐僧的取经团队在经历种种冲突之后，相互不断磨合，逐渐变得规范。孙悟空负责降妖伏魔，八戒牵马，沙僧挑担，各司其职。

在这一阶段，项目经理应该这样做：

1. 尽量减少指导性工作，给予团队成员更多的支持和帮助。

2. 在确立团队规范的同时，要鼓励成员的个性发挥。

3. 培育团队文化，注重培养成员对团队的认同感、归属感，努力营造出相互协作、互相帮助、互相关爱、努力奉献的精神氛围。

（四）执行期

在这一阶段，团队的结构完全功能化并得到认可，内部致力于从相互了解和理解到共同完成当前工作上。团队成员一方面积极工作，为实现项目目标而努力；另一方面成员之间能够开放、坦诚及时地进行沟通，互相帮助，共同解决工作中遇到的困难和问题，创造出很高的工作效率和满意度。

唐僧的取经团队在师徒四人的共同努力下，历经九九八十一难，终于取回真经，修成正果。

在这一时期，项目经理工作的重点应是：

1. 授予团队成员更大的权力，尽量发挥成员的潜力。

2. 帮助团队执行项目计划，集中精力了解掌握有关成本、进度、工作

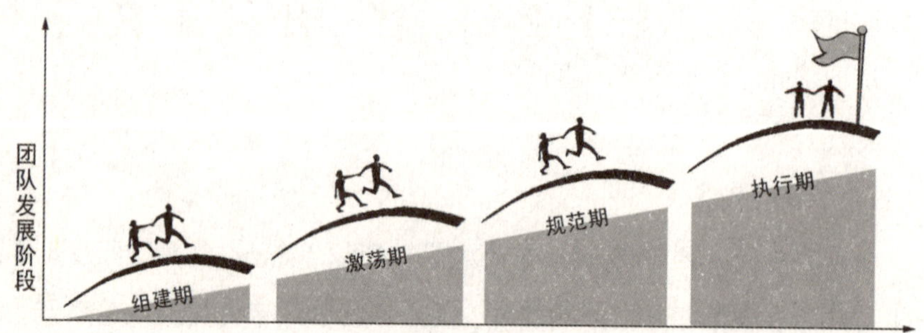

团队的发展阶段

范围的具体完成情况，以保证项目目标得以实现。

3. 做好对团队成员的培训工作，帮助他们获得职业上的成长和发展。

4. 对团队成员的工作绩效作出客观的评价，并采取适当的方式给予激励。

三、培养团队精神

在这个世界上，任何一个人的力量都是渺小的，只有融入团队，只有与团队一起奋斗，你才能实现个人价值的最大化，你才能成就自己的卓越。对于身在职场的人来说尤其如此。

团队，是为了实现一个共同的目标而集合起来的一个团体，需要的是团队的每个成员心往一处想，劲往一处使；需要的是分工协作，优势互补；需要的是团结友爱、关怀帮助；需要的是风雨同舟，甘苦与共！一个想成为卓越的人，仅凭自己的孤军奋战，单打独斗，是不可能成大气候的。

（一）团队精神

何为团队精神？

所谓团队精神，是团队所有成员都认可的一种集体意识。团队精神是高绩效团队的灵魂。简单来说，团队精神就是大局意识、服务意识和协调意识的综合体。反映团队成员的士气，是团队所有成员价值观与理想信念的基石，是凝聚团队成员、促进团队不断进步的内在力量。

团队精神尊重每个成员的兴趣和成就，要求团队的每一个成员，都以提高自身素质和实现团队目标为己任。团队精神的核心是合作协同，目的是最大程度地发挥团队的潜在能量。

所以说，团队是一种精神力量，是一种信念，是一个现代企业不可或缺的精神灵魂。而良好的企业团队精神，来自正确的管理文化，没有良好的从业心态和自我牺牲的精神，就不会有坚实的团队精神。

就拿西天取经团队来说，师徒四人在取经路上，面对那么多的困难，之所以能够取回真经，修成正果，是师徒四人共同努力、相互配合的结果，这正是一种团队精神的体现。

（二）团队精神的重要性

一个团队，不仅要有优秀的人才，更需要有统筹有方的组织者、领导者。但是，这都不是最重要的。最重要的是，需要有一个激励士气的团队精神。

1. 团队精神的功能

⑴ 目标导向功能

团队精神能够使团队成员齐心协力，拧成一股绳，朝着一个目标努力，对团队的个人来说，团队要达到的目标即是自己必须努力的方向，从而使团队的整体目标分解成各个小目标，在每个队员身上都能得到落实。

唐僧西天取经的目标从一开始就很明确，那就是到西天取得真经，传播东土，导人向善。

⑵ 团结凝聚功能

任何组织群体都需要一种凝聚力，传统的管理方法是通过组织系统自上而下的行政指令，淡化了个人感情和社会心理等方面的需求，团队精神则通过对群体意识的培养，通过队员在长期的实践中形成的习惯、信仰、动机、兴趣等文化心理，来沟通人们的思想，引导人们产生共同的使命感、归属感和认同感，逐渐强化团队精神，产生一种强大的凝聚力。

唐僧西天取经团队，以唐僧为心灵导师，孙悟空为业务骨干，猪八戒为团队润滑剂，加上沙僧的踏实勤恳，团队成员凝结成一股强大的力量，在取经路上披荆斩棘，一路向前，终于取回真经，完成任务。

(3) 促进激励功能

团队精神要靠每一个队员自觉地向团队中最优秀的员工看齐，通过队员之间正常的竞争达到实现激励功能的目的。这种激励不是单纯停留在物质的基础上，而是要能得到团队的认可，获得团队中其他队员的认可。

唐僧西天取经团队的激励和评价机制也很明确，就是取回真经，方能修成正果。

(4) 实现控制功能

在团队里，不仅队员的个体行为需要控制，群体行为也需要协调。团队精神所产生的控制功能，是通过团队内部所形成的一种观念的力量、氛围的影响，去约束、规范、控制团队的个体行为。这种控制不是自上而下的硬性强制力量，而是由硬性控制向软性内化控制；由控制个人行为，转向控制个人的意识；由控制个人的短期行为，转向对其价值观和长期目标的控制。因此，这种控制更为持久且更有意义，而且容易深入人心。

西天取经团队中，唐僧的团队控制机制就是运用“紧箍咒”和戒律的约束力，让团队成员各负其责，人尽其用。

2. 团队精神的重要性

小溪只能泛起微小的浪花，大海才能掀起惊涛骇浪。个人之于团队，正如小溪之于大海。其实团队精神的重要性，在于个人、团体力量的体现，每个人都要将自己融入集体，才能充分发挥个人的作用。团队精神的核心就是协同合作。团队精神对任何一个组织来讲都是不可缺少的精髓。一根筷子容易被折断，十根筷子牢牢抱成团……这就是团队精神重要性力量的直观表现，这也是团队精神重要之所在。

团队精神的重要性体现在如下几个方面：

1. 团队精神能推动团队运作和发展

在团队精神的作用下，团队成员产生了互相关心、互相帮助的交互行为，显示出关心团队的主人翁责任感，并努力自觉地维护团队的集体荣誉，自觉地以团队的整体声誉为重来约束自己的行为，从而使团队精神成为公司自由而全面发展的动力。

2. 团队精神培养团队成员之间的团结友爱

一个具有团队精神的团队，能使每个团队成员显示高涨的士气，有利于激发成员工作的主动性，由此而形成的集体意识，共同的价值观，高涨的士气、团结友爱，团队成员才会自愿地将自己的聪明才智贡献给团队，同时也使自己得到更全面的发展。

3. 团队精神有利于提高组织整体效能

通过发扬团队精神，加强建设能进一步节省内耗。不要总把时间花在怎样界定责任，应该找谁处理，让客户、员工团团转，这样就会削弱企业成员的亲和力，损害企业的凝聚力。

在西天取经的团队中，如果没有唐僧的正确领导，孙悟空的敢打敢拼，八戒和沙僧的鼎力相助，他们要想取到真经，修成正果，是很难做到的。

（三）树立团队精神

20 世纪六七十年代日本经济的腾飞创造了世界经济发展史上的神话。据美国对日本企业的研究发现，日本地狭、物少、人多，其经济的腾飞虽说有内外各方面的原因，但从根本上说还是日本企业本身的竞争力使然。而企业的竞争力虽然也源于各方面的因素，但从根本上说以及从日本的现实情况来看，对人力资源的有效开发才是最终的制胜因素。比较而言，假如以日本最优秀的员工与欧美最优秀的员工作一对一的对抗赛，日本的员工多半不能取胜，那么，日本人力资源开发的优势到底在哪里？更深入地探讨表明，日本的员工一对一虽然不占优势，但如果以班组和部门为单位比赛，日本企业总是会占上风。日本的员工对企业有一种强烈的归属感，他们工作勤奋认真，能将全身心都投入到企业事务上，而欧美的员工就很难做到这一点。欧美的企业是由少数特别优秀的人来主导的，凡事“照我说的办”，而日本企业则充分发挥全体员工的智慧，充分调动自身主观能动性。在个人主义盛行、鼓励个人奋斗的欧美社会，组织内部常常产生内耗，形不成 1+1>2 的团体竞争力。而在日本，组织成员极具协作精神，他们能结成坚强的团队，产生强大的竞争力。可以说，日本企业的优势主要源于其团队竞争力，其中很重要的是弥漫于日本企业内的团队精神。

那么，如何才能树立成功的团队精神呢？

1. 团队精神的基础——挥洒个性

团队业绩从根本上说，首先来自于团队成员个人的成果，其次来自于集体成果。团队所依赖的是个体成员的共同贡献而得到实实在在的集体成果。这里恰恰不要求团队成员都牺牲自我去完成同一件事情，而要求团队成员都发挥自我去做好这一件事情。就是说，团队效率的培养，团队精神的形成，其基础是尊重个人的兴趣和成就。设置不同的岗位，选拔不同的人才，给予不同的待遇、培养和肯定，让每一个成员都拥有特长，都表现特长。这样的氛围越浓厚越好。

唐僧西天取经团队中，每个成员都有鲜明的个性，唐僧善良、执着但缺乏变通；孙悟空力量强大，无所不能，但又屡犯个人英雄主义错误；猪八戒性格活泼但比较懒散；沙和尚忠厚老实却又缺乏创造。

正是这四个极具鲜明个性的人，组成了一个最完美的团队。

2. 团队精神的核心——协同合作

社会学实验表明，两个人以团队的方式相互协作、优势互补，其工作绩效明显优于两个人单干时绩效的总和。团队精神强调的不仅仅是一般意义上的合作与齐心协力，它要求发挥团队的优势，其核心在于大家在工作中加强沟通，利用个性和能力差异，在团结协作中实现优势互补，发挥积极协同效应，带来“1+1>2”的绩效。因此，共同完成目标任务的保证，就在于团队成员才能上的互补，在于发挥每个人的特长，并注重流程，使之产生协同效应。

3. 团队精神的最高境界——团结一致

全体成员的向心力、凝聚力是从松散的个人集合走向团队最重要的标志。在这里，有一个共同的目标并鼓励所有成员为之奋斗固然是重要的，但是，向心力、凝聚力来自于团队成员自觉的内心动力，来自于共同的价值观，很难想象在没有展示自我机会的团队里能形成真正的向心力；同样也很难想象，在没有明确的协作意愿和协作方式下能形成真正的凝聚力。

4. 团队精神的外在形式——奉献精神

团队总是有着明确的目标，实现这些目标不可能总是一帆风顺的。因此，具有团队精神的人，总是以一种强烈的责任感，充满活力和热情，为了确保完成团队赋予的使命，和同事一起，努力奋斗、积极进取、创造性地工作。在团队成员对团队事务的态度上，团队精神表现为团队成员在自己的岗位上“尽心尽力”，“主动”为了整体的和谐而甘当配角，“自愿”为团队的利益放弃自己的私利。

在唐僧西天取经团队中，成员之间无数次发生冲突，但他们在取经的过程中逐渐成长起来，在战胜各路妖魔鬼怪、克服外部困难的同时，不断战胜心魔，超越自我，形成一种强大的团队凝聚力和向心力，树立起了团队精神，最终实现了团队的目标。

四、打造高效团队

刘邦能成为开国之君，因为他有一支高效团队：萧何、张良和韩信。刘邦靠萧何管后勤供给，靠张良负责出谋划策，靠韩信带兵为他开拓疆土，最终成为汉代的开国之君。

朱元璋能成为明代开国皇帝，同样因为他也有一支高效团队：刘伯温为他出谋划策，李善长负责后勤供应，徐达、常遇春等大将为他南征北战，成就了朱家两百多年大明江山。

团队是由相应数量的管理者和成员组成的共同体，它合理利用每一个成员的知识和技能，协同工作，解决问题，达到共同的目标。

对于企业来说，团队的优劣决定了企业的成败，企业的任何目标都需要团队通力合作才能实现。在当今“以人为本”的时代，人才是最大的财富，而团队组织是将人才效用发挥到最大的方式。企业拥有了优秀的团队，就是拥有了最强劲的动力引擎。因此，如何打造高效团队是企业成功的关键。

（一）目标清晰，方向明确

高效的团队对所要达到的目标都会有一个清楚的了解，并坚信这一目标包含着重大的意义和价值。而且，这种目标的重要性还激励着团队成员把个人目标升华到群体目标中去。在有效的团队中，成员愿意为团队目标作出承诺，清楚地知道希望他们做什么工作，以及他们怎样共同工作能最快完成任务。

如果我们设定的目标是一个虚无缥缈的、高高在上的目标，或者是无法被大部分团队成员所接受的目标，其不仅不能提高团队的工作效率，还会挫伤团队成员的积极性。

1. 没有目标造成的后果

1952年7月4日清晨，弗罗伦丝·查德威克——第一个游过英吉利海峡的34岁的美国女人，站在了加利福尼亚海岸以西21英里的卡塔林纳岛上，她想再一次证明自己，成为第一个游过卡塔林纳海峡的妇女。

这一天，雾很大，能见度非常低，她几乎看不到护送她的船。时间在一点一点地耗去，很多人都在电视前观看她的现场直播。有几次，鲨鱼靠近她了，被护送她的人开枪吓跑了，弗罗伦丝·查德威克在冰冷的海水中继续向前游进。

15小时之后，弗罗伦丝·查德威克又累又冷，全身发麻。她的身体告诉她不能再坚持游下去了，于是她叫工作人员拉她上船。她的教练就在另一条船上。她的教练以及工作人员都告诉她离海岸很近了，叫她不要放弃。但她朝加州海岸望去，除了浓雾什么也看不到。

就在工作人员拉她上船的地点，距离加州海岸只有半英里！

后来，弗罗伦丝·查德威克对记者说："说实在的，我不是为自己找借口，如果当时我看见陆地，也许我能坚持下来。"

两个月之后，她再一次站到了这个海峡前面，这一次，她的教练和她做好了充分准备，教练每隔一段固定距离就在她前面放置一些浮木，浮木上做好数字标记，一共100块，第100块浮木正好就是海峡的对岸。结果，正是这个小小的改变，终于帮助她成功地游过了卡塔林纳海峡。她不但是第一位游过卡塔林纳海峡的女性，而且比男子的纪录还快了大约两个小时。

有时，一个人、一个团队或者一个企业看不到自己的目标，结果真的很可怕。当人们有了明确的目标，并且把行动与目标不断加以对照，清楚地看到自己的努力与目标相近时，就会得到动力，自觉地克服一切困难，努力达到目标。

弗罗伦丝·查德威克虽然是个游泳高手，但也需要看见清晰的目标，才能鼓足勇气完成她有能力完成的任务。

可以看出，作为下属，他们是需要目标的。那么作为中层管理者，需要做的事情其实很简单，就是设置这些目标。

那么，如何才能科学地设定目标呢？

美国行为科学家爱德温·洛克认为，指向目标的工作意向是工作激励的主要源泉，具体的目标能够提高绩效；一旦我们确定了困难的目标，会比容易的目标带来更高的绩效；有绩效反馈比无绩效反馈带来的绩效更高。

目标管理是管理大师彼得·德鲁克在1954年出版的《管理的实践》一书中提出来的，美国总统布什将2002年度的“总统自由勋章”授予彼得·德鲁克时，提到他的“三大贡献”之一就是目标管理。

目标管理成为一种越来越受欢迎的管理方式，它已经在全世界众多的公司中得到了广泛应用。

目标管理的定义是：根据公司的战略规划，组织运用系统化的管理方式，把各项管理事务展开为有主次的、可控的、高效的管理活动，通过激励员工共同参与，实现组织和个人目标的过程。

它强调把组织的整体目标转化为组织和个人的具体目标。

对员工个人来说，目标管理提出了明确的个体绩效目标，因此，每个人对他所在组织的绩效都可以做出明确而具体的贡献。如果所有个人都实现了各自的目标，他们组织的整体目标也就能够实现。

2. 目标的设定原则

设置目标不是随意而为的，要遵循一些原则，管理上称为SMART原则。所谓SMART原则，就是：

（1）目标必须是明确的（Specific）

要用具体的语言清楚地向每一位团队成员说明要达成的行为标准。

比如你设定的目标是“增强客户意识”。这种对目标的描述就很不明确，因为增强客户意识有许多具体做法，如，减少客户投诉，过去客户投诉率是5%，现在把它降低到3%或者2%。提升服务的速度，使用规范礼貌的用语，采用规范的服务流程，也是客户意识的一个方面。

增强客户意识的做法有很多种，具体指的是哪一块，根本就不明确，不明确就没有办法评判、衡量。

所以，应该将“增强客户意识”的目标进一步具体化，比如把客户投诉率降低到多少，把处理客户投诉的速度从24小时减少到12小时，等等，这样才能让成员明白自己该做什么，朝着什么方向去努力。

具体来说，目标设置要有项目、衡量标准、达成措施、完成期限以及资源要求，使考核人能够很清晰地看到部门或科室月计划要做哪些事情，计划完成到什么样的程度。

(2) 目标必须是可衡量的（Measurable）

目标的可衡量性就是指目标应该是明确的，而不是模糊的。应该有一组明确的数据，作为衡量是否达成目标的依据。

如果制定的目标没有办法衡量，就无法判断这个目标是否实现。

比方说，“为所有的员工安排进一步的管理培训”。进一步是一个既不明确也不容易衡量的概念，到底指什么？需要安排几次？是不是只要安排了这个培训，不管谁讲，也不管效果好坏都叫“进一步”？

如果要是目标具有可衡量性，不妨这样做：在什么时间完成对所有员工关于某个工作内容的培训，并且在这个课程结束后，学员的考核分数在80分以上，低于80分就认为效果不理想，高于80分就是所期待的结果。

目标的衡量标准要遵循“能量化的量化，不能量化的质化”。使制定人与考核人有一个统一的、标准的、清晰的可度量的标尺，杜绝在目标设置中使用形容词等概念模糊、无法衡量的描述。对于目标的可衡量性应该首先从数量、质量、成本、时间、上级或客户的满意程度五个方面来进行，如果仍不能进行衡量，其次可考虑将目标细化，细化成分目标后再从以上五个方面衡量，如果仍不能衡量，还可以将完成目标的工作进行流程化，通过流程化使目标可衡量。

(3) 目标必须是可实现的（Actionable）

目标设定是为了容易让团队实现、达到的，如果上司利用一些行政手段，利用权力性的影响力一厢情愿地把自己所制定的目标强压给下属，下属典型的反映是一种心理和行为上的抗拒：我可以接受，但是否完成这个目标，有没有最终的把握，这就不好说了。一旦有一天这个目标真的完成不了，下属就会有一百个理由推卸责任：你看，我早就说了，这个目标肯定完成不了，但你坚持要强加给我。

中层领导者在制定团队目标时，应该吸纳更多的下属来参与目标制定的过程，经过团队成员之间的充分沟通，使拟定的工作目标在组织及个人之间达成一致。既使工作内容饱满，也更具有可实现性。

(4) 目标必须和其他目标具有相关性（Relevant）

目标的相关性是指实现此目标与其他目标的关联情况。如果实现了这个目标，但对其他的目标完全不相关，或者相关度很低，那这个目标即使被实现了，意义也不是很大。

因为毕竟工作目标的设定，是要和岗位职责相关联的，不能跑题。比如让孙悟空去管理蟠桃园，如果让他学点蟠桃树的种植技术当然是应该的，是为了提高本职工作的技能。结果他不但没有去学蟠桃树的种植技术，还监守自盗，把蟠桃都偷吃了，这已经不是缺乏工作目标相关性问题了，而是缺乏职业操守的道德甚至是法律问题了。

(5) 目标必须具有明确的截止期限（Time-based）基本程序

目标的时限性就是指目标是有时间限制的。没有时间限制的目标没有办法考核，或给考核带来不公。上下级之间对目标轻重缓急的认识程度往往是不同的，上司着急，但下面不知道。到头来上司可以暴跳如雷，而下属觉得委屈。这种没有明确的时间限定的方式也会带来考核的不公正，伤害工作关系，伤害下属的工作热情。

唐僧的取经团队，本来预计 2 年时间，结果前后花了 14 年，这就是没有明确截止期限的结果，这在现实的组织活动中是不可想象的。

目标设置要具有时间限制，根据工作任务的权重、事情的轻重缓急，拟定出完成目标项目的时间要求，定期检查项目的完成进度，及时掌握项目进展的变化情况，以方便对下属进行及时的工作指导，以及根据工作计划的异常情况变化及时地调整工作计划。

中层管理者无论是制定团队的工作目标还是员工的绩效目标都必须符合上述原则，五个原则缺一不可。

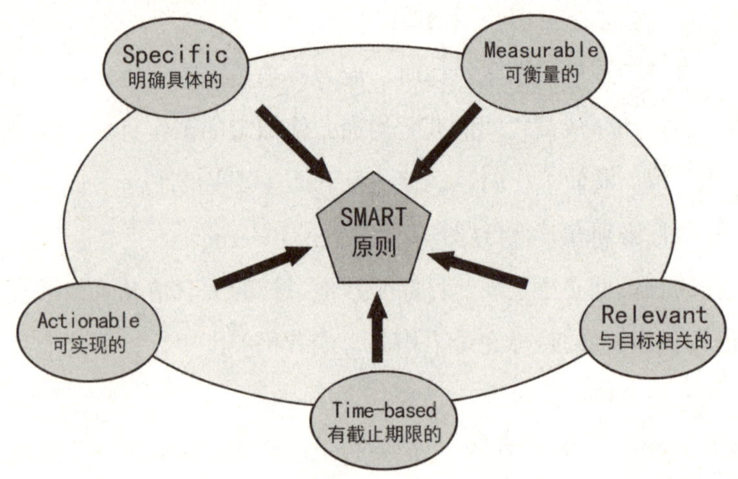

目标管理的 SMART 原则

（二）制度是团队建设的基本保证

俗话说：“国有国法，家有家规。”

一个团队如果有一套人人乐于遵守的、公平的、完善的工作准则和规章制度，不仅能规范团队成员正确的行为，而且还能充分调动和发挥团队成员的积极性，制度是团队建设的最可靠保证。

用制度来约束人，让员工们一言一行有法可依，有据可考，从而让中层管理者从烦琐的管理中解放出来。

1. 制定规章制度的原则

中层领导在制定规章制度时，应注意以下原则：

(1) 制度不是孤立的

任何规章制度都不是孤立存在的，在企业管理机制中的规章制度系统框架之内制定部门的规章制度，确保不与整个组织的制度相矛盾，然后还要将其试运行，经过一定时间的磨合和执行，在管理的力度、尺度等各方面互不矛盾，再正式颁布实施。

(2) 制度高于一切

制度一旦正式颁布，应该对违反者采取相应的惩罚措施，否则就是对规章制度的藐视和破坏。

有章不循或者执法不严，规章制度就会成为一纸空文。

(3) 制度的具体化和可行性

制度必须是具体的、明确的、可行的，具备实际操作的可能性，过于抽象、笼统的、不能实际执行的制度必须立即废止，否则会破坏规章制度的权威性。

(4) 执行制度要公平

规章制度都具有“无例外原则”，对团队所有成员一视同仁。

制度一经通过，团队领导就必须带头遵守。能否做到制度面前人人平等，对中层领导来说，是一大考验，尤其涉及亲朋好友，更需要中层领导坚定地维护制度的公平性。

(5) 制度的弹性原则

任何规章制度都应有一定的弹性原则，但是，这种弹性又是有限的，是积极的。制度的弹性不能过大，弹性过大则会造成执行中的随意性，弹性过小，会造成制度的过于死板和苛刻。中层管理者要把握好制度的弹性原则，避免执行时的走样和变形。比如制度规定超过上班时间5分钟算迟到，这5分钟则是一种弹性的体现，是考虑到在上班来的路上可能会发生堵车、下雨、下雪等特殊交通情况。

2. 制度的惩罚标准——烫炉原则

一个良好的制度的惩罚标准，可以用“烫炉原则”来描述。

(1) 预先警告原则

如果炉火是滚烫的，任何人都会清醒地看到并认识到碰一下会被烫着。

(2) 即时原则

即如果你敢以身试法，将手放在火红的烫炉上，你立即就会被烫，即被惩罚。

(3) 一致性原则

简单地说，就是保证你每次傻乎乎地用手触摸烫炉肯定都会被烫着，不可能会有一次例外。这样的纪律政策应该是很严密的。

(4) 公正原则

对任何人来说，只要你伸手触摸烫炉，保证会被烫着。因为，烫炉可不会见风使舵，对任何人都是平等对待。

以上 4 个原则，即是对中层管理者提出的 4 条执行惩罚的准则。

3. 制度的执行原则

中层管理者往往是制度的执行者和监督者，在具体执行时，需要将制度的严肃性和部门的团结相结合，采用以下步骤与违反制度者进行面谈。

(1) 澄清事实

明确地告诉员工，其违纪行为造成了什么样的后果，让其认识到问题的严重性。

(2) 要求员工对此做出解释

大部分人不会痛快地承认自己的过失，这可需要你进一步了解情况，弄明白员工违反制度的真正原因。

(3) 要求员工提出解决方案

你可以让他站在管理者的角度上向你提出解决问题的方案，这样会让他更理解你。

(4) 商定解决计划

你可做一些有效的商讨，确定出一个切实可补救的计划方案。

(5) 进行惩罚

口头警告还是物质处罚，要按制度要求去做。

老周是盛世嘉园小区物业管理公司的夜班保安员，工作尽心尽责，几年来小区从来没有出现过失窃现象，业主对物业公司的管理非常满意。

但老周毕竟年纪大了，觉得干夜间保安员有些力不从心，便辞职回农村老家养老去了。物业公司经理孙某让保安队长新招了一名夜班保安员。

刚开始的一个月，新来的夜班保安员表现很好。但是两个月后，小区里陆续出现了几起失窃事件，业主对物业公司很不满，投诉到了物业公司的总部集团。

集团的老总很生气，把经理孙某叫到总部训斥了一通。

孙经理很恼火，回去后立马让保安队长把那位保安员辞退了，接着又招聘了一名。

就像上一个一样，新来的保安员在开始的一个月表现很好，但是又过了一个月，小区里又突然出现了失窃事件。

就这样，保安队长辞了再招，招了再辞。接下来的三四个保安员都出现了同样的情况。

鉴于集团公司不断收到业主的投诉，集团老总便派一个副总下来调查此事。

副总来到盛世嘉园物业公司，问孙经理：“为什么尽招一些饭桶来当保安，你还能不能干了？”

孙经理战战兢兢地说：“这不能怪我，都是他们不自觉，夜里巡逻老偷懒，我有什么办法？”

“把你们的保卫制度拿来给我看看。”副总想从中找出原因。

孙经理一听傻眼了，哪有什么夜间巡逻制度，以前老周在干的时候，全凭老周自觉，因为老周责任心强，小区一直没出什么事，所以根本就没有什么制度。

这下副总火了，他没想到孙经理竟是这样干事的——现在轮到孙经理走人了。

自觉固然可贵，但不能指望人人都能像上面案例中老周那样有责任心，靠自觉什么也保证不了，只能靠制度，它对所有的人都一样，具有普遍的约束力，这样才能保证执行效果。

陈曦是一家酒店的客房部经理，经常能接到离店客人的电话，因为粗心或者匆忙，经常会有客人将一些东西遗留在房间，有的是几张照片，有的是一块手帕，甚至还有归国华侨探亲时在老家取的一包泥土……这些东西虽不值钱，但对客人来说有特殊意义，他们大多会打电话回酒店来要求帮忙寻找，陈曦接到这种电话，一般都会尽量帮忙，但由于一些物品被客房服务人员当垃圾清理了，就没有办法了。

这样一来，就会遭到客人的投诉，影响酒店的声誉和形象。

陈曦心想：这样的事情以后还会有，如果碰上一次处理一次，会很麻烦，有时还会因为帮客人寻找东西而引起新入住客人的不满，与其这样等客人丢了东西再找，不如订个制度，凡是退房客人落下的东西，不管什么都要上交并保存一段，如果有客人来找，便不用费时费力去寻找，既可以节约工作人员的精力和时间，又能赢得客人的好感。

陈曦把自己的想法写成报告交给了酒店老总，老总觉得陈曦的想法很不错，便采纳了她的建议。陈曦要求服务人员将客人离店后遗留下来的东西进行登记、编号，并专门腾出一个房间来做保管。这样的制度出台以后，客人找不到遗留物品的现象再也没有发生过，从而在业界赢得了良好的声誉，许多客人成了这家酒店的回头客。

管理大师德鲁克认为，企业、组织的目的，就是提供一个规范框架，在这框架里，平凡的员工可以干出不平凡的事情，从中我们也可以看出制度的重要性。

（三）提升团队管理能力

团队管理能力是指管理者指挥、引导和鼓励团队成员积极达成团队目标的能力。团队管理力不能简单地等同于团队赋予管理者的职位和权力，还包括管理者个人所具有的影响力。

1. 让员工参与管理

华为公司流行这样一句话："华为没有领导。"意思是说一切都是项目，大家都是成员。产品经理将工作分解到各个项目经理，项目经理再分解细化项目，设立若干个小组，并任命相应的小组组长。项目经理除了将管理工作分解到各小组长外，还会任命很多为项目管理服务的角色和职务于其他人。而组长也会经常根据项目任务进展需要和组员的能力情况，分配一些专项主题任务由不同组员负责牵头。组员心理上常能感受到组长对自己能力的信任和认可，以投入极大的热情负责工作。此外，每个季度要求每个成员必须提出 1 条有效管理建议，并把建议纳入成员个人绩效考核。

这样一来，在团队中的几乎所有成员都会参与到管理工作中来。全员参与管理，极大地塑造和提升了整个团队的积极性。员工的归属感和凝聚力是衡量一个团队优劣的重要指标。通常，员工的归属感来自于中层管理者为他们提供的工作机会以及完成任务后对他们的认可。因此，中层干部要注意去满足员工的这种归属感，让员工体会到自己的主人翁地位及价值。而要让下属体会到这一点，一个重要的措施就是要他们参与到管理中去，让下属建言献策。这样才能打造出一个上下沟通顺畅、内部协调到位的战斗团队，培养出能做事、懂管理的优秀员工。

其实，在国内外的许多企业中，强调员工参与已成了一种形式，即使是员工提出了合理化的建议，也得不到真正地贯彻与执行。所以，经理要想发挥每一个下属的特长与潜力，实现民主式的管理，就要让员工大胆地献计献策，并将其中合理的建议予以采纳。这样，不仅能减少部门经营管理方面的失误，还能增强下属的主人翁意识，调动下属的工作积极性，可以说是一举两得。

员工参与到部门规划与决策中来，不仅能够提升团队决策与规划的合理性，而且能够锻炼下属的能力，并让下属体会到自我价值的实现。因此，这是一种提升团队整体实力的有效措施，那么，怎样才能让下属参与到管理中去呢?

(1) 给下属一个施展才华的平台。中层管理者要相信自己的员工是最棒的，只要有合适的表现机会与实战途径，应该为他们搭建起一个展示才华的平台。这个平台可以是部门会议、内部讨论，也可以是下属与中层管理者之间一对一的交流等。

(2) 增强下属的信心，鼓励下属积极参与管理。

(3) 对于员工的合理化建议，要坚决实施。试想，如果下属对于团队管理几次三番提出了合理化建议，而中层管理者却是流于形式，最终并不予以实施的话，那么将会极大地挫伤下属员工的积极性。

(4) 将员工提出的合理化建议纳入考核之中。要想充分调动员工谏言的积极性，就应该给予相应的鼓励措施。如可以将员工在部门或团队管理中所起的作用与所提出的建议纳入对员工的考核之中，对于其中的优秀者，应该给予相应的内部奖励，并将之作为员工晋升的一个衡量因素。

2. 建设学习型组织

学习，只有学习才能让人不断进步。中层管理者作为下属的教练员，必须激发下属的学习热忱，彼此分享工作经验、知识和技能，相互提高，打造一个学习型组织。

管理大师杰克·韦尔奇在建设学习型组织方面有其独到的经验。

杰克·韦尔奇在1981年就任通用电气公司第8任总裁。在韦尔奇的领导下，通用公司连续4年被《财富》评为“全美最受推崇的公司”，连续4年被《金融时报》评为“全球最受尊敬的公司”。

韦尔奇成功领导通用的秘密就在于始终塑造学习型团队，不断变革。

上任伊始，面对通用公司350多项业务的百废待兴、企业庞大的官僚等级体系和烦琐的管理俗套，韦尔奇决定改变这一切，努力推行他一贯坚持的学习文化。

在韦尔奇的努力下，成功造就了通用激情荡漾的学习型商业团队，推动通用不断创造骄人的业绩。

如何建立学习型组织：

(1) 倡导学习文化，破除官僚主义。韦尔奇认为，命令和控制并不是经营企业的最好方法，形成学习文化才是创造有竞争力企业的关键。韦尔奇要求每个员工都要将学习作为自己的本职工作。

(2) 韦尔奇主张现实主义，要求员工言行一致，坦诚做人。韦尔奇认为这是学习新方法和新模式的迫切需求，并经常告诫员工：“不要欺骗你自己。”在通用公司形成一股“坦诚”之风，不仅打破了层层的沟通障碍，而且为达到学习的效率确立了关键性前提。

(3) 提出无边界行为，全员参与思想。韦尔奇反对通用旧有的“不是土生土长的”观念，提倡员工之间、部门之间、地域之间广泛地相互学习，汲取新思想，他说“你从越多的人中获取智慧，那么你得到的智慧就越多，水准被提升得越高”。这种“无边界”的推广，使得通用公司将注意力集中在发现更好的方法和思想上，促使公司发展不断升级。“无边界”成为通向学习型文化和自我实现的关键一步。为了真正达到“无边界”的理想状态，韦尔奇坚决执行减少管理层次的决定，加强公司硬件建设；大力提倡全球化思维；创立“听证会”制度。“听证会”制度不仅使普通员工参与公司的管理，而且成为领导者和员工相互沟通、学习的场所，大大提高了工作效率。

(4) 严格地培训，坚决贯彻六西格玛质量要求。韦尔奇建立了通用自己的培训学院，拥有高素质的教师队伍，他自己就是其中的一员。六西格玛质量教学是韦尔奇培训员工的重点，培养了大批通用的高效员工，使通用产品的合格率达到99.97%。

(5) 推行学习奖金。韦尔奇把加强管理评价和激励系统看作是建设学习型文化的催化剂，他将经理人员奖金的40%与六西格玛的学习和行为结果结合起来，对先进的学习分子不吝重奖，不断激励员工的学习积极性。

(6) 数字化学习手段的运用，韦尔奇称之为“电子化的学习”。韦尔奇本来对电子商务和互联网知之甚少甚至有些反感的首席执行官，在理解了数字化意义之后，迅速将数字化推及整个公司。

作为中层管理者，要想建设学习型组织，必须坚持以下5个原则：

(1) 在团队内倡导平等的学习文化，消除自己和下属之间的职级差别；

(2) 主张团队成员之间互相学习，共同提高；

(3) 经常对下属进行培训，掌握最先进的工作方法和思路；

(4) 有效激励员工的学习热忱，奖励积极的学习分子；

(5) 选择合适的学习方法，比如通过互联网、言传身教等。

3. 当好下属的教练

中层干部，不仅是手下员工的领路人，还是教练，只有把员工教好了，让他们跟企业一同成长，才能获得可持续的发展。

很多中层干部普遍面临着这样一个问题：面对自己的团队，总无法指挥每一位下属的工作。因为中层管理者在做好自己工作的同时，还要花时间和精力去培养下属，往往感到力不从心，捉襟见肘，顾得了这个人，就顾不了那个人，总有照顾不到的时候。因此，大多数中层管理者都极为苦恼，常常在心里问自己怎样才能在一个团队中扮演好领导者的角色。

美国前国务卿基辛格博士生于德国的一个犹太家庭。1938年，15岁的基辛格因逃避纳粹对犹太人的迫害，随父母迁居纽约。

1943年，他加入美国国籍，不久应征入伍，在美国陆军服役。在军队中，他有幸遇到了同是德国裔的军官克雷默尔——发现基辛格的第一个伯乐。在他与基辛格的初次交谈中，克雷默尔就认定基辛格是一个天生的奇才。在一次士兵的演讲训练中，基辛格的激情演讲让他更加相信自己的判断，从此开始特别关注基辛格并给予适时的帮助。

1944年9月，基辛格所在的部队——美军第84师被派赴欧洲战场。第二年初，他们开进了德国。由于克雷默尔的建议，基辛格被调到师部担任德语翻译，把翻译工作做得非常出色，军衔也从列兵提升为军士。在"二战"的最后几个月，他从第84师调到第970反谍报部队，并被任命为陆军中士参谋。1945年3月，在克雷默尔的推荐下，基辛格被任命为接管德国被占领城市的官员。在其任职期间，基辛格表现了卓越的行政能力。

1946年，基辛格将要退役了，他想到纽约市立学院去读书。克雷默尔却非常反对他的这一决定。他认为基辛格去平庸的纽约市立学院读书会埋没了他的才华，他对基辛格说："绅士是不进市立学院的，他们都去哈佛。"他还积极地替基辛格安排。基辛格在哈佛读书期间，克雷默尔不断地给予他鼓励和支持，直到基辛格获得了博士学位并留校任教。

在1968年的总统竞选中，基辛格担任了纳尔逊·洛克菲勒的外交政策顾问，但是后来尼克松却战胜了洛克菲勒，获得了共和党总统候选人提名并最终赢得了大选。在竞选中，基辛格曾经把尼克松骂得狗血喷头，但是尼克松却不计前嫌，他看中了基辛格的外交才能，决定聘请基辛格担任总统国家安全事务助理。

1969~1973年，基辛格任尼克松政府国家安全事务助理，并兼任国家安全委员会主任到1975年。

1973~1977年，他兼任美国国务卿，获得了一个外来移民所能得到的最高政治职务。

克雷默尔对基辛格的关注，在基辛格的人生中起到了不可忽视的推动作用，是他成就日后事业的奠基石。

与其说第二次世界大战改变了基辛格的命运，倒不如说是克雷默尔的关注改变了基辛格的命运更显贴切。若没有克雷默尔的关注、推荐和鼓励，这世上很可能就少了一个政治外交家，多了一个平凡的士兵。彼得·德鲁克在他的《旁观者》一书中这样说道："……基辛格正是克雷默尔造就出来的，是克雷默尔发掘、训练了他。事实上，克雷默尔正是他的再造恩人。"

对所有的下属都很关心，同时关注几个优秀的下属，这就是克雷默尔这个成功中层管理者的管理之道，也是他激发优秀下属成为巨人的秘密所在。

4. 对员工的职业生涯负责

中华英才网的一项调研也显示，企业能够吸引和留得住人才有两大因素，一是富有吸引力的薪酬，二是为员工提供职业发展机会。

已经有越来越多的中层管理者认识到，职业生涯规划对调动员工积极性、提高其忠诚度起着巨大的支持作用。

职业生涯就是员工从首次参加工作开始的一生中所有的工作活动与工作经历。美国著名学者金兹伯格指出，人的职业能力和对职业的认识之类的特征是发展的、演进的，是一个不断成长、不断成熟的过程。由于人的职业生涯是发展的。因此，每个人都有从现在和未来的工作中得到成长、发展，获得成就感和满足感的强烈愿望和要求。他们不断地追求理想的职业和职位，并希望在自己的职业生涯中得到顺利的成长和发展，从而需要一个令人满意的计划。这个计划就是个人的职业生涯规划。而且，对处于底层的员工来说，对职业生涯规划的迫切性更加明显。

因此，作为教练员，中层管理者应该为下属提出合理的职业规划，为员工的职业生涯负责，从而让下属感到前途一片光明，对个人发展不再迷惑，那么，他们的工作积极性以及对公司的忠诚度也会提高。

尹先生是计算机软件开发专业的博士毕业生，应聘到中关村一家IT公司做程序员，做了一段时间以后，尹先生接触到了企业的工作流程，并对此产生了极大的兴趣。该公司的软件开发流程都是固化在程序里的，很多新员工不知道企业如何运作。而尹先生因为懂技术，可以了解他们的程序，从而得以了解企业的运作。在学习的过程中，部门经理告诉他，技术人员通常有两条路，要么一直朝纯技术方向发展，成为CTO（首席技术官），要么把技术作为了解企业的一种手段，发挥技术优势，运用在管理上，成为CIO（首席信息官），为公司创造更大价值。他根据我的兴趣，给我推荐了后者。确定大目标后，以后在工作中的每一步发展及充电都是为了这个大目标而努力。

经过8年的努力，尹先生终于如愿成为这家公司的CIO。每当尹先生谈到自己的职场生涯时，总是充满感恩地说，如不是当初部门经理的帮助，就不会有他的今天。他是在部门经理的指导下，才逐渐确定了自己的发展方向。

有感于当初部门经理对他的指点，尹先生在工作中从不忘记提携下属，为他们制定切合实际的职业规划，时刻关注下属的成长。

一个负责的教练，在关注下属的今天时，还会关注下属的明天。中层管理者工作经验丰富，对职业发展有客观的认识，如果能将这种无形的知识用在为下属指点职业发展上，无疑将对员工产生巨大的影响。

如果要想做到对下属的职业生涯负责，中层干部应该把握以下几点：

(1) 明确员工的需要。也就是中层干部要对员工有一个客观、全面的认识，提出针对性的发展建议。如果员工有准确的自身定位，那就帮助他努力实现。

(2) 让员工承担起责任。责任感是激发员工进一步发展的压力和动力，也是实现职场目标的必备素质。

(3) 为下属创造机会、克服发展瓶颈。面对员工职业生涯发展过程中遇到的机遇、阻力或障碍，中层必须采取灵活机动的调整策略，及时抓住机遇。即使遇阻力或障碍，也要主动伸出援手，化险为夷。

（四）提高团队协作能力

所谓团队协作能力，是指建立在团队的基础之上，发挥团队精神、互补互助以达到团队最大工作效率的能力。对于团队的成员来说，不仅要有个人能力，更需要有在不同的位置上各尽所能、与其他成员协调合作的能力。

在人手的五个手指中，大拇指之所以能够成为老大，不是因为其长得粗大，也不是因为其排在手指的第一位，而是因为大拇指其他许多特征使大家不得不承认其老大的地位。首先，大拇指虽然独处一隅，从不与其他手指站在一列，但其与其他任何手指都能保持和睦的关系，这是其他手指做不到的。其次，在工作的时候，大拇指可以和任何其他手指合作，就连平时作用不大的小指，在与大拇指合作的时候也可以干许多事情。

另外，大拇指谦逊、随和，从来不主动表现自己，也从不去争取戒指之类的东西以表现自己。还有，大拇指不干活儿的时候，总是在低头沉思，只有在表扬别人的时候才挺起胸膛。失去大拇指的时候，其他手指的做事能力和做事效率会明显降低。是大拇指使所有的手指紧密地团结在一起，形成一个强有力的拳头。的确如此，在五个手指中，大拇指能够稳居老大的位置，最关键的就是他的协调合作能力！五个手指的协调合作其实就是企业管理中的“生态平衡”。

从上面的故事可知，任何一个组织想获得成功，仅仅依靠优秀的个人是不行的，必须依赖自己的最近、最直接的领导班子，通过他们带领下属完成总经理的战略部署，因为“管理是让别人干活的艺术”。唐太宗李世民固然英明神武，但如果没有魏征等贤臣的辅佐，想要实现“贞观之治”也是不可想象的。所以说，团队力量远大于一群人的简单相加。对于领导来讲，应该多创造机会给你的部下，让他们有机会承担更多的职责。对于下级来讲，应该多替你的上级分担责任，锻炼自己的能力。

如何提升团队的协作能力呢？

1. 资源共享

团队作为一个整体，需要的是整体的综合能力。不管一个人的能力有多强，若个人能力没有充分融入团队中，到了一定阶段必定会给整个团队带来致命打击。资源共享作为团队工作中不可缺少的一部分，可以很好地评估团队的凝聚力和团队的协作能力，也是一个团队能力的客观体现。故提高团队的资源共享度是可以让团队健康发展、稳定发展的基础。

任何人都不喜欢骄傲自大的人，这种人在团队合作中也不会被大家认可。可能你在某个方面比其他人强，但你更应该将自己的注意力放在他人的强项上，只有这样，才能看到自己的肤浅和无知。因为团队中的任何一位成员，都有自己的专长，所以必须保持足够的谦虚。

2. 包容团队成员

团队工作需要成员在一起不断地讨论，如果一个人固执己见，无法听取他人的意见，或无法和他人达成一致，团队的工作就无法进行下去。团队的效率在于配合得默契，如果达不成这种默契，团队合作就不可能成功。为此，对待团队中其他成员时一定要抱着宽容的心态，讨论问题的时候对事不对人，即使他人犯了错误，也要本着大家共同进步的目的去帮对方改正，而不是一味斥责。

3. 正确的人做正确的事

一般来说，目标是比较容易制定的，难点在于根据目标制订合适的执行计划，即把具体的事情交给正确的人去做。如果没有合适的计划，目标就有可能成为一个笑话。

《西游记》的取经团队为什么能够成功？主要在于任务分配得科学，对的事情都交给了对的人来做。

如来佛祖要向东土传经，所以他委托人力资源部经理观音菩萨组建取经团队，观音菩萨挑选了这样几个各具特色的团队成员。

(1) 唐僧——项目经理

在取经团队中，为什么观世音菩萨会选中唐僧做项目经理呢?

答案是：因为唐僧具备完美者角色特征。

与唐僧的理性、坚韧不拔相比，孙悟空本事虽大，却容易冲动，犯个人英雄主义错误；猪八戒说得多，做得少，沙和尚死板，做事缺乏创造性。

所以，唐僧是当之无愧的西天取经项目经理。

(2) 沙和尚——团队成员

西天取经路途遥远，有很多无聊的杂活儿需要人承担，沙和尚不善言谈，任劳任怨，所以让他承担项目中挑担这种粗笨无聊、没有创造性的工作。

(3) 猪八戒——团队成员

猪八戒看起来好吃懒做，贪财好色，又不肯干活儿，最多是牵着马，好像留在团队里没有什么用处。其实他的存在还是有很大用处的，因为他性格开朗，能够接受任何批评而毫无负担压力，在项目组中承担了润滑剂的作用。

(4) 孙悟空——团队骨干

最关键的还是孙悟空。因为西天取经，劫难重重，如果没有善于降魔伏怪的高级人才，是很难成功的，而孙悟空曾大闹天宫，本事了得，正是最佳人选。他的性格极为桀骜不驯，回想他那大闹天宫的历史，一般的团队领导很难驾驭，但是取经项目要想成功实在缺不了这种人，所以，如来佛祖先把他弄到五指山下压了 500 年；在他绝望的时候，又让项目经理唐僧解救他于水火之中，使他心存感激，并且许诺取经成功后修得金身；当然最主要的还是给他戴个紧箍咒，不听话就念咒惩罚他。

后来的取经经历证明了如来佛祖的英明：

几次团队要散伙，是唐僧立场坚定，保证了取经的持续前进。

无数次的劫难，是孙悟空斩妖除魔，力挽狂澜，为团队保驾护航。

猪八戒、沙和尚也很适时地扮演了应该做的角色。

在孙悟空苦恼的时候，上司唐僧不能得罪，沙和尚这种老实人又不好伤害，只好通过戏弄猪八戒来排遣心中的郁闷，反正猪八戒是个乐天派，任何的指责都不会放在心上；而沙和尚一直任劳任怨，甘愿奉献，不计个人得失，只顾埋头做事。

正确的事情交给正确的人去做，取经就是这么简单。

现代企业，团队成员更加复杂，能力类型更加多样化，如果对自己的团队成员没有一个确切的了解，是很难做到科学分配任务的。

团队管理者在安排工作时要学会统筹规划，不但要充分地利用时间，还要最大效能地利用有限的人力资源，使人力资源的劳动价值发挥到最大。

管理者要让不同特点的人去做自己擅长的事情，不要轻视任何人的力量。在团队中没有无能的人，只有被放错位置的人。

4. 支持与协作

如果一个团队成员之间能相互支持和协作，就能形成一股强大的力量，否则就是一盘散沙。

F1 是汽车方程式赛事中的顶级赛事，F1 赛事最关键的就是车手中途进站加油换胎时的效率。在进站、加油、换胎这三个环节中无论哪个环节浪费一秒钟，就可能对比赛的胜负有关键的影响。

赛车每一次停站，都需要 22 位工作人员的参与。从其中 12 位换胎技师的分工可看出其协作的精密程度。

共有 12 位技师负责换胎（每一轮三位，一位负责拿气动扳手拆、上螺丝，一位负责拆旧轮胎，一位负责安装新轮胎）。

一位负责操作前千斤顶。

一位负责操作后千斤顶。

一位负责在赛车前鼻翼受损必须更换时操作特别千斤顶。

一位负责检查引擎气门的气动回复装置所需的高力瓶，必要时必须补充高压空气。

一位负责持加油枪。

一位协助扶着油管。

一位负责加油机。

一位负责持灭火器待命。

一位被称为“棒棒糖先生”，负责持写有“Brakes”（刹车）和“Gear”（人挡）指示板，当牌子举起，即表示赛车可以离开维修区了。他也是这22人中唯一配备用来与车手通话的无线电话的人。

一位负责擦拭车手安全帽。

这22人配合的熟练程度来自于平时的刻苦训练。

车手要想在这个比赛中获胜，仅靠车技是不行的，整个团队的相互协作才是至关重要的。

总之，团队协作的道理虽然浅显易懂，但说起来容易，做起来难——团队协作并非是难以理解的理念，但它确实极其难以实现。团队协作不易，达成配合与默契更需要不断地沟通、磨合与深厚的信任。

（五）管理者必备的沟通技巧

弗雷德·弗洛詹西克说：“每个人都希望了解公司的状况、地位、方向、使命和游戏规则。这取决于中层管理者的沟通能力，中层管理者是教练、顾问和裁判员，他必须为下属提供他们完成任务所必需的条件和手段。他还必须提供适当的目标和动力以促进任务的完成。”

沟通是中层管理者重要的管理技能，提高这项工作，有助于领导者妥善处理企业内外、企业上下、部门之间、各经营环节之间的人与人、组织与组织、人与物、人与事、物与物、事与事、时间和空间等方面的各种问题和冲突。

一个善于沟通的中层管理者，总能让自己的工作顺畅有序地进行，上级乐于支持，同事乐于配合，下级乐于拥护，为自己的工作顺利展开营造一个良好的环境。

沟通的方式很多，大体上可以分为群体沟通方式，如会议；单向沟通方式，如邮件；双向沟通方式，如面谈、电话等。在沟通中，一个优秀的团队管理者除了具备谈吐的涵养外，还应必备这些技巧：

1. 情绪管理

情绪管理就是情绪控制和情绪利用。管理者要会体察到自己的情绪，加以必要的调整和控制；还要察觉并善用别人的情绪，采用恰当的沟通方式。管理者在情绪不好时，盲目地批评容易打击成员的积极性和创造力，造成负面影响；沟通方式不恰当时，无论多么正确中恳的建议，成员也无法很好地吸收，导致沟通效果不佳。可见，情绪管理是优秀的管理者不可或缺的一种素质。

2. 学会倾听

耐心倾听成员的心声。学会倾听不光是能力问题，更是优秀管理者修养和心态的一种体现。倾听是一种技巧，如何更好地倾听，罗杰·弗里茨在《像经理一样思维》一书中告诉我们如下技巧：

⑴ 发问

可以提些诸如“你认为这就是问题所在”“你的意思是……”“你能说得明白一些吗”等问题。这些提问有助于你获知更多信息，并理解问题的各个方面。

⑵ 中立

像“嗯”“好的”“不错”等中性评价性语言能表示你对谈话感兴趣，并鼓励对方继续说下去。这是最难的技巧之一，因为这要求你真正跟上对方谈话的主题。

⑶ 重复

可用“按我的理解，你的计划是……”“你是说……”及“所以你认为……”等句式。这些说法表明你在倾听，并明白对方的意思。重复的重要性在于让你尽早发现有无曲解对方。

⑷ 回应

常用说法有“你的感觉是……”“你是不是认为自己……”，听对方

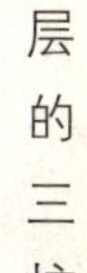

所言与知对方所想完全是两回事。

(5) 总结

试着用“你的主要意思是……”和“如果我的理解没错的话，你认为……”等说法。不要第一个下结论，先听他人的结论可能更有价值。

3. 肯定他人

肯定他人是管理者非常有效的一种激励手段。对人的肯定可以分为口头和非口头两种形式。

简单的口头肯定能用来表明你正在听对方说话。在对方陈述的间隙不时地用“干得漂亮”“非常好”“我明白了”“请继续”等字眼，是尊重的体现。更直接的肯定可以通过在正式场合对某个成员进行赞扬，提倡公开表扬。

非口头肯定多指肢体语言，例如拍拍对方肩膀等。作为管理者，非口头肯定也可以体现在对团队成员提供各方面的支持上，为成员争取机会、争取资源。

4. 负起责任

当发生问题时，管理者要勇于承担责任，不把责任推给下属。凡事习惯于推卸责任，不但不利于事情的及时解决，更会对管理者的个人发展、企业的发展产生不良的影响。负起责任，看似简单的 4 个字，其实不易做到。作为一名管理者，应该先学习如何认错，勇于承担责任。多数情况下认错有助于事情的解决。

5. 有效的批评

批评不是指责，更不是谩骂，而且要尽量私下批评。应采取先扬后抑的有效批评原则，先要适当地肯定成员的工作，然后就具体问题具体剖析。先扬后抑不是和稀泥，而是尽量做到对事不对人。批评的目的在于改进，要看到效果。结束后成员要有反馈，最终形成闭环。

6. 换位思考

作为团队管理者，在沟通中不但要能做到清晰扼要、言简意赅地表达自己的思想，还要特别注意，一定不能产生高人一等的优越感。要尊重对方，设身处地地体会对方的感受，学会换位思考。

沟通的目的在于项目的良性运作。项目的运作是通过团队共同努力来实现的，要充分发挥团队的作用，使团队成员各尽其能。通过有效沟通能帮助项目团队顺利地实施项目计划，提高效率，完成既定目标。

（六）科学管理团队绩效

团队绩效管理对于企业落实战略目标、强化企业文化、实现价值分配、提升管理手段等具有非常重要的作用。管理者应该改换观念，绩效管理不仅仅是几个 KPI（关键绩效指标）指标，明确绩效管理是一个过程管理，而不是结果管理。即在过程中管理绩效，而不是在结果中管理绩效，仅仅通过考核 KPI 是无法提高绩效的。

绩效既包括产出也包括行为。也就是说，不仅看你做了什么，也要看你是怎么做的。优秀的绩效，不仅取决于做事的结果，还取决于做这件事所拥有的行为或素质。结果（做什么）+行为（如何做）=优秀绩效。绩效过程管理可采用 4 步骤法，如下所示：

1. 宣传贯彻到位

让成员做到心中有数。有所为，有所不为。通常，管理者与员工应就如下问题达成一致：

（1）成员应该做什么工作？

（2）工作应该做得多好？

（3）为什么做这些工作？

（4）什么时候应该完成这些工作？

（5）为完成这些工作，要得到哪些支持，需要提高哪些知识、技能，得到什么样的培训？

（6）自己能为成员提供什么样的支持与帮助，需要为成员扫清哪些障碍？

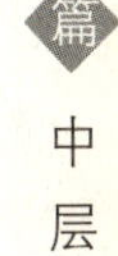

通过这些工作，管理者与员工达成一致目标，更加便于员工有的放矢地工作，更加便于自己的管理。为后续的绩效管理开了一个好头。

2. 实施过程沟通

过程沟通是绩效管理的关键词之一。通过绩效沟通，使各级成员认识到对绩效考核有利于提升企业整体业绩和长远发展，以及员工职业生涯发展。绩效管理不是考核者对被考核者滥用手中职权的“撒手锏”，也不应让绩效考核流于形式，避免“认认真真走形式”。通过过程沟通，才能设定共同认可的绩效目标。

沟通不仅仅在开始，也不仅仅在结束，而是贯穿于绩效管理的整个始终，需要持续不断地进行。因此，业绩的辅导也是贯穿整个绩效目标达成的始终。让双方达成共识与承诺，避免了在绩效考核实施过程中出现分歧，影响考核结果的认可度。

3. 实建立成员的绩效档案

绩效管理的一个很重要的原则就是，管理者与员工对绩效考核的结果的看法应该是一致的，即一切都应是顺理成章的。

为了使绩效管理变得更加自然和谐，管理者有必要花点时间，花点心思，认真当好记录员，记录下有关员工绩效表现的细节，形成绩效管理的文档，以作为年终考核的依据，确保绩效考核有理有据，公平公正。

做好记录的最好办法就是走出办公室，到能够观察到员工工作的地方进行观察记录。当然，观察以不影响员工的工作为佳。记录的文档一定是切身观察所得，不能是道听途说，道听途说只能引起更大的争论。

这样，管理者就可以掌握员工的全部资料，做到有理有据。考核也就显得更加公平公正。

4. 改进是绩效考核的目标

只考不改，一切白费。通过分析，要帮助成员找到兴趣点和强项，以及改进的地方，从而制订出改进计划和个人发展规划，使成员朝更高的绩效目标迈进。

而现实中容易忽视的一个关键问题是，如果绩效不佳是由于业务流程、作业标准不善引起的，则要从基础管理入手追缘求策，改进流程和作业标准。否则，一味地考核毫无意义。

改进业绩应是管理者的一种责任，一个优秀的管理者首先是一个负责任的人。

上述4个步骤实际上就是企业绩效管理的执行和落实的过程，流程执行好了，绩效管理就一定能得到有效的实施，收到良好的效果。

没有完美的绩效管理体系，任何企业的绩效管理都会存在这样那样的问题，都需要不断地完善和提高。因此，绩效管理没有结束，只有不断地超越和发展，只有持续地改进和提高。唯有如此，绩效管理才能真正发挥其作用，才能持续不断地推动企业的管理向高水平、高效率方向发展。

唐僧的西天取经团队，为什么在今天仍为人们津津乐道？仅仅只有四个人的小团队，在合作的过程中却经历了太多故事，经历了那么多磨难，太多的冲突，分分合合，有时甚至致使团队濒临分崩离析的边缘，但最终唐僧师徒四人成功了，完成了团队的既定目标。

《西游记》虽然只是一个神话故事，是艺术创作，但艺术来源于生活，能给人以启迪和思考，在其精彩的故事情节背后，蕴含了很多哲理，于我们的现实生活有着意义非凡的借鉴和参考作用。充分了解唐僧的取经团队，对于团队建设至关重要。

第三章 中层三核心之三：必须要有执行力

著名管理大师杰克·韦尔奇曾说过，中层管理者最重要的角色有两个，管理者和执行者，两者缺一不可，后者尤为重要。

为什么号称天下最强悍的美军最佩服的是我们的志愿军？

为什么任何一个商学院都没有西点军校培育了这么多优秀的商业人才？

有人做过统计：在世界500强企业里，西点军校毕业的董事长有1000多名，副董事长有2000多名，总经理、董事5000多名。

任何一个商学院都没有培养出来这么多商业人才。

西点军校对学生的要求：准时、守纪、严格、正直、刚毅，这些正是企业员工必备的素质。

世界现代企业100余年的管理实践证明，军队的管理和管理方法是团队最好的榜样。

没有执行力就没有企业的核心竞争力。

一、什么叫执行力

“Just do it!”是耐克公司的一句经典广告词，看似简单，实则内涵丰富！

从消费者的角度来说，可以理解为“我只选择它”；从商家的角度来说，可以理解为“来试试吧，总有一款适合你”；这句话如果放在企业管理中，更可以这样理解：“去做吧，坚持不懈。”对一个企业中层来说，这句简单的广告词道出了执行的深刻内涵。

（一）执行力的概念

在一个组织中，高层的任务是建立愿景、制定战略和分配资源，中层管理人员既是领导者又是被领导者，其职业角色可以概括为：上司的好下属，同僚的好搭档，下属的好领导。由此可见，企业中层管理人员既是高层管理者与基层管理者之间沟通的重要桥梁，发挥着承上启下的枢纽作用，也是实际工作中战略决策、战术运用、行政管理的重要执行者，发挥着实现效益、创造价值的关键作用。

执行是组织赋予中层的天然使命。

在管理领域，“执行”对应的英文是“Execute”，其意义主要有两种，其一是 To do something that has been carefully planned（对规划的实施）；其二是 To complete a difficult action or movement, especially one requiring skills（完成某种困难的事情或者进行变革，尤其需要技能）。前者与“规划”相对应，指的是对规划的实施；后者指的是完成某种困难的事情或变革，强调创新，需要技巧和方法。

归纳起来，执行就是运用一定的方法或技巧，去完成企业的目标或规划，就是将企业战略和目标付之诸行动并输出结果的过程。

中层执行力就是中层管理者能准确理解组织意图，并有效实施公司决策和完成工作目标的操作能力和实践能力。

就个人而言，就是把想做的事干成功的能力，对于一个企业、一个组织来说，则是将长期战略一步步落到实处的能力。

（二）执行对企业的重要意义

成也执行，败也执行。

那些在激烈竞争中能够最终胜出的企业无疑具有更强的执行力，而那些失败的企业，原因同样与执行有关，可以归结为执行不力或执行不到位造成的。

执行力是企业的核心竞争力，是决定企业成败的一个重要因素。

企业的中层管理者是执行的枢纽，是企业执行的关键部位，是各个执行环节中的中心环节，枢纽运转不灵，高效执行的大门就难以开启。中层管理者既是执行者，又是领导者。中层的作用发挥得好，是高层联系基层的一座桥梁；发挥得不好，是横在高层与基层之间的一堵墙。

从这个意义上说，中层管理者执行力的高低，直接决定着一个企业的现在和未来。

（三）执行就是选对人，做对事

一位中国的企业家曾这样问 GE 的前 CEO 杰克·韦尔奇：“我们大家知道的都一样，但为什么我们与你们的差距那么大？”

杰克·韦尔奇的回答是：“你们知道了，但是我们做到了。”

杰克·韦尔奇一针见血地道出了通用电气的成功秘诀，那就是——卓越的执行力。

"知"固然重要，但如果仅仅停留在"知"上，而不去采取行动，再好的理念、再好的目标、再好的项目、再好的智慧，也只是些毫无意义的资料，最重要、最关键的是做到。

谁都知道，吸烟有害健康，但有多少人明白这个问题之后马上戒烟了呢?

我们都懂得诚信的重要性，在面对消费者时，面对我们的合作伙伴时，我们都能做到诚信无欺吗?

知和行是两个概念。

执行就是知和行的结合与统一。

归结起来，执行有三个关键步骤，一是选正确的人；二是做正确的事；三是把事情做正确，这三个核心步骤是否运转有效，都取决于中层管理的工作成效。

1. 选正确的人，就是选会执行的人，包括各级管理者和员工；

2. 做正确的事，其重要前提是确保公司上下之间和内外之间信息的充分沟通和反馈，为公司作出正确决策提供依据和参考信息，同时决策过程也离不开中层的参与，这些工作都是以中层的有效工作和成果为基础的；

3. 把事情做正确，是管理工作赋予中层管理者的天然职责。高层的任务是建立愿景、制定战略和分配资源，中层的任务是制定标准、建立程序和实施管理，中层是工作任务的具体组织者和执行者。所以提升中层执行力是企业执行的重要部分之一!

（四）三分战略，七分执行

许多不可辩驳的事实告诉我们，执行力是团队成败的关键。

我们不难发现，凡是发展又快又好的世界级企业，凭借的就是执行力。

微软的比尔·盖茨曾经坦言："微软在未来10年内，所面临的挑战就是执行力。"

联想集团总裁兼首席执行官杨元庆也说："对于企业来讲，制定正确的战略固然重要，但更重要的是战略的执行。能否将既定的战略执行到位是企业成败的关键！”

换句话说，如果企业的执行力不强，企业就会走向失败的深渊。那些失败的公司之所以失败，最重要的一个原因就是只设定了一个远大的目标，却很少关心如何实现这个目标。有很多曾经是声名远振的企业如今却“香消玉殒”，其中的原因大多是执行者的执行不力或执行力不强造成的。

东北一家大型国有企业因为经营不善导致破产，后来被日本一家财团收购。厂里的人都在翘首盼望日本人能带来什么先进的管理办法。出乎意料的是，日本只派了三个人来，总经理、财务经理和技术总监，其他的根本没动。制度没变，人没变，机器设备没变。日方就有个要求：把先前制定的制度坚定不移地执行下去！结果怎么样？不到一年，企业就扭亏为盈了。日本人的绝招是什么？——执行力，无条件的执行力。

为什么织席贩履的落魄贵族之后刘备会成为一方君主？

身逢乱世的刘备通过广施仁德，远播贤名，使得文有诸葛亮、庞统辅佐，武有关、张、赵、马、黄鼎力相助，逐步实施三分天下的战略方针，最终以一介织席贩履的庶民成为开创蜀国大业的一方君主。

我们来具体分析一下：

刘备的战略：联吴抗曹，三分天下。

执行：文有诸葛亮、庞统；武有五虎上将关、张、赵、马、黄。

刘备之所以能够三分天下，成为蜀国的开国之君，得益于手下文臣武将坚决按照诸葛亮“联吴抗曹，三分天下”的战略意图去执行。但蜀国成为三国之中最先灭亡的国家，同样是缘于执行不力造成的。

刘备联吴抗曹，取得了赤壁之战的胜利，从孙权手中暂借荆州栖身。为了实现三分天下的战略意图，刘备率军入川。入川时，留下诸葛亮守荆州，带着另一个智囊庞统，可惜庞统在落凤坡被乱箭射死，刘备只好把诸葛亮调到四川。诸葛亮临走时，把荆州大印交给了关羽，对关羽能否守住荆州，诸葛亮心存疑虑，荆州是战略要地，是连接四川和中原地区的门户，极具战略价值。他不怀疑关羽的能力，但他了解关羽的性格——傲慢、目中无人。除了大哥刘备，任何人他都不服。

诸葛亮问了关羽三个问题。

第一个问题：曹操来攻怎么办？

关羽说：打。

第二个问题：孙权来攻怎么办？

关羽说：打。

第三个问题：曹操和孙权同时来攻怎么办？

关羽说：分兵打。

诸葛亮叮嘱他，这样荆州就危险了，你得“南和孙权，北拒曹操”，要坚决执行主公的既定战略，这样才能守得住荆州。

刮骨疗毒尚能神色自若的关羽，好战更不怕死，这当然是好事，但不能见谁都打，不分敌我。力量薄弱的刘备在当时的条件下只能联合孙权一起对抗曹操，才不至于被曹操各个击破。

如果关羽刚开始还没有站在诸葛亮三分天下的高度来看问题，但是现在诸葛亮把战略部署已经很明确地告诉他了，关羽作为西蜀团队中最重要的执行者，应该具备这种意识和素质，不折不扣按照既定战略意图去执行。

可是，我们看关羽是怎么做的。

鲁肃来讨荆州，被他赶走了；诸葛亮的哥哥诸葛瑾来讨荆州，被他赶走了；诸葛瑾的哥哥带着刘备的文书和诸葛亮的亲笔信来讨荆州，又被他赶走了。以上发生的几件事，关羽做得还算到位。荆州当然不能还，而且他也没有对东吴方面做得太绝，维护了两家的关系。

但关羽接下来的做法就有点问题了。鲁肃邀他过江叙旧，关羽二话不说，提着青龙偃月刀就去了，这种行为有点逞英雄，是应该批评的，所幸关羽能够全身而退。

刘备令关羽从荆州方面攻击曹操，配合自己作战，一开始关羽七战七胜，把曹操打得落花流水。曹操很无奈，派人游说孙权，希望两家共击关羽，平分荆州。孙权很犹豫，张昭出了一个主意：关羽有个女儿，可以派人去提亲，如果关羽答应的话，那就和关羽一起打曹操，如果关羽拒绝的话，那就和曹操一起打关羽。

提亲的人来了，关羽勃然大怒，说“虎女焉能嫁犬子”这种极其没水准的话来，彻底把东吴激怒了。

性格决定命运。关羽最终的结果是失荆州，走麦城，连命也丢了。

刘备为了给二弟关羽报仇，一怒兴师，结果在猇亭被东吴陆逊一把火烧掉百万大军，重蹈了曹操的覆辙。

西蜀从此只能偏安一隅，再后来，诸葛亮六出祁山，姜维九伐中原，均无功而返，因为他们失去了荆州这个战略要地。

执行力从来不是一句空话，如果执行不到位，再好的战略也实施不了，再好的目标也不能转化为实实在在的成果。

所以说，三分战略，七分执行。

大而言之，它关系到一个国家的长治久安，小而言之，它关系着一个企业能否生存、发展。

二、提高执行力的方法

企业的兴衰成败，取决于两大因素：一是战略是否正确；二是执行是否到位。

在执行正确的战略时，往往会出现这些现象：我们的中层干部虽然具有足够的工作经验和热情，有令人佩服的利益立场，但是在执行方案时缺乏有效的办法、应变能力，时有大失水准之处。

那么，如何才能有效打造和提高中层管理者的执行力呢？

现在给大家介绍几条有效提升执行力的路径和办法。

(一)没有借口，执行至上

1. 准确理解，忠实执行

孙子说："上下同欲者胜。"

中层管理者要准确理解上级的决策，在吃透精神，系统把握的前提下，坚决而忠实地予以执行，才能取得成功。

举个最简单的例子，如果领导叫你去买个空调，你会怎么做？首先要了解买几台；其次要了解买什么品牌，功率多大，是柜机还是挂机；最后再确定价格和送货、安装时间，然后执行，否则就连这样简单的事也办不好。

由于缺乏有效沟通，造成中层管理者对企业决策和战略目标没有真正理解，怎么可能去很好地执行呢？即使执行了，目标和结果之间也会走样、变形，甚至南辕北辙。

2. 坚决服从，不讲条件

服从就是执行的过程中，不问为什么，只想怎么做，怎么把它做好。如果问为什么，那应是在决策的时候问为什么，而不是执行的时候问为什么。

在美西战争期间，美国总统急需得到反抗西班牙军首领加西亚的合作。然而，加西亚在古巴丛林中，没有人确切地知道他到底在哪里。有人对总统说："或许罗文中尉有办法找到加西亚。"于是，总统把罗文中尉找来，把写给加西亚的信交给他。尽管罗文中尉也不知道加西亚在什么地方，但他接过这封信，什么也没有说就出发了。3个星期之后，他徒步走过古巴这个危机四伏的国家，历尽波折，凭借自身的智慧和勇气终于找到了加西亚，把这个任务完成了。

他送的不仅仅是一封信，而是美利坚的命运，整个民族的希望。

这个送信的传奇故事之所以在全世界广为流传，主要在于它倡导了一种伟大的精神：忠诚、敬业、勤奋，正是人性中光辉的一面。

《致加西亚的信》这本书，在全世界已广为流传。“送信”变成了一种具有象征意义的东西，变成了一种忠于职守，一种承诺，一种敬业、服从和荣誉的象征，一种不折不扣的执行。

一般人在接到总统这个任务以后，可能会有很多问题要问：加西亚是谁？加西亚住在哪里？我怎么去找加西亚？如果加西亚不在怎么办？……问题越多，就越觉得困难重重，这事根本没法完成。但是罗文中尉什么也没说，把信贴身收藏好之后就出发了。《致加西亚的信》成为敬业、服从、克服困难、战胜种种灾难的象征。

其实，很多中层管理者的毛病是“问得太多，做得太少”。

我们要学习军队这种坚决服从、不讲条件的作风，那我们还能有什么工作是做不好的呢？

3. 勇于负责，不找借口

成功的人找方法，失败的人找借口。只要是命令，只要是任务，必须执行，不能有任何的借口。

“没有任何借口”是美国西点军校200年来最重要的行为准则。西点军校的学生常常用四句话回答长官，第一句是“是的，长官”，第二句是“不是，长官”，第三句话是“我不知道，长官”，第四句话是“没有任何借口”。

西点军校还有句名言：“合理的要求是训练，不合理的要求是磨炼。”所以西点军校磨炼出来的毕业生到哪儿都抢手。

许多中层管理者在执行过程中习惯于找借口，归因于外，推卸责任。他们做事情根本不担心自己做得好还是不好，因为他们能够找到人或者事来推卸责任。其原因就是企业内部的分工不明晰，工作责任不明确。

海尔的做法是将责任明确到人。

海尔有个材料库，这个材料库楼高五层，整个大楼有 2945 块玻璃，每天都要保持得非常干净。怎么样保证这些玻璃日清日洁呢？主管就在这 2945 块玻璃小角设置了些编号小条，条上写着擦玻璃人和监督者的编号，发现哪块玻璃没有擦干净，他马上就可以找到这两个人，责任是非常清楚的。

（二）全力以赴，尽职尽责

1. 立即行动，决不拖延

在上级作出正确决策后，作为下属应该立即行动去执行，绝不能拖延，拖延的话，可能永远没结果。

某企业 CEO 上任仅一个月，就发现布置下去的十多项事务除了一件落实外，其他的要么说正在执行，要么找理由说没法办，有一个中层管理者甚至对他说，“你怎么还没忘啊？过去很多领导给我布置任务，我不去完成，他早把这个事忘掉了。”

很多人做事不是痛快做完的，而是拖完的，无论大事小事，能拖则拖，最后实在被逼得没办法了，才赶快做完，这样就很难做到尽善尽美，更无效率可言。

2. 态度认真，一丝不苟

杰克·韦尔奇认为，卓越执行必须具备两个有效要件，一是“认真百分百，不打折扣”，二是“踏踏实实，一步一个脚印”。

所谓的执行力，就是员工在每个阶段都一丝不苟地切实执行。

3. 讲究实效，保证结果

执行必须讲究实效，不能只有苦劳而没有功劳，也就是说，不仅要做事，而且要把事情做好。要想把事情做好，这就需要掌握一定的工作技巧，善于区分轻重缓急，把握主要矛盾。但是在工作当中，许多人缺乏这种抓落实的工作技巧：有的人抓不住主要矛盾或矛盾的主要方面；有的是不分轻重缓急，眉毛胡子一把抓；有的是思路不多，方法不对头，措施不得力。结果是，力气没少下，效果不明显，落实不到位。

（三）善于思考，不断创新

作为中层管理者，一定要善于思考，不断创新，才能提高绩效，取得业绩。

有一天，一个人在一条马路边上看到一个非常奇怪的现象，一个工人拿着铲了在路边挖坑，每二公尺挖个，而且坑挖得非常规整，他干得也非常认真，但是另一个工人却跟在他的后面，把他刚挖好的坑立刻就填回去。这个人觉得奇怪，问为什么一个人挖坑，一个人就往回填呢？挖坑的工人说，我们这是在绿化道路，因为根据规定，我负责挖坑，第二个负责种树，第三个人负责填土，不过，今天第二个人没来，所以我们该干什么，我们还干什么。

这是个幽默的故事，这个幽默的故事说明什么？说明机械地执行其后果不亚于不执行。

执行贵在创新，我们要永远引领市场，永远领先于对手，把工作真正落到实处，必须创新。只有创新，我们才能寻求到解决问题的有效办法，在没有路的地方能够找到出路。

新加坡前总理李光耀曾经给新加坡旅游局提了个要求，希望他们制定一个旅游战略发展规划，发展新加坡的旅游业。新加坡旅游局接到这个任务之后，向李光耀总理打了个报告，报告说，新加坡根本不可能发展旅游。报告举出系列的理由，说新加坡不像埃及有金字塔，也不像中国有长城，不像日本有富士山，更不像夏威夷有海浪，我们有的只是一年四季直射的阳光，所以说要想发展旅游，那是巧妇难为无米之炊。言外之意，这个任务我们没有办法执行。

李光耀看了这个报告之后，就在报告上批了这样几个字："有阳光就够了。"后来新加坡旅游局根据李光耀总理的思维，充分利用这一年四季直射阳光种植花草，把新加坡发展成为世界著名的花园城市，结果他们的旅游收入连续多年排在亚洲第三位。

事实上，很多企业的战略不能有效地执行，很大程度上是中层管理者缺乏创新的思维。他们在工作中一旦遇到问题，不是去积极地想办法，而是找客观理由，一个最根本的原因就是他们缺乏创新的执行意识。

执行是一门艺术，体现了中层管理者全面的思维模式和经营方略。中层管理者也只有在执行上认真下功夫，才能带领自己的团队创造辉煌的业绩。

下篇

中层的八关键

什么是中层管理者的“八关键”呢?

一个企业能否生存发展，关键在中层，中层管理者的关键就在于执行能力。

中层管理者的“八关键”就是要告诉中层管理者在执行过程中必须具备的关键能力，即目标管理能力、时间管理能力、管理沟通能力、辅导下属能力、危机管理能力、绩效管理能力、激励能力、授权管理能力八个方面。

对于中层干部来说，如何避免陷入执行误区，少走许多弯路，怎样才能把事情一次性就做对，这是中层管理者“八关键”的重点探讨内容。

第四章

中层八关键之目标管理的误区

1954年，美国管理大师彼得·德鲁克在其管理学名著《管理实践》中提出“目标管理”这一概念。这一概念一经提出，在美国迅速流传，随后他又提出“目标管理和自我控制”的主张。时值“二战”后西方经济由恢复转向迅速发展期，企业急需采用新的方法调动员工积极性以提高竞争力，目标管理的出现可谓应运而生，并很快为日本、西欧国家的企业所仿效，在日本更是被发扬光大。德鲁克认为，“企业的目的和任务必须转化为目标，企业如果无总目标及与总目标相一致的分目标，来指导职工的生产和管理活动，则企业规模越大，人员越多，发生内耗和浪费的可能性越大”。

德鲁克的目标管理思想后来又经施莱和孔茨等人的完善，成为很有价值的观念和具有实效的管理方法，广泛运用于企业管理、行政管理、军事管理、教育管理领域。实践证明，这种管理方法有其科学性，也较有成效。

一、目标管理的概念

耶鲁大学曾经就目标对人生的影响进行过一项长达25年的跟踪研究，研究结果如下：27%的人没有目标，生活在社会最底层，生活过得很不如意；60%的人目标模糊，生活在社会的中下层，并无突出成就；10%的人有清晰但较短期目标，生活在社会的中上层，在各自的领域里取得了相当的成就；3%的人有清晰且长期目标，成为各领域顶尖人物。

由此可见，有无目标对人一生的成就的影响是巨大的。

（一）什么是目标管理

李嘉诚曾经问员工："开车进加油站的人最想完成什么？"

员工答："加油！"

李嘉诚略显失望，于是有人补充："休息、喝水、上厕所。"

李嘉诚却说："开车进加油站的人，最想做的是——早一点离开，朝着目的地继续他的旅程——人做事当然有具体目的，但它们必须从属于一个远大目标。"

什么是目标？通俗地说，就是想要达到的境界和目的。

真正的目标，就是让你朝思暮想，而且一想起就让你热血沸腾，那才叫目标！

人不能没有目标，没有目标就没有前进的方向和动力，企业亦如此。

那么，什么是目标管理？

目标管理（Management By Objectives，简称MBO），由美国著名管理

学家彼得·德鲁克于20世纪50年代在《管理实践》中提出来的，就是通过目标来进行管理。目标管理是一种结果式的管理，就是根据组织发展的总目标确定公司级年度目标，然后通过对公司经营目标、管理目标的逐级分解，在企业内部建立起层层支撑的目标体系和关键业绩指标体系，为企业的每一位员工指明清晰的工作方向，为企业实施考核提供了依据，使得公司上下朝着共同的方向努力。

目标管理的特点是通过目标的层层分解，在获得适当资源配置和授权的前提下积极主动为各自的分目标奋斗，从而使组织的总目标得以实现。它弱化了上级的过程管理和监督，而是让员工以目标进行自我控制、自我管理。这样，减少了上级对下级不必要的干预，也减少了下属对上司的等待和依赖心理。其精髓就在于能增强管理者与广大员工共同的责任感，有利于调动各个层次管理者和员工的主动性与创造性。但是，同时德鲁克也强调在目标制定及完成过程中良好沟通的必要性，包括在目标分解的过程中和指派任务中反复讨论制定可行的目标，下属完成工作中有问题也可传达给上级管理者。

目标管理虽然是结果式的管理，但是，它仍然强调了沟通，强调了过程的激励和辅导，其本质仍然是绩效管理的一个方法，过程与我们传统上的绩效管理并无区别，其最终目标是公司整体目标的实现和员工能力的提高。

对目标管理这个概念，我们可以从以下4个方面来理解。

1. 目标管理是参与管理的一种形式

目标的实现者同时也是目标的制定者，即由上级与下级在一起共同确定目标。首先确定出总目标，然后对总目标进行分解，逐步展开，通过上下协商，制定出企业各部门、各车间直至每个员工的目标，用总目标指导分目标，用分目标保证总目标，形成一个“目标—手段”链。

2. 强调“自我控制”

目标管理的倡导者彼得·德鲁克认为，员工是愿意负责的，是愿意在工作中发挥自己的聪明才智和创造性的。如果我们控制的对象是一个社会组织中的“人”，则我们应“控制”的必须是行为的动机，而不应当是行为本身。

也就是说，必须以对动机的控制达到对行为的控制。目标管理的主旨在于，用“自我控制的管理”代替“压制性的管理”，它使管理人员能够控制他们自己的成绩。这种自我控制可以成为更强烈的动力，推动他们尽自己最大的力量把工作做好，而不仅仅是“过得去”就行了。

3. 促使权力下放

集权和分权的矛盾是组织的基本矛盾之一，唯恐失去控制是阻碍大胆授权的主要原因之一。推行目标管理有助于协调这一对矛盾，促使权力下放，有助于在保持有效控制的前提下，把局面搞得更有生气一些。

4. 注重成果第一的方针

采用传统的管理方法，评价员工的表现，往往容易根据印象、本人的思想和对某些问题的态度等定性因素来评价。实行目标管理后，由于有了一套完善的目标考核体系，从而能够按员工的实际贡献大小如实地评价一个人。

目标管理还力求组织目标与个人目标更密切地结合在一起，以增强员工在工作中的满足感。这对于调动员工积极性，增强组织的凝聚力起到了很好的作用。

目标管理可能是到目前为止运用到实务上最有力的管理工具，其简单而容易被人接受的逻辑，足以反映管理的目的何在。对企业内的成员，如缺乏明晰的目标，不仅呈现出混乱的局面，且不能期望任何团体或个人会有好的成效。

综上所述，目标管理是一种综合以工作为中心和以人为中心的管理方法，就是以最终目标为导向，来协调各种资源的有效利用的一种管理活动。它以目标的设置和分解、实施及完成情况的检查、奖罚为手段，通过员工的自我管理来实现企业经营目的的一种管理方法。其核心是让员工自己管理自己，变“要我干”为“我要干”。

（二）目标管理是企业的动力之源

为什么有的企业半死不活、停滞不前？为什么有的企业欣欣向荣、蓬勃发展？为什么有的企业一步一个脚印，每一个目标都能转变成现实？为什么有的企业制定的目标却成了空中楼阁，陷在死亡的泥潭中无力自拔？

这些企业不是没有健全的制度，不是没有优秀的人才，而是没有科学、系统、务实的目标管理，而目标管理到位与否对战略是否执行到位起着关键性的作用。各级管理人员如何领导下属完成本部门与公司战略相匹配的目标与任务，才是企业繁荣兴盛的关键所在。

具体来说，目标管理对企业产生的积极作用表现在如下4个方面。

1. 为管理工作指明方向

从某种意义上说，管理是一个为了达到同一目标而协调集体所做努力的过程，如果不是为了达到一定的目标就无须管理。目标的作用首先在于为管理指明了方向。

我们经常听到不少关于鲸鱼搁浅海滩的报道，有些新闻把这一现象归结为鲸鱼的集体自杀行为，但对它们自杀的原因却不甚了了。后来，鲸鱼研究专家在对鲸鱼进行跟踪研究的过程中终于发现，它们之所以搁浅海滩甚至死亡，是因为它们追逐沙丁鱼的缘故，是这些微小的沙丁鱼群将这些庞大的鲸鱼引入到死亡的歧途。

鲸鱼是因为追逐眼前的小利而死亡的，它们经不起蝇头小利的诱惑，将自己巨大的潜能和力量耗费在没有多少意义的小事情上，结果葬送了自己的生命。可见，光有目标还不行，如果目标选得不好，结局可能比没有目标更悲惨。

仔细想想，现实中有不少人也像这些鲸鱼一样吗？他们聪明、智慧、有活力、有激情，可是就是没有远大的理想和目标，由于没有目标的牵引，他们失去了人生前进的方向，时而向东，时而向西，把自己的精力和智慧浪费在了没有意义的横冲直撞之中。假如清晰了自己的人生和职业目标，我们就会把自己稀缺的时间和珍贵的潜力用到应该用的地方去，进而调动所有的能量，挖掘所有的潜力，全力以赴于人生目标的追求。所以，成功学大师指出：你成为什么样的人比你得到什么东西要重要得多。目标不仅仅界定追求的最终结果，它在整个人生旅途中都起着重要作用，可以说，目标是成功路上的里程碑。

2. 激励作用

企业或团队有目标不等于有好目标。好目标一定要结合企业的长远发展和员工的特点来制定。彼得·德鲁克说："目标并非命运，而是方向。目标并非命令，而是承诺。目标并不决定未来，而是动员企业的资源与能源以便塑造未来的那种手段。"

目标是一种激励组织成员的力量源泉。从组织成员个人的角度来看，目标的激励作用具体表现在两个方面：

(1) 个人只有明确了目标才能调动起潜在能力，尽力而为，创造出最佳成绩；

(2) 个人只有在达到了目标后，才会产生成就感和满足感。

要使目标对组织成员产生激励作用，一方面要符合他们的需要；另一方面要有挑战性。

3. 凝聚作用

企业是一个社会协作系统，它必须对其成员有一种凝聚力。一盘散沙的企业是难以发挥作用的，是不能够长期存在的。企业凝聚力的大小受到各种因素影响，其中的一个因素就是企业目标。特别是当企业目标充分体现了企业员工的共同利益，并能够与企业员工的个人目标取得最大程度的和谐一致时，就能够极大地激发企业员工的工作热情、献身精神和创造力。而企业目标与个人目标之间潜在的冲突，则是削弱企业凝聚力的主要原因。因此，使企业目标与群体或组织成员个人目标之间取得和谐是制定目标的又一条原则。

4. 目标是考核主管人员和员工绩效的客观标准

大量管理实践表明，凭上级的主观印象和对下级主管人员的价值判断作为对主管人员绩效的考核依据，是不客观、不科学的，因而不利于调动下级主管人员的积极性。正确的方法应当是根据明确的目标进行考核。为此，目标本身必须是可考核的，这也是制定目标的一条主要原则。

二、目标管理的误区

说起目标管理，管理者想到的更多是指标的确定和分解，目标的制定与执行。很少有管理者把注意力放在“人”身上。其实，“人”才是管理的全部内容。

目标管理是企业绩效管理体系的一部分，是企业经营管理的基础，其最终目的都是为了企业效益。企业没有效益，就不能维持正常的生存和运转。因此，效益始终是管理者应该关注的核心问题。如果没有效益，管理本身就没有存在的意义。

德鲁克认为，企业如果缺乏目标，根本就无从管理。所以，经理人务必要先进行“目标设定”，才能进行“有效管理”和“目标管理”。但如果要实现“目标管理”，就必须要有“员工与管理者”的“自我管理”。“自我管理”意味着更强烈的工作动机。

当然，不是所有的企业有了目标就万事大吉，一帆风顺。在管理实践中，具体到目标管理范畴，管理者在设定和分解企业目标时，往往会陷入目标管理的误区。具体来说，目标管理存在如下几个误区。

(一) 目标管理是包治百病的灵丹妙药

田先生年轻时曾豪情万丈地为自己树立了许多目标，可是几年下来，依然一事无成。

一天，田先生外出游历，在一座破败的寺庙中遇到一个老和尚。两人聊天时，田先生向老和尚倾诉了自己的困惑。老和尚微笑着听完田先生的倾诉，把他领到厨房，对他说："来，你先帮我烧一壶开水！"田先生看见厨房的墙角放着一把很大的铁水壶，旁边是一个土灶台，可是没有柴火，于是田先生便出去找。他在外面拾了一些枯枝回来，装满了一壶水，放在灶台上便烧了起来，可是由于壶太大，那捆柴烧尽了，水也没开。于是他跑出去继续找柴，回来的时候那壶水已经凉得差不多了。这回他学聪明了，没有急于点火，而是再次出去找了些柴，由于柴准备充足，水不一会儿就烧开了。

老和尚没有任何表示，将一壶开水全倒了，重打了一壶冷水，说："你再帮我烧一壶开水好吗？"田先生看了看剩下的不多的柴，摇了摇头"烧不了了，四周能找的柴都被我找来了，剩下的这点柴不够烧开一壶水"。老和尚什么也没说，将水壶里的水倒掉了一大半，然后交给田先生，田先生若有所思地点了点头，一会儿将就水烧开了。

老和尚对田先生说："你一开始踌躇满志，树立了太多的目标，就像这个大水壶装了太多水一样，而你又没有足够的柴，所以不能把水烧开，要想把水烧开，你或者倒出一些水，或者先去准备柴！"田先生恍然大悟。

目标管理最大的特点是侧重目标，而不是方法。目标管理的实质仅是通过有难度且明确的目标，激发出员工的主观能动性。若把目标管理当成一个管理平台，用其处理工作流程中的问题，也许是高估了它的能量，它不是企业管理过程中包治百病的灵丹妙药。

（二）目标管理就是量化任务

有些管理者认为，目标管理只要将任务量化，同时提高难度就完成了。目标管理可以针对不同员工，给予他们不同的目标。一味追求量化任务的实现，不是目标管理的全部意义。

有一位父亲带着三个孩子到沙漠去猎杀骆驼。

到了目的地以后，父亲问老大："你看到了什么？"

老大回答："我看到了猎枪、骆驼，还有一望无际的沙漠。"

父亲摇摇头说："不对。"

父亲以同样的问题问老二。

老二回答："我看到了爸爸、大哥、弟弟、猎枪，还有沙漠。"

父亲又摇摇头说："不对。"

父亲又以同样的问题问老三。

老三回答："我只看到了骆驼。"

父亲高兴地说："答对了。"

父子四人的目的是猎杀骆驼，所以，他们的眼里应该紧紧地盯着骆驼这一目标，至于其他的，都应该视作实现猎杀骆驼这一目标的辅助工具或手段。

管理学大师德鲁克说："如果我们知道目标，目标管理则是有效的。不幸的是，人多数情况下并不知道自己的目标。如果单纯追求考核上的量化指标，而不是目标的明确一致，这是量化管理的误区。"

在管理实践中，常常出现这样的情形：公司制定了一系列的衡量指标，并且指标之间逻辑关系清晰，形成完善的指标体系；公司将指标层层分解至各个部门或分公司，再制定相应的奖惩措施予以保障；公司分阶段统计指标完成情况，据此对各部门及其责任人进行奖惩。从理论上推断，在这样严密的量化管理下，公司理应不断达到目标。但往往事与愿违，公司最后发现：原先设定的目标其实并没有实现！

究其原因，是管理者往往混淆了目标和指标。目标是一切管理活动的中心，对组织行为起着牵引作用。而指标往往是评价性的，属于事后算账。更致命的是，很多指标从开始制定时就是错误的。没有聚集到目标，因此完成得越好，离目标越远。最重要的是“做正确的事”，其次才是“正确地做事”。具体说来，企业目标管理的量化存在着以下几个误区。

1. 只选择容易量化的指标

关于目标量化管理有一句名言：“What’s get measured，get it done！”这句话的意思是，凡是能够衡量到的，就能够做得到。但在实践中，管理者常常会发现，有很多内容不能以量化来进行衡量。为了便于管理和考核，管理者于是选取那些定量或容易量化的指标，便成了自然的选择。

比如要想知道一家公司在业内的好坏，可以有很多指标来评价与预测，例如业界认同度、行业标准制定能力、核心产品竞争力、市场占有率、销售额、利润、规模等。产品的市场占有率、销售额、利润以及人员规模等指标都可以用具体的数字来量化，但“业界认同度”等指标相对抽象而且难以直接测量，所以企划部门经常选取诸如销售额等可以量化的指标来评价公司的发展。如果以这样表面的指标来推动公司进步，很可能只会使公司陷入机构臃肿的窘境。

一般来说，管理者在量化目标时要注意以下几个问题：

（1）有些指标往往是整体性的，分解不了。比如衡量一家企业的好坏，很难用单纯的销售额或者规模来衡量。

（2）很多指标是多个部门或团队共同承担的，落实不下去。比如业界影响力，需要全体部门同心协力并且持续努力才能达到。

（3）不少指标无法量化，量化倒不如围绕指标制订工作计划。

（4）考核部门容易落空。因为部门是个组织结构的概念，考核就要到人，先到管理者再传递到员工，有时候出了问题却无法明确责任归属，集体负责常常发展为谁也不负责。

目标管理的量化，其真正目的在于牵引公司全体员工的行为方向。使员工的工作目标与公司的组织目标相一致，通过整合员工资源以有效实现公司的目标。衡量指标必须支持目标实现，这才是设计或选取指标真正的也是唯一原则。能量化的指标可能违背这个原则，因此也就可能将员工的工作引入错误的方向。

2. 指标应面面俱到

“20/80”定律揭示，对事物总体结果起决定性影响的只是少量的关键要素；而“木桶理论”则认为少量的瓶颈因素，才是起决定性作用的。无论如何，抓住属于关键或瓶颈的较少部分指标，就足以统揽全局。

在具体的管理实践中，很多企业力求指标体系全面、完整。包括计划指标体系、流程指标体系、统计指标体系、质量指标体系等。各职能部门独立管理这个相关的体系，设计具体指标时面面俱到。其实，指标之间是相关的，例如两个指标的定义不同，但其内涵和外延可能均有交叉、重合的部分。指标用于衡量组织目标的方向，因此，检验指标设计的水准，是看指标是否强化了公司所需的员工行为。指标不在于全面、科学，而在于明确、有效。

3. 系统重于管理者

不少公司应用IT系统监控和管理指标体系，及时发现绩效偏差，进行分析和改进。系统的优点显而易见，但很多公司过分依赖系统，过分强调技术的力量而忽视了管理者的作用和员工的价值。人是系统的需求者、创建者和应用者，系统原本是服务于人的目的工具，“体”“用”关系的错位，注定方向的偏离与结果的差失。

北京某厨具公司决定在整个企业内实施目标管理。事实上他们之前在为销售部门制定奖金系统时已经用了这种方法。公司通过对比实际销售额与目标销售额，支付给销售人员相应的奖金。这样销售人员的实际薪资就包括基本工资和销售奖金两个部分。

由于奖金的刺激作用，厨具公司的销售大幅度提升，但是却苦了生产部门，他们很难完成生产计划。销售部不能按时向客户交付产品，开始抱怨生产部。于是，公司的管理层决定，为所有部门和部门经理以及关键员工建立一个目标设定流程。为了实施这个新的方法，他们需要用到绩效评估系统。生产部门的目标包括按时交货和库存成本两个部分。

他们请了一家咨询公司，指导管理人员设计新的绩效评估系统，并就现有的薪资结构提出改变的建议。他们付给咨询顾问高昂的费用修改基本薪资结构，包括岗位分析和工作描述。还请咨询顾问参与制定奖金系统，该系统与年度目标的实现程度密切相连。咨询顾问指导部门经理如何组织目标设定的讨论和绩效回顾流程。总经理期待着很快能够提高业绩。

然而不幸的是，业绩不但没有上升，反而下滑了。部门间的矛盾加剧，尤其是销售部和生产部。生产部埋怨销售部销售预测准确性太差，而销售部埋怨生产部无法按时交货。每个部门都指责其他部门的问题。客户满意度下降，利润也在下滑。

这恐怕是大多数公司都有的问题吧？为什么设定目标（并与工资挂钩），反而导致了矛盾加剧和利润下降？

该公司不得不又请来一家国际知名的咨询公司来会诊，结果发现该公司存在以下“目标误区”。

（1）设定的目标不全面。每个部门只专注于对自己非常重要的几个目标。

（2）因为这家公司每年只进行一次绩效评估，目标一旦确定就不能更改。所以即使他们发觉有些目标有问题，他们也不会进行及时修改。

（3）各部门的目标互相之间没有联系，只是和组织内上下级之间有联系。

(4) 修改后的系统，仍然存在定性或主观评估。这就意味着私人关系对绩效评估流程还是有很重要的影响。经理在考核绩效时仍然存在主观因素，经理和下属的关系亲密与否导致了系统的不平等性。

(5) 目标不符合公司扩大市场份额的特定战略。原来的目标只关注销售额和按时交货，但是战略最重要的几个关键面没有得到特别体现。

（三）目标管理是监督工具

有些员工认为目标管理是绩效考核、监督的工具。这样一来，往往会把容易完成的工作定为主要目标。更有甚者，为了体现业绩，用短期见效的目标取代意义重大而长期见效的目标。这是对目标管理的一种误解。目标管理的初衷是帮助员工提高效率从而增强满意度，而不是增加负担进而产生压抑感。大家可以通过目标管理彼此协调，减少资源浪费，尤其是时间资源。目标管理强调“自我控制”“自我突破”，但并非放弃管理，只不过用双向沟通代替了专制管理，更有效地保证组织目标的实现。

三、如何提升目标管理能力

在企业管理实践中，管理者最烦恼的事情，就是陷入大量琐碎的事务中去，总觉得时间不够用；员工不明白为什么要做这些工作；员工对谁该做什么和谁该负责有异议，该决策时不能决策；员工给管理者提供的重要信息太少；问题发现太晚以致无法阻止它扩大等。而员工也烦恼：不了解他们的工作好还是不好；工作完成很好时没有得到认可；没有机会学习新技能；发现上司对自己不满但不知怎么办；自己不能做任何简单的决策；

管得过细，喘不过气来；缺乏完成工作所需要的资源等。

如果引入目标管理可以使管理者不必陷入各种事务中（适当管理）；帮助员工提高掌控工作和自我决策能力（员工发展）；减少员工之间因职责不明而降低效率（责权利清晰）；减少出现当你需要信息时没有信息的局面（改善沟通）；帮助员工找到错误和低效率原因（绩效提高）。

但是不少管理者引入目标管理总存在这样那样的问题，不能正确理解和实施目标管理。

要想提升目标管理能力，必须首先解决目标管理的 8 个问题。

（一）解决目标管理体系的 8 个问题

优秀的目标管理体系，首先要先解决以下 8 个问题：

1. 目标是什么？实现目标的中心问题、项目名称。
2. 达到什么程度？达到的质、量、状态。
3. 谁来完成目标？负责人与参与人。
4. 何时完成目标？期限、预定计划表、日程表。
5. 怎么办？应采取的措施、手段、方法。
6. 如何保证？应给予的资源配备和授权。
7. 是否达成了既定目标？对成果的检查、评价。
8. 如何对待完成情况？与奖惩安排的挂钩、进入下一轮目标管理循环。

唐太宗贞观年间，有一匹马和一头驴子，它们是好朋友。唐贞观三年（629），这匹马被玄奘选中，前往西天取经。17 年后，这匹马驮着佛经回到长安，便到磨房会见它的老朋友驴子。老马谈起这次旅途的经历：浩瀚无边的沙漠、高耸入云的山峰、寸草不生的火焰山、波涛汹涌的通天河……老马丰富的经历让驴子听了大为惊异。驴子感叹道：“你太了不起了！走过那么遥远的路途，经历那么多的磨难，这些我连想都不敢想。”老马说：“其实，这 17 年中，我们走过的路程大体是相同的，当我向西天出发的时候，你也一刻没有停步。不同的是，我同玄奘大师有一个遥远的目标，按照始终如一的方向前行，所以我们走进了一个广阔的世界。而你被蒙住了眼睛，一直围着磨盘打转，所以永远也走不出狭隘的天地……”

马和驴子最大的差别就在于目标的不同，最终导致了不同的结果。

将目标管理法运用得出神入化的是海尔集团。张瑞敏始创 OEC（Oveall Every Control and Clear）管理法，其核心就是目标管理，是海尔走向世界的最好发展资本，它具体表现为“日事日毕，日清日高”。

惠普公司也是目标管理的典型之一。首先设定目标，目标的内容要兼顾结果与过程，这是根据岗位职责和公司整体目标，由主管经理和当事者一起讨论确定的。其次，当事者要自己动手，制订工作计划，其中最重要的内容，就是设计阶段性目标，提出达成阶段目标的策略和方法。再次，定期进行工作进展总结，由主管经理、当事者和业务团队一起，分析工作现状与预期目标之间的差距，并找到弥补差距、完成目标的具体措施。最后，在目标任务终止期，进行总体性的绩效评估，如果没有达成目标，要检讨原因；如果超出预期，或者达成了当初看上去难以完成的目标，则要分析成功的原因，并与团队分享经验，以利推广。

目标管理的过程要重点体现三个“共同”：共同制订计划，确定目标、标准，选择行动方案；上下级之间共同反馈，下级完成工作任务、上级予以支持；共同控制，检查任务完成情况，进入下一个目标管理周期。

（二）目标制定的程序

管理者的任务，就是在工作过程中找到并制定出合理的目标。设定目标是很关键的一点，我们做管理者的，下级期望从我们这里得到什么？最根本的东西其实非常简单：一个是目标；一个是告诉我如果完成了目标，我能得到什么。

据调查，员工所做的工作有30%是与目标无关的，另有40%是源于目标不统一……企业或个人失去了目标，发展将成为空谈！因此，制定出一个合理的目标，我们也就实现了目标的一半。就是为下属定制目标。定下目标，定下由谁负责，定下完成任务的最后期限，再给出相应的报酬和激励，管理上80%的事情就做到了。

某商业银行发现柜台营业员的服务态度对提高客户存款额至关重要，因此决定改进服务。他们将营业员召集在一起，讨论目前柜台服务存在的问题。之后，总部对讨论结果进行整理和补充后发放给每一个营业员，要求对症下药，制订出改进自身服务的个人计划并上报领导，由领导对个人计划提出意见后返给员工。在考虑领导意见后，员工制定正式的个人微笑服务目标，经上级核批后正式执行。

上述管理案例是一个完整的从目标制定到实施的过程，由此我们可以看出，企业目标的制定要按照如下程序进行。

1. 准备工作

制定目标，首先要做好充分的准备。准备工作要紧紧围绕制定目标的依据进行，概括起来有三点：一是吃透上头，二是摸清下头，三是了解外头。

吃透上头，就是在制定目标之前，要认真学习和领会领导精神，明确任务、目的、要求，把领导的方针、政策交给下属。使大家对上头做到心中有数。摸清下头，就是对本单位要做好深入细致的调查研究，弄清家底。收集、整理资料，统计核准数据，对单位的历史、现状、发展等作出客观的估计。了解外头，就是对单位外部环境，作深入广泛的了解，全面掌握信息，正确认识形势，看准市场行情，做到知己知彼。

2. 提出目标

在做好准备工作的基础上，可以先提出初步设想，即粗线条地勾画出单位的目标方针、目标项目和目标值。目标设想提出后，要拿到下面广泛征求意见，提交各级、各部门酝酿讨论，进行“目标亮相”。

“亮相”的目的是为了投石问路或抛砖引玉，看各级的反映如何，群众的态度如何，目标设想是否具有先进性和可行性。“亮相”结果可能会引起很多争议，同时也可能会提出很多批评和建议。最后，对各种意见进行归纳整理，并依此提出目标的初步方案。

3. 方案论证

方案论证就是论述各种方案产生的依据、原则、过程，以及方案要达到的目的和实现方案的对策措施等，证明其科学性、先进性和可行性。

论证多采用论证会、研讨会的形式，吸收各方面有关专家、各部门负责人和群众代表参加。研讨会要提倡多方交流，做到各抒己见，畅所欲言，尊重科学，服从真理。要让大家充分发表不同观点和意见，对各种方案进行论证。论证发言要力求观点明确、论据充实，说理清楚。一般应围绕以下几个问题进行：

(1) 方案提出的主要依据和原则是什么？也就是根据什么提出方案？是否符合制定目标的各项原则？并要说明资料占有的充分程度，信息获取的全面程度，所列数据的准确程度，以及对单位历史、现状、未来发展的估计程度等。

(2) 实现方案的效益如何？制订任何目标方案，必须以提高效益为宗旨，这是现代管理的基本要求。所以，目标方案必须符合效益最大性原则。论证方案的效益如何，就是要说明资源的分配利用情况，各种管理要素的作用发挥情况，以及所要达到的管理效果和综合效益等。

(3) 实现方案的可能性有多大？方案实现的可能性即把握性。把握性的大小要看有哪些有利条件和不利条件？实现的困难有多大？有无得力的保障措施？是否留有余地等。

(4) 方案的满意度如何？对方案的满意度，包括开始怎样？中间进行过哪些重大修改？修改中吸收了哪些好的建议？修改前后大家反映如何？

对方案的哪些部分感到比较满意？还存在哪些不足？哪些内容还有待于进一步修订和补充。

以上这些问题说清楚了，与会者就可以根据论证发言，权衡各个方案的优劣。

4. 方案选优

方案选优，就是在方案论证的基础上，应用优化理论和方法对各种方案进行优化选择，从中筛选出最佳方案的过程。

目标方案选优多采用综合分析的方法。所谓综合分析，就是从目标系统的综合效益出发，对不同方案进行定性和定量的分析、类比，分出优劣，以便择优选取。

（三）目标管理的原则

1968 年的春天，罗伯特·舒乐博士决心在美国加州建造一座水晶大教堂。他向著名的设计师菲利普·约翰逊说出了自己的梦想：

“我要建造的不是一座普通的大教堂，而是要建造一座人间的伊甸园。”

菲利普·约翰逊问他：“预算需用多少钱？”

罗伯特·舒乐博士坦率而明确地回答：“我现在一分钱也没有，对我来说，预算是 100 万美元还是 1000 万美元没有本质上的区别。重要的是，这座水晶大教堂本身一定要具有足够的魅力来吸引捐款。”

水晶大教堂的设计方案出来以后，最初的预算为 700 万美元。这 700 万美元对于当时的罗伯特·舒乐博士来说，不仅是一个超出他能力范围的数字，而且也是超出了很多人能理解和接受范围的数字。

当天夜里，罗伯特·舒乐博士拿出一页白纸，在最上面写下“700 万美元”，接着又写下 10 行字：

1. 寻找 1 笔 700 万美元的捐款。

2. 寻找 7 笔 100 万美元的捐款。

3. 寻找 14 笔 50 万美元的捐款。

4. 寻找 28 笔 25 万美元的捐款。

5. 寻找 70 笔 10 万美元的捐款。

6. 寻找 100 笔 7 万美元的捐款。

7. 寻找 140 笔 5 万美元的捐款。

8. 寻找 280 笔 2.5 万美元的捐款。

9. 寻找 700 笔 1 万美元的捐款。

10. 卖掉教堂的 1 万扇窗户，每扇 700 美元。

从此，罗伯特·舒乐博士开始了苦口婆心、坚持不懈的漫长募捐生涯。

到第 60 天的时候，富商约翰·可林被水晶大教堂奇特而美妙的模型所打动，罗伯特·舒乐博士得到了 100 万美元的第一笔捐款。

到第 65 天的时候，一位听了罗伯特·舒乐博士演讲的农民夫妇，捐出了 1000 美元。

到第 90 天的时候，一位被罗伯特·舒乐博士孜孜以求精神所感动的陌生人，开出了一张 100 万美元的银行支票。

到第 8 个月的时候，一名捐款者对罗伯特·舒乐博士说："如果你的努力能筹到 600 万美元，那剩下的 100 万美元就由我来支付。"

到第二年的时候，罗伯特·舒乐博士以每扇窗户 500 美元的价格请求美国人认购水晶大教堂的窗户，付款的方法为每月 50 美元，10 个月分期付清。实际情况比预想的要好得多，还不足 6 个月，1 万多扇窗户就全部认购完毕。

建造水晶大教堂共用掉了 2000 万美元，比最初的预算多得多，全部是罗伯特·舒乐博士一点一滴筹集来的。

1980 年 9 月，历时 12 年，可容纳 1 万人的水晶大教堂全部竣工，成为世界建筑史上的一个奇迹，也成为世界各地前往加州的人必去瞻仰的胜景——名副其实的人间伊甸园。

运用正确的目标管理原则，让罗伯特·舒乐创造了一个人间奇迹。那么，目标管理到底有哪些必须遵循的原则呢？

1. 期望原则

罗伯特·舒乐博士经常这样讲：“不是每个人都应该像我这样去建造一座水晶大教堂，但是每个人都应该拥有自己的人生目标，设计自己的目标，追求自己的目标，实现自己的目标。”目标是生命的灵魂，是心灵的灯塔，是引导人走向成功的信仰。有了崇高的人生目标，只要矢志不渝地追求，目标就会成为现实，奋斗就会变成壮举，生命就会创造奇迹。

你所设定的目标不可过高也不可过低，要经过努力才能达到，这就是期望原则。设定的目标必须是循序渐进的，就如考试成绩一样，这次的成绩是 80 分，下次就应该把目标设定在 85 分，增加 5 分经过努力可以达成，而且也具有挑战性。每一次增加 3 分至 5 分，就有期望接近 100 分，假如一次目标就定在 100 分，则不切实际。

2. 参与原则

公司总目标是由下属管理部门和员工来执行并达成的，具体任务必须交给相关部门承担，各个部门分担了总目标，员工分担了具体目标，就能够更好地达成总目标。

从上面的案例中我们看到，修建水晶大教堂开始只是罗伯特·舒乐博士一个人的目标，但在罗伯特·舒乐的游说下，水晶大教堂成了很多人的目标和梦想，从而加入到捐献者的行列。正是由于这些捐献者的共同参与，才有了水晶大教堂的诞生，奇迹是罗伯特·舒乐和众多的捐献者一起创造的。

3. SMART 原则

管理大师德鲁克认为，并不是有了工作才有目标，而是相反，有了目标才能确定每个人的工作。所以“企业的使命和任务，必须转化为目标”，如果一个领域没有目标，这个领域的工作必然被忽视。因此，管理者应该通过目标对下级进行管理，当组织最高层管理者确定了组织目标后，必须对其进行有效分解，转变成各个部门以及各个人的分目标，管理者根据分目标的完成情况对下级进行考核、评价和奖惩。制定目标看似一件简单的事情，每个人都有过制定目标的经历，但是，如果上升到技术的层面，经理必须学习并掌握 SMART 原则。

下面就以上文所述的罗伯特·舒乐博士筹建水晶大教堂为例，来简单阐述 SMART 原则。

所谓 SMART 原则，即是：

(1) 目标必须是具体的（Specific）

罗伯特·舒乐的目标很明确，就是通过募捐的方式，建造一个人间天堂——水晶大教堂。

(2) 目标必须是可以衡量的（Measurable）

罗伯特·舒乐在有了清晰的目标之后，继而付诸了行动——找到著名的设计师菲利普·约翰逊，把目标变成了可质化的工程图纸以及可量化的工程造价——筹集 700 万美元捐款。

(3) 目标必须是可以达到的（Actionable）

在 1968 年的美国，700 万美元对于一个普通人来说，不啻一个天文数字。为了将 700 万美元转化为可以达到的目标，罗伯特·舒乐将筹集目标不断细化，直到一个普通人也能接受为止。

寻找 700 笔 1 万美元的捐款，或者卖掉教堂的 1 万扇窗户，每扇窗户售价 700 美元。

罗伯特·舒乐在后来也是这么做的，他将教堂的每扇窗户以每扇 500 美元出售，而且可以分期付款，不到 6 个月，教堂的窗户就销售一空。

(4) 目标必须和其他目标具有相关性（Relevant）

无论是直接寻求募捐，还是卖掉教堂的窗户，罗伯特·舒乐的目的都是为了筹集足够的资金来建造教堂。

除了吃饭和睡觉，罗伯特·舒乐把所有的时间和精力都花在苦口婆心、坚持不懈的募捐上，体现了目标的相关性原则。

（5）目标必须具有明确的截止期限（Time-based）

罗伯特·舒乐是否在制定目标的最初给自己设定了截止期限，这一点我不得而知。

但在罗伯特·舒乐12年持续不断地努力下，终于建成了水晶大教堂，造价比预算要超过1300万美元。

也许在我们看来，能用一辈子的时间来创造这个奇迹也是值得的，但罗伯特·舒乐只用了12年，把目标转化了现实，创造了一个奇迹，值得我们所有人学习。

无论是制定团队的工作目标还是员工的绩效目标都必须符合上述原则，五个原则缺一不可。制定的过程也是自身能力不断增长的过程，中层管理者必须和员工一起在不断制定高绩效目标的过程中共同提高绩效能力。

4. **达成原则**

目标达成的基本原则有5个重点：

授权：在目标执行过程中应该授予部属适度的权力。

协助：提供相关的咨询服务，排除执行目标的障碍。

训练：自我训练或者训练部属。

控制：控制所投入的资源，不要造成浪费。

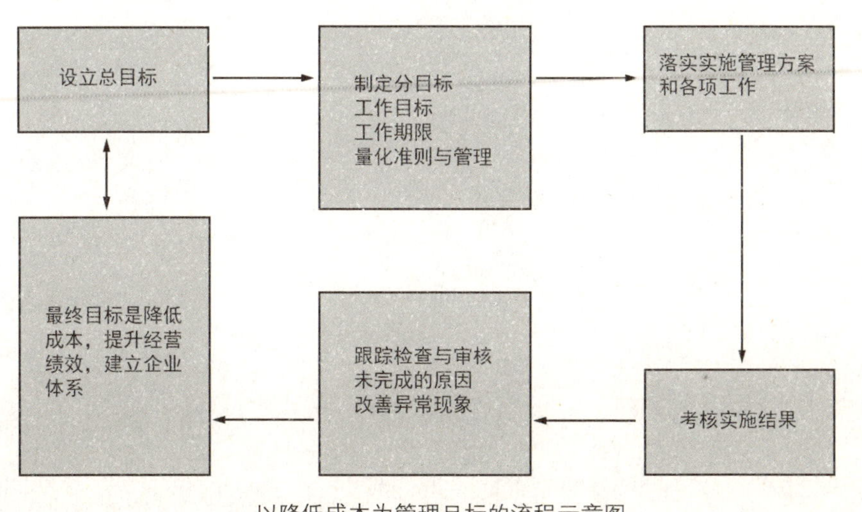

以降低成本为管理目标的流程示意图

成果评价：包括：公开（部属自我评估，主管客观评估）；公平（对事不对人）；共享原（绩效好是部属的功劳；未达目标，主管应负最后责任）。

目标管理的缺点在实际操作中，目标管理也存在许多明显的缺点，主要表现在：目标难以制定。组织内的许多目标难以定量化、具体化；许多团队工作在技术上不可分解；组织环境的可变因素越来越多，变化越来越快，组织的内部活动日益复杂，使组织活动的不确定性越来越大。这些都使得组织的许多活动制定数量化目标变得很困难。

目标管理的预期假设不一定都存在。尤其在监督不力等许多情况下，目标管理所要求的承诺、自觉、自治气氛难以形成。

目标商定可能增加管理成本。目标商定向下沟通、统一思想是很费时间的；每个单位、个人都关注自身目标的完成，很可能忽略了相互协作和组织目标的实现，滋长本位主义和急功近利倾向。

奖惩不一定都能和目标成果相配合，也很难保证公正性，从而削弱了目标管理的效果。

第五章 中层八关键之时间管理的误区

美国人曾经做过一个粗略的统计，一个72岁寿命的人是如何耗掉一生的时间的：

睡觉：21年；工作：14年；个人卫生：7年；吃饭：6年；旅行：6年；排队：6年；学习：4年；开会：3年；打电话：2年；找东西：1年。

赫胥黎说："时间最不偏私，给任何人都是24小时；时间也最偏私，给任何人都不是24小时。"

时间对我们每个人来说都是公平的，无论你是最成功的人还是最不成功的人，一天都只有24小时，不增不减，一视同仁，但区别就在于我们如何充分利用这24小时。

那么，时间究竟是什么呢？

所谓时间，是指从过去，通过现在，直到将来，连续发生的各种各样的事件过程所形成的轨迹。

时间是物质运动的顺序性和持续性，其特点是一维性，是一种特殊的资源。

美国著名的管理大师杜拉克说道："时间是世界上最短缺的资源，除非严加管理，否则就会一事无成。如果不能管理时间，便什么也不能管理。"

一、时间管理的相关概念

(一) 什么是时间管理

什么是时间管理?

时间管理是指通过事先规划和运用一定的技巧、方法与工具，实现对时间的灵活安排以及有效运用，减少时间浪费，从而实现个人或组织的既定目标。

时间管理的对象不是“时间”，它是指面对时间而进行的“自管理者的管理”。

请注意两个概念:

1. “时间的浪费”

所谓“时间的浪费”是指对目标毫无贡献的时间消耗。

2. “自管理者的管理”

“自管理者的管理”要求我们必须抛弃陋习，引进新的工作方式和生活习惯，包括要订立目标、妥善计划、分配时间、权衡轻重和权力下放，加上自我约束、持之以恒才可提高效率，事半功倍。

研究表明，大凡能够在事业上做出卓越成绩的人都是时间管理的专家。

安德雷·帕拉第奥是16世纪意大利最卓越的建筑师，也是西方建筑整个发展过程中最有影响的人物之一，也是一个利用时间的楷模。

安德雷·帕拉第奥从来不浪费一秒钟的时间，只要时间允许，他就一定会在拼命工作。

每天，他把大量的时间用在设计和研究上，除此之外，他还负责很多方面的事务。他对每件事都很负责，不放心交给别人做，喜欢事必躬亲，所以大家都知道他是个大忙人。

时间长了，他自己也感觉到很累。

其实，在他的时间里，有很大一部分时间都浪费在其他人也能管的乱七八糟的小事上。

有人问他："为什么你的时间总是显得不够用呢?"

他笑着说："因为我要管的事情太多了!"

后来，一位学者见他整天忙得晕头转向的，但仍然没有取得令人骄傲的成绩，便语重心长地对他说："人大可不必那样忙!"

"人大可不必那样忙?"这句话给了他很大的启发，那一瞬间他醒悟了。他发现自己虽然整天都在忙，但所做的真正有价值的事实在是太少了！这样做对实现自己的目标不但没有帮助，反而限制了自己的发展。

从此以后，他剔除了那些让他偏离主方向的浪费时间的事情，把时间用在更有价值的事情上。很快，他的一部传世之作《建筑学四书》问世了。该书至今仍被许多建筑师们奉为"圣经"。

他的成功只是因为一句话："人大可不必那样忙!"

（二）时间的特性

时间不是物质，它是由物质的运动产生的，是物质运动的表现形式。不是物质在时间中运动，而是时间随物质的运动而变化。时间具有如下特点：

1. 供给毫无弹性

时间对每个人的供给量都是固定不变的，在任何情况下都不会增加，也不会减少，每天都是 24 小时。

2. 无法储蓄

时间不像金钱那样，用不完可以积蓄储藏。不论愿不愿意，我们都必须消费时间。

3. 无法取代

任何一项活动都有赖于时间的堆砌，这就是说，时间是任何活动不可缺少的基本资源。因此，时间是无法取代的。

4. 无法失而复得

时间无法像失物一样失而复得。它一旦丧失，则会永远丧失。花费了金钱，尚可赚回，但倘若挥霍了时间，任何人都无力挽回。

时间的重要是其不可重复和购买，“一寸光阴一寸金，寸金难买寸光阴。”所以我们要珍惜时间。时间管理的重点，是每天明确什么事可做，什么事不能做。很多时候是一些无益的活动浪费了我们的时间，只要科学安排，时间是可以节省出来的，日久天长，其功效即可显现。

二、时间管理的误区

每个人都有相同的时间，但在有限时间内所做的是不同的，所创造的价值也就不同，人不能创造时间，但可以合理安排和充分利用时间。

时间管理不是对时间本身进行管理，而是在有限时间内根据轻重缓急对所做事情的排序，也即管理者的自我管理。

但事与愿违，由于我们对待时间存在观念上以及行为上的诸多错误认识，使我们往往容易走入时间管理的误区，让我们大量的宝贵时间在悄无声息中溜走。

（一）无计划或计划不周

中层管理者在工作过程中经常碰到突发情况，所以，他们觉得计划对于他们没有作用。总认为计划赶不上变化，所以干脆不定计划，结果每天的工作跟着感觉走，虽然忙忙碌碌，但一天下来，却不知道自己究竟干了些什么。

计划是时间管理的前提，没有计划，也就谈不上有效的时间管理。

（二）工作不分主次

有很多中层管理者在安排工作时，不能按照轻重缓急的原则，“眉毛胡子一把抓”，分不清主次。我们每天的时间毕竟是有限的，如果在次要工作上浪费很多时间，必然用在重要工作上的时间就要相对减少。

工作有主要与次要的差别，作为中层管理者，必须分清楚哪些事情是必须做的，哪些事情可以慢一点处理，哪些事情不必亲力亲为。对于必须做的事情，不但要优先处理，还要规定一个时限。不要让不重要的事情影响到整个部门、团队的工作。

（三）不对下属授权或无效授权

中层管理者的主要角色是管理者，管理就要向下属进行有效授权，通过下属去实现目标。很多管理者总担心下属做不好，对下属缺乏信心，不敢向下属授权，这样一来，很多工作就得亲力亲为，把自己陷入琐碎的没有重大价值的工作中，浪费了大量时间，而下属却无事可做；对下属完全授权，却没有采取控制、跟踪、及时反馈等有效措施，最后导致风险和混乱；还有一种情况就是虽然对下属授权了，但在下属工作过程中控制过度，天天跟在下属后面指手画脚，导致下属无法有效开展工作。这几种情况都会让中层管理者走入时间管理的误区，造成时间的浪费。

（四）沟通不善

在企业经营过程中，有70%的问题是沟通障碍引起的。由于沟通不善引起的时间浪费主要体现在两个方面。

1. 时间用于处理沟通不善带来的恶果

例如，某加油站的一位加油员因对公司的绩效考核制度有一些看法，正确的做法是他向站长或公司有关部门提出意见，但是，这位员工却在一次给客户加油的过程中，用一张废卡调包了客户的加油卡后不辞而别，给公司形象带来了很恶劣的影响。作为站长，就必须花时间去处理由此带来的负面效应。如果员工能够与站长进行有效沟通，就不会因员工的错误行为而给公司带来负面的影响了。

2. 无效沟通

花了很多时间，却没有达成有效沟通，也就是用于沟通的时间没有效率。

很多中层管理者花了大量的时间与下属进行沟通。问题不是有没有沟通，而是沟通的效果如何。沟通只是第一步，目的是为了获得高效的沟通。沟通没有了效果，那就是对时间的一种浪费。

（五）无效会议

开会也是一种沟通，无效会议则是时间的杀手。

在很多公司，开会有时成了一种形式，为了开会而开会。开会之前不指定开会的计划和预期效果，经常是没有目的地开会，开会的时间、地点、会议的长短等都有很大的随意性，“会而不议，议而不决，决而不行，行而无果”，从而导致无效会议，浪费了时间。

（六）不速之客来访

所谓不速之客，是指实现没有经过预约而来访的客户或者朋友，也有可能是你的上司或者其他部门的经理，对于他们的推门而入，你很难做到拒绝，结果由于经常被打扰，浪费了大量时间。

（七）到处救火

很多中层管理者就像一个救火队长，整天忙于救火。上司突然临时改变想法或者决策，需要你去救火；其他部门临时有事安排你去配合，需要你救火；由于下属的不负责任，导致工作出现错误或者无法挽回的情况，需要你去救火。

作为中层管理者，很多人都会有到处救火的切身体会，其实你想过没有，之所以忙着到处救火，说明你自身也是有原因的。比如你的下属工作出现错误，是不是你在授权、控制、反馈等哪一个环节出了问题？你的上司临时改变想法，是否是由于你没有及时向上司提供信息或进行相关的沟通引起的？

因为到处救火，就会导致许多工作计划和时间被影响和浪费。

（八）职责不明确

作为中层管理者，在实际工作中，经常会遇到这样的情况：应该其他部门做的事情让你做了；经常是上司应该做的事情让你做了，应该下属做的事情让你做了，造成大量时间的浪费。

造成以上结果，不外乎有以下 4 个原因。

1. 由于缺乏工作说明或职位说明书，对自身的职责不明确，工作起来没有职责标准。

2. 由于不同部门之间职责不清，经常和其他部门工作重复，甚至相互扯皮。

3. 由于上级下达命令含糊不清，信息传达不通畅，职责混乱，没有一致性。

4. 公司或部门的机制缺乏科学性，造成人浮于事，没有竞争。

(九) 不良习惯

有的人把大量时间浪费在不良习惯上。例如，喜欢在电话里聊天；喜欢拖拉，不到万不得已时才去做某项工作；在桌面上堆放一大堆材料，用的时候就得花时间去找；有些人属心血来潮型的，想到哪里，做到哪里；有些人对办公环境特别敏感，必须在一定的环境中才能静心工作；有些人在某些时段的工作效率不高。对于不良习惯，可能自己没有意识到，但实际上浪费了很多时间。

如果是普通员工，不良习惯只会影响一个人。作为中层管理者，要和下属进行交流，不良习惯就会影响到很多人，甚至影响部门的工作。

三、时间管理的有效法则

明日复明日，明日何其多。我生待明日，万事成蹉跎。

对于企业管理者来说，时间就是金钱，效率就是生命。在有限的时间内，如何能为企业创造尽可能多的价值才是人生正确的方向。

只有把握当下，活在当下，为企业创造更多的价值，才能在时间管理上成为一个合格的中层管理者。

要管理好时间，就要遵循一定的法则：

(一) 四象限法则

究竟是什么占据了我们的时间？这是一个经常令人困惑的问题。著名管理学家科维提出了一个时间管理的理论，把工作按照重要和紧急两个不同的程度进行了划分，基本上可以分为四个“象限”：既紧急又重要、重要但不紧急、紧急但不重要、既不紧急也不重要。这就是关于时间管理的“四象限法则”。

所有的工作都既有紧急程度的不同，又有重要程度的不同。根据这两个方面，可以将工作分成四类，如下图所示。

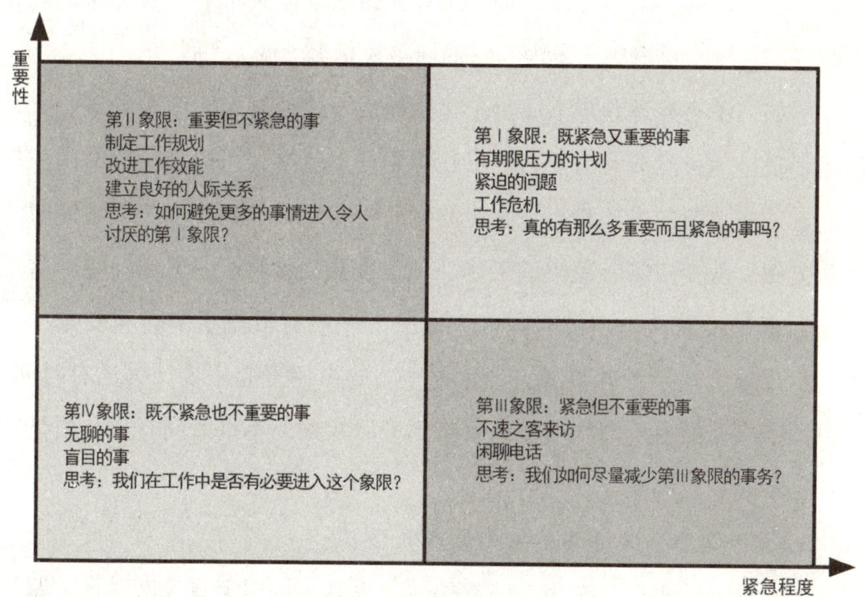

时间管理的四象限法则模型

1. 第Ⅰ象限：既紧急又重要的事项

紧急是指必须马上做的事项；重要是指对公司、部门或者个人有重大影响的事项。

这一类的事情具有时间的紧迫性和影响的重要性，无法回避也不能拖延，必须首先处理优先解决。

例如，销售部经理要处理客户投诉。需要他能够临“急”不乱，使顾客对他的解释或处理结果愿意接受和表示满意。但是，如果顾客投诉增多，每天都要处理类似事件，则要考虑产品是否出了问题？销售人员的销售或服务水平是否降低？

2. 第Ⅱ象限：重要但是不紧急的事项

第二象限不同于第一象限，这一象限的事件不具有时间上的紧迫性，但是，它具有重大的影响，对于个人或者企业的存在和发展以及周围环境的建立维护，都具有重大的意义。

第一象限的事情重要而且紧急，由于时间原因人们往往不能做得很好。第二象限的事情很重要，而且会有充足的时间去准备，有充足的时间去做好。可见，投资第二象限，它的回报才是最大的。

例如，销售经理制定下属员工奖金提成及发放规定，新聘的销售人员的培训安排等虽然非常重要，但不是非要马上就办，可以拖一段时间。然而一旦这些重要的事项没有在限定的时间内完成，等到要上交或实施时才着急去做，就变成第一象限的工作——既重要又紧急。一般情况下，重要的事项都是可以在一定的时间内完成的，一般有较充足的时间安排，但是，由于每天忙于琐碎事务，经常把重要的事搁置起来或认为还有时间，结果做了次要的事反而将重要的事拖到最后一刻，不仅时间仓促，质量和效果也不能令人满意。

3. 第Ⅲ象限：紧急但不重要的事项

这一象限的事件具有很大的欺骗性。很多人认识上有误区，认为紧急的事情都显得重要，实际上并不重要。这些不重要的事件往往因为它紧急，往往使人们难以脱身，就会占据人们的很多宝贵时间。例如，打麻将的时候三缺一，只要一玩起来就很难脱身，而且要耗费很长的时间才能打出结果。

第三象限的事情是没有意义的，但是又很难缠，因此，必须想方设法走出第三象限，把时间投资到第二象限去。

销售经理解决客户投诉，上司找你了解工作等都是紧急的事。下属请示工作、电话、会议、来访等基本上也属于这一象限。由于对时间没有计划性，没有按优先原则排序，所以经常把一些紧急的事当成重要的事来处理，颠倒了主次。

4. 第Ⅳ象限：不紧急和不重要的事项

第四象限的事件大多是些琐碎的杂事，没有时间的紧迫性，没有任何的重要性，这种事件与时间的结合纯粹是在扼杀时间，是在浪费生命。发呆、上网、闲聊、游逛，这是饱食终日无所事事的人的生活方式。

不要把时间浪费在既不紧急也不重要的事情上。

下面我们举个实例，运用四象限法则来分析一下。

某公司销售部经理一天的工作主要是接电话、辅导下属工作、与财务经理谈销售费用的预算、与行政部门经理闲聊、向营销总监汇报工作、与人事经理谈某下属的奖金问题、撰写招聘计划等。

按照优先顺序原则即四象限法则，这些工作事项应为：

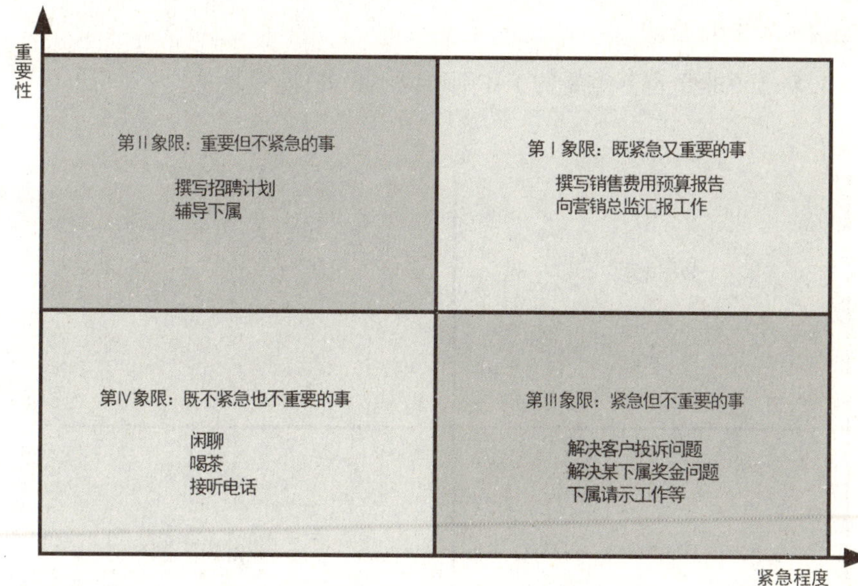

"四象限"实例解析

（二）艾森豪威尔原则

艾森豪威尔是美国陆军五星上将，第 34 任总统。为了应付纷繁的事务，并且争取迅速处理而不贻误，他发明了著名的"十"字法则，也被称之为"十"字时间计划。

画一个“十”字，分成四个象限，分别是重要紧急的，重要不紧急的，不重要紧急的，不重要不紧急的，把自己要做的事都放进去，然后先做紧急重要那一象限中的事，以此类推。这样一来，艾森豪威尔的工作、生活效率大大提高。

对于企业的管理者来说，如何具体处理各类工作，在工作中应当怎样区别对待呢？艾森豪威尔总统提供这样一个原则：

1. 对于重要又紧急的突发事件，要管理者本人亲自、立刻处理；

2. 对于重要而不紧急的，则要管理者本人花最多的时间去进行战略规划；

3. 对于紧急而不重要的工作，要减少对其所花费的时间，也可以酌情委托给下属去处理；

4. 对于不紧急也不重要的工作则可以不去处理。

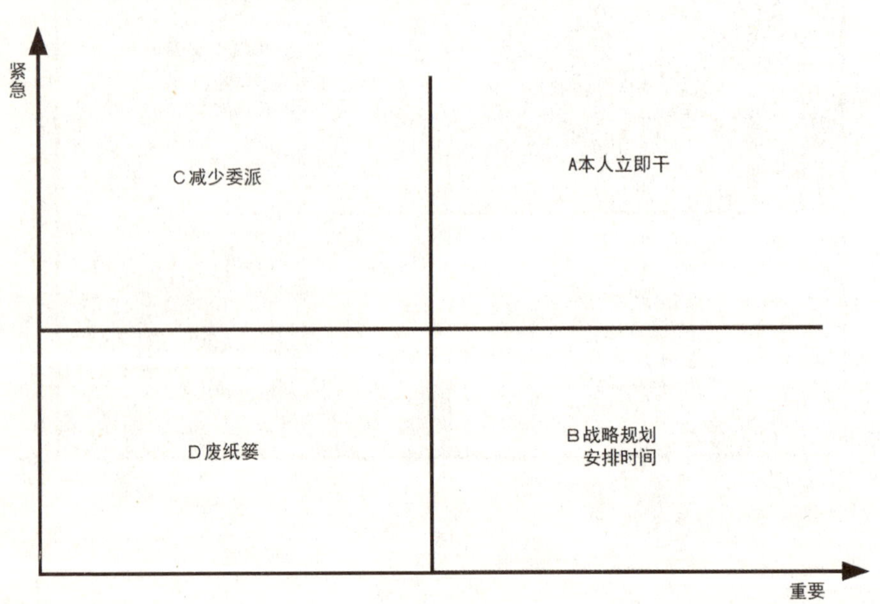

艾森豪威尔原则

如何管理好个人的时间？艾森豪威尔的这个时间管理法则适用于我们周围的每一个人。

比如，你可以把自己1到5年内想要做的事情列出来，然后分为ABC

三类：

A：最想做的事情；

B：愿意做的事情；

C：无所谓的事情。

接着从A类目标中挑出A1、A2、A3……

A1：最重要；

A2：次重要；

A3：第三重要的事情；

……

然后针对A类工作，抄在另外一张纸上，列出你想要达成这些目标所要做的工作，接着再将这份清单分成ABC三类，分别代表你最想要做的事情、愿意做的事情以及做了也不会错的事情。

把这些目标放回原来的目标底下，重新调整结构、规划步骤，接着就是不折不扣地执行。

这种方法被称为六步走：

1. 挑选目标；

2. 设定优先次序；

3. 挑选工作；

4. 设定优先次序；

5. 安排行程；

6. 执行。

如果每天坚持这样做，逐渐养成有效利用时间这一个习惯，不用几年，就可以让你拥有一个非常成功的人生。

（三）艾维·李十分钟效率法

美国著名效率管理专家艾维·李提出过一个十分钟六件事效率法，对于管理者有效利用时间有着很大的帮助。

十分钟效率法的内容：

1. 用五分钟列出明天（下周、下月）要做的六件重要的事情；

2. 用五分钟将这六件事情按重要程度排序；

3. 上班开始先做第一件事，完成之后再做第二件事，以此顺延直至下班。

坚持这样做，就能保持每分钟都在做最有生产力、最重要的事情，从而最大化利用时间效率。

（四）GTD 原则

美国的个人潜能开发专家戴维·艾伦在《Getting Things Done》（中文译本为《尽管去做：无压工作的艺术》，由中信出版社出版）一书中提出了时间管理的 GTD 原则。

GTD，即 Getting Things Done 的缩写。GTD 的具体做法可以分成收集、整理、组织、回顾与行动 5 个步骤。

1. 收集

就是将你能够想到的所有的未尽事宜统统罗列出来，放入收件箱中，这个收件箱既可以是用来放置各种实物的实际的文件夹或者篮子，也需要有用来记录各种事项的纸张或掌上电脑。收集的关键在于把一切赶出你的大脑，记录下所有的工作。

2. 整理

将所有的未尽事宜放入收件箱之后，就需要定期或不定期地进行整理，清空收件箱。将这些未尽事宜按是否可以付诸行动进行区分整理，对于不能付诸行动的内容，可以进一步分为参考资料、日后可能需要处理以及垃圾几类，而对可行动的内容再考虑是否可在两分钟内完成，如果可以则立即行动完成它，如果不行对下一步行动进行组织。

3. 组织

组织是 GTD 中的最核心的步骤，组织主要分成对参考资料的组织与对下一步行动的组织。对参考资料的组织主要就是一个文档管理系统，而对下一步行动的组织则一般可分为：下一步行动清单，等待清单和未来/某天清单。下一步清单是具体的下一步工作，如果一个项目涉及多步骤的工作，那么需要将其细化成具体的工作。GTD 对下一步清单的处理与一般的方案最大的不同在于，它做了进一步的细化，比如按照地点（电脑旁、办公室、电话旁、家里、超市）分别记录只有在这些地方才可以执行的行动，而当你到这些地点后也就能够一目了然地知道应该做哪些工作。等待清单主要是记录那些委派他人去做的工作。未来/某天清单则是记录延迟处理且没有具体的完成日期的未来计划、电子邮件等。

4. 回顾

回顾也是 GTD 中的一个重要步骤，一般需要每周进行回顾与检查，通过回顾及检查你的所有清单并进行更新，可以确保 GTD 系统的运作，而且在回顾的同时可能还需要进行未来一周的计划工作。

5. 行动

根据时间的多少、精力情况以及重要性来选择清单上的事项来行动。

（五）帕累托 80/20 原则

这是由 19 世纪意大利经济学家帕累托提出的。其核心内容是生活中 80%的结果几乎源于 20%的活动。比如，是那 20%的客户给你带来了 80%的业绩，可能创造了 80%的利润，世界上 80%的财富是被 20%的人掌握着，世界上 80%的人只分享了 20%的财富。因此，要把注意力放在 20%的关键事情上。

根据这一原则，我们应当对要做的事情分清轻重缓急，进行如下的排序：

A.重要且紧急（比如救火、抢险等）——必须立刻做。

B.紧急但不重要（比如有人因为打麻将“三缺一”而紧急约你、有人突然打电话请你吃饭等）——只有在优先考虑了重要的事情后，再来考虑这类事。人们常犯的毛病是把“紧急”当成优先原则。其实，许多看似很紧急的事，拖一拖，甚至不办，也无关大局。

C.重要但不紧急（比如学习、做计划、与人谈心、体检等）——只要是没有前一类事的压力，应该当成紧急的事去做，而不是拖延。

D.既不紧急也不重要（比如娱乐、消遣等事情）——有闲工夫再说。

（六）麦肯锡 30 秒电梯理论

麦肯锡公司曾经得到过一次沉痛的教训：该公司曾经为一家重要的大客户做咨询。咨询结束的时候，麦肯锡的项目负责人在电梯间里遇见了对方的董事长，该董事长问麦肯锡的项目负责人："你能不能说一下现在的结果呢?"由于该项目负责人没有准备，而且即使有准备，也无法在电梯从 30 层到 1 层的 30 秒钟内把结果说清楚。最终，麦肯锡失去了这一重要客户。从此，麦肯锡要求公司员工凡事要在最短的时间内把结果表达清楚，凡事要直奔主题、直奔结果。麦肯锡认为，一般情况下人们最多记得住一二三，记不住四五六，所以凡事要归纳在 3 条以内。这就是如今在商界流传甚广的"30 秒钟电梯理论"或称"电梯演讲"。

（七）莫法特休息法

《圣经·新约》的翻译者詹姆斯·莫法特的书房里有 3 张桌子：第一张摆着他正在翻译的《圣经》译稿；第二张摆的是他的一篇论文的原稿；第三张摆的是他正在写的一篇侦探小说。

莫法特的休息方法就是从一张书桌搬到另一张书桌，继续工作。

（八）养成好习惯

时间，对于每一个人都是平等的，一天都是 24 小时，但如果养成了珍惜时间的好习惯，则办事的效率可就大相径庭了。

对照一下，你自己是否有以下的不良习惯：

(1) 工作效率低，办事拖拉。

(2) 时间观念差，工作时磨磨蹭蹭。

(3) 眉毛胡子一把抓，找不到主次。

(4) 经常被电话、不速之客干扰，延误工作，晚上加班干。

(5) 什么事情都愿意管，认为忙才好。

(6) 认为下属多请示汇报才有权威。

(7) 没有目标，没有计划。

(8) 不善于利用零碎时间。

(9) 不会休息，不会娱乐，没有空闲。

如果你有上述一些不良习惯，就要想办法消除，修正自己的习惯、性格以至于某些习以为常的观念，痛下决心加以改正，逐渐养成好的习惯。

针对上述不良习惯，以下的一些建议对你也许管用。

(1) 每天花 30 分钟做计划。

(2) 有书面日计划、周计划和月度计划。

(3) 让下属了解你的工作习惯。

(4) 排出每周工作的优先顺序。

(5) 集中精力完成重要工作。

(6) 使授权成为一种工作风格和管理方式。

(7) 学习并运用对付干扰的方法。

(8) 明确生活和工作目标。

(9) 保证一天内有一段时间不受干扰。

(10) 有效利用零星时间。

(11) 招聘得力的秘书或充分利用电脑等现代办公设备。

(12) 文件柜或办公桌整洁、条理清楚。

(13) 在固定的时间里处理往来的函件。

(14) 尽量将无用的文件处理掉。

(15) 使每件工作善始善终，避免头绪多而乱。

(16) 除非万不得已才召开会议。

(17) 养成常年使用工作效率手册的习惯。

中层八关键之管理沟通的误区

松下幸之助曾经说过："企业管理过去是沟通，现在是沟通，未来还是沟通"。

管理工作有一个"双70定律"，即管理者平均花费约70%的时间用于沟通，而日常管理中大约70%的管理问题是来自于沟通障碍。可见沟通技能的重要性，以及沟通障碍的普遍性。

200名世界500强的CEO当被问及：你认为职业经理人最重要的职业技能是什么？70%的人回答是沟通技能，因为管理工作大多是沟通工作，无法沟通当然就无法管理。

沟通是人们分享信息、思想和情感的任何过程，通过信息交互作用来影响看法、决策和行为。工作中指导、授权、传达信息、与他人合作，可以说是处处皆沟通。

美国著名的未来学家约翰·奈斯比特曾经说过："未来竞争将是管理的竞争，竞争的焦点在于每个社会组织内部成员之间及其与外部组织的有效管理沟通之上。"

沟通之于一个企业的重要性，就在于能够增强企业的凝聚力，提高企业运行的效率。一个企业内部有着良好的沟通，不仅可以保障决策的科学性和执行性，在一定程度上还可以提高企业的竞争力，管理就是要充分发挥、调动人们的积极性，提高业绩效率，完成企业的共同目标，要达到这个目的，加强企业内部沟通就是不可忽视的手段。

一、管理沟通的相关概念

(一)什么是沟通

沟通是人与人之间、人与群体之间思想与感情的传递和反馈的过程，良好的沟通对于任何群体或组织的工作绩效都十分重要。研究表明，对于人际冲突来说，沟通不畅是其中最主要的原因。

沟通必须包括两个方面：信息的传递和理解，也即信息的发送者和接收者。

（二）什么是管理沟通

《管理就是沟通》一书的作者托马斯·D.兹韦费尔说："如果没有沟通的话，企业就会趋于死亡。"

管理离不开沟通，沟通已渗透于管理的各个方面。

那么，什么是管理沟通呢？

沟通原本的概念是在两个或者是两个以上的个体之间，通过各种渠道和形式，例如语言、眼神、文字、图画、手势等传达和接收信息的一种交流方式，管理沟通也是沟通中的一种形式，它是沟通的延伸，它主要指的是企业内部的一种管理活动，不仅包括个体之间，也包括群体之间，还包括上下级之间彼此交流信息和表达想法的一种相互了解和学习的手段。

在企业当中，管理沟通是管理活动和管理行为的重要组成部分，它不仅需要管理者把自己的想法和意愿传达给员工，同时它也需要管理者能够倾听员工的想法和情绪。有效的管理沟通的目的就是要达到某种目的，或是将头脑中的想法付诸实践。企业内部管理中如果有着合理的沟通的话，可以在很大程度上增强职员之间以及职员与上级之间的凝聚力，产生强大的心理动力，还可以及时、准确地传达信息、共享资源，提高工作效率，增强竞争力。

（三）管理沟通的基本作用

成功的企业都必须是外求发展、内求团结的，就如一辆车子上的两个轮子缺一不可。

具体来说，管理沟通在企业的运营中发挥着以下 4 个方面的作用：

1. 降低经营模糊性

有效管理需要完善、高效的沟通网络体系保驾护航。因为太多的因素会诱发组织内部模糊和不确定性的产生，这种不确定性通过健全完备、高效的沟通网络可以有效降低这种固有的模糊性。

2. 实现有效的管理

有效沟通能力是企业成功实施管理的关键。为了激励员工，管理者需要和员工一起设立目标，并指导他们正确执行职能，并进行有效的评估。

3. 满足员工对信息的需要

对信息的需求只有通过组织内发达的沟通渠道来实现。

如果沟通的需求不能通过正式渠道得到满足，它必然会通过非正常渠道得到满足。如果忽略这一点，可能会给管理工作带来隐患。

4. 构建和谐的工作关系

管理沟通是润滑剂，通过管理沟通，使得员工懂得尊重对方和自己，不仅了解自己的需要和愿望，也能通过换位思考，彼此理解，建立相互信任、融洽的工作关系；管理沟通是黏合剂，它将组织中的个体聚集在一起，将个体与组织黏合在一起；管理沟通是催化剂，通过管理沟通可以激发员工的士气，引导员工发挥潜力，施展才华。

（四）影响沟通的因素

沟通是一个双向互动的过程，受信息发送者和接收者的主客观因素影响。

1. 倾听能力

沟通是一个说与听相互作用的过程，双方既需要合适的表达能力，也需要恰当的倾听能力。一个人的语言表达能力（包括口头与书面）直接决定了沟通的有效性。另一方面，倾听是沟通中的核心过程，倾听能促发更深层次的沟通。而且，也只有善于倾听，方可深入探测到对方的心理，以及他的语言逻辑思维。所以，善于沟通者必定是善于倾听者。在这里，倾听就不仅仅是一种能力，也是一种态度、一种情绪与心智。

2. 个人因素

我们在与别人沟通时候的情绪、表达方法、说话技巧都会影响到我们的有效沟通，比如积极的情绪会促进我们的沟通。在与他人沟通的时候，我们要掌握说话的技巧，虽说良药苦口利于病，忠言逆耳利于行，但也要选择好时机。把话说得恰到好处，通过对对方的面部表情等来观察他的想法，改变谈话的方式和策略。

3. 环境因素

环境的选择对沟通有着不可忽视的影响，我们要根据所谈的话题选择合适的地点，如在大办公室里谈论薪酬等是不合适的。有这样一句话："表扬要当众表扬，批评要私下批评"，这是一种很好的沟通环境的选择，表扬人要当着众人表扬，一方面有利于满足被表扬人的虚荣心，使其更加努力，另一方面也会激励其他没被表扬的人更加奋进。批评人时一定要私底下批评，这样会给被批评者留足面子，有利于他对错误更深刻的反省，有利于被批评者错误的改正。

二、管理沟通的障碍及管理沟通的误区

沟通是企业内部建立管理者与员工之间、部门之间和谐关系的重要前提。有效的沟通能够消除误解，增进了解和信任，形成有效的组织和领导，增强企业的凝聚力和向心力，使企业战胜各种危机，不断走向发展。但是在企业的实际管理中，一些经营者往往对管理沟通未予重视，存在着沟通障碍和误区，也缺乏相应的沟通技巧，导致企业内部及外部不通畅，诱发了管理中的不少问题。

（一）管理沟通的障碍

所谓沟通障碍，是指信息在传递和交换过程中，由于信息意图受到干扰或误解，而导致沟通失真的现象。在人们沟通信息的过程中，常常会受到各种因素的影响和干扰，使沟通受到阻碍。

1910 年，美军某部的一个营长对值班军官下达了如下的命令：

明晚大约 8 点钟左右，哈雷彗星将可能在这个地区看到，这种彗星每隔 76 年才能看见一次。命令所有士兵穿着野战服在操场上集合，我将向他们解释这一罕见的现象；如果下雨的话，就在礼堂集合，我为他们放一部有关彗星的影片。

值班军官接到命令后，对连长下达如下命令：

根据营长的命令，明晚 8 点哈雷彗星将在操场上空出现。如果下雨的话，就让士兵穿着野战服列队前往礼堂，这一罕见的现象将在那里出现。

接到值班军官的命令以后，连长对排长下达如下命令：

根据营长的命令，明晚8点，非凡的哈雷彗星将身穿野战服在礼堂中出现。如果操场上下雨，营长将下达另一个命令，这种命令每隔76年才会出现一次。

排长接到连长的命令以后，对班长下达如下命令：

明晚8点，营长将带着哈雷彗星在礼堂中出现，这是每隔76年才有的事。如果下雨的话，营长将命令彗星穿上野战服到操场上去。

最后，班长对士兵下达如下命令：

在明晚8点下雨的时候，著名的76岁哈雷将军将在营长的陪同下身着野战服，开着他那彗星牌汽车，经过操场前往礼堂。

这就是信息在传递过程中的失真现象！造成这一现象的原因有如下几个方面：

1. 有效沟通的障碍来源

沟通障碍主要来自三个方面：信息发送者的障碍、信息接收者的障碍和沟通渠道的障碍。

(1) 信息发送者

在沟通过程中，信息发送者的情绪、倾向、个人感受、表达能力、判断力等都会影响信息的完整传递。

障碍主要表现在：表达能力不佳；信息传送不全；信息传递不及时或不适时；知识经验的局限；对信息的过滤。

比如，丈夫对妻子说，想买10万元“基金”，结果妻子把基金听成了“鸡精”，认为丈夫疯了，买那么多鸡精要吃到猴年马月。

(2) 信息接收者

从信息接收者的角度看，影响信息沟通的因素主要有5个方面：信息译码不准确；对信息的筛选；对信息的承受力；心理上的障碍；过早的评价情绪。

有一个笑话，主人请客吃饭，眼看约定的时间已过，只来了几个人，不禁焦急地说："该来的没有来。"已到的几位客人一听，扭头就走了两位。主人意识到他们误解了他的话，又难过地说："不该走的走了。"结果剩下的客人也都气呼呼地走了。

(3) 沟通渠道

沟通渠道是指由信息源选择和确立的传送信息的媒介物，即信息传播者传递信息的途径。信息源必须确定何种渠道是正式的，何种渠道是非正式的。一般来说，正式渠道由组织建立，它传递那些与工作相关的活动信息，并遵循着组织中的权力网络；另一种信息形式在组织中是通过非正式渠道来传递的。

沟通渠道分为个人的和非个人的两大类型：

①个人沟通渠道。通过个人沟通渠道，两个或更多的人直接互相交流，他们可以面对面、通过电话或者通过邮件交流。个人传播渠道中有一种现象称为口头传播影响，在许多产品领域都行之有效。

②非个人沟通渠道。它包括主要媒体、氛围和活动。主要媒体包括报刊媒体、广播媒体、展示媒体。氛围是特别设计的环境，建立并加强买主购买某一产品的倾向。活动是安排好的事件，向目标受众传达信息。沟通渠道的问题也会影响到沟通的效果。

沟通渠道障碍主要有以下几个方面：

第一，选择沟通媒介不当。比如对于重要事情而言，口头传达效果较差，因为接受者会认为"口说无凭"，"随便说说"而不加重视。

第二，几种媒介相互冲突。当信息用几种形式传送时，如果相互之间不协调，会使接受者难以理解传递的信息内容。如领导表扬下属时面部表情很严肃甚至皱着眉头，就会让下属感到迷惑。

第三，沟通渠道过长。组织机构庞大，内部层次多，从最高层传递信息到最低层，从低层汇总情况到最高层，中间环节太多，容易使信息损失较大。

第四，外部干扰。信息沟通过程中经常会受到自然界各种物理噪声、机器故障的影响或被另外的事物所干扰，也会因双方距离太远而沟通不便，影响沟通效果。

要想避免沟通障碍，必须做到以下几点：

第一，养成以下四个习惯："反复确认""及时回复""定期反馈"和"阶段汇报"。

第二，为了保证信息的客观、全面，尽量减少信息传播的中间环节。

第三，通过完善信息内容和沟通方式，避免可能出现的误会和误解。

第四，克服沟通中的"位差效应"，上级应在沟通态度上主动减小位差。

任何一件事都是从沟通开始，任何一次成功都和有效的沟通分不开，良好人际关系是你事业成功的开始。

（二）管理沟通的误区

沟通是管理活动和管理行为中最重要的组成部分，因为在一个群体中，要使每一个群体成员都能够在一个共同目标下协调一致地努力工作，就绝对离不开有效的沟通。

组织成员之间良好有效的沟通是员工的忠诚和主动性以及组织效率的切实保证。

从这个意义上来说，沟通能力是管理者必备的一项软技能，管理者沟通能力的高低直接影响到组织目标的能否实现。要实现有效的沟通，就必须走出以下几种误区。

1. 管理者没有认识到企业内部沟通的重要性

在企业管理中，有70%的错误都是由于沟通不合理造成的，但是，现在依然有很多企业中的管理者没有注意到内部管理沟通的重要性，也没有意识到沟通能力其实是一个管理者应该具备的基本能力之一，很多企业的管理者只是片面地认为企业外部的关系，例如客户、投资商、经销商、营运商、供应商、媒体机构甚至是竞争对手是自己的沟通对象，因为他们会制约和影响企业的直接效益，于是就把大部分的时间和精力都放在外部关系上，而忽视了内部各种关系的管理沟通。另一方面就是有很多企业的沟通者即使认识到了企业内部管理沟通的重要性，却没有找到正确的方法，怕因为意见不同而造成分歧就独断专行，只有管理者自己说了算。这些认识上的误区都会严重阻碍管理沟通的有效发挥。

2. 沟通在于技巧

过于迷信沟通技巧是沟通者容易陷入的误区之一。在沟通中，最重要的原则是，要创造有利于沟通的态度和动机，把心敞开，也就是人们常说的“沟通从心开始”，彼此之间坦诚地沟通，以人为本，在沟通中享受自由、和谐、平等的美好过程。

3. 缺乏对非正式沟通的引导

正式沟通是许多管理者常用的沟通方式，而往往忽视非正式沟通的引导和管理，使负效应蔓延，产生不良后果。

我们常常遇到这样的情况，下属在工作中遇到了问题，本应该在工作时间向领导提出并讨论。但下属却往往避免采用这样的方式，他们会在下班后，请领导吃饭或者娱乐，在闲谈的过程中，提出工作中的问题。虽然这样的做法避免了直接在正式工作中交流的尴尬，但仍然会导致很多的问题。首先，它削弱了正式沟通的威信，损害了正式权力的行使。其次，应该工作内解决的问题被带到了工作之外，影响了工作的效率。再者，容易滋生谣言，造成猜忌，影响员工的凝聚力。

因此，在日常的沟通中，需要注意正式沟通和非正式沟通两种方式的选择。

同时，组织内部也需要重视对非正式组织的管理，要给予其充分的尊重，对非正式沟通作正确的引导，使其能够发挥更好的作用。

4. 用自己的认知水平和能力去解读对方的行为

有些管理者经常抱怨下属的理解力、执行力太差，“这件事我对他们说过好几次，但是他们没有搞清楚我的意思。”

其实，出现这样的结果并不奇怪。

这是管理在沟通中最常见的错误，就是用自己的认知水平和能力去解读对方的行为。

作为管理者，你看问题的高度和角度以及拥有的信息是下属所不能具备的，从而导致对信息理解的偏差甚至完全背道而驰，这不是下属理解能力的问题，而是管理者的沟通能力问题。

有效的沟通者必须学会换位思考，能站在下属的立场考虑问题，不断调整自己的谈话方式、措辞或是肢体语言动作，才能更好地与下属进行有效沟通。

5. 忽略倾听的重要性

苏格拉底说过，自然赋予了我们人类一张嘴和两只耳朵，就是让我们要多听少说。

然而情况并非如此。管理者在平时的管理沟通中，往往忽略倾听的重要性。由于管理者忽略了倾听的重要性，常常会出现误解了别人的话或还没弄清对方的真实意图就作出判断，甚至开始责骂下属的情况。

科学研究表明，一位高层管理者，每天采用的沟通方式的构成应该是这样的：9%是以书写方式进行，16%采取阅读方式，30%以口头

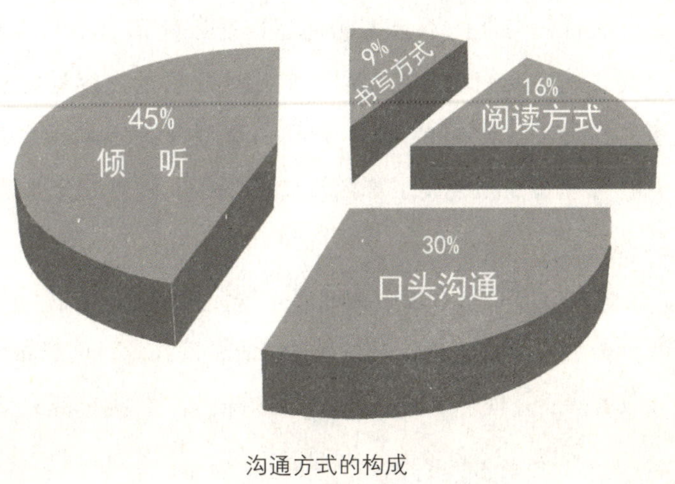

沟通方式的构成

沟通完成，其余45%花费在倾听别人的意见上。

积极倾听要求管理者能站在说话者的立场上去理解信息的内涵。

亨利·福特曾指出，任何成功的秘诀，就是以他人的观点来衡量问题。积极倾听应遵循专心、移情、客观、完整等原则。移情就是要求你应去理解说话者的意图而不是你想理解的意思。而且在倾听时，应客观倾听内容而不迅速加以价值评判。

当听到自己不同意的观点时，人们常常会在心中反驳他人所言，显然这种行为会带来主观偏见而忽视部分信息。完整原则要求听者对发送者传递的信息有一个完整的了解。既获得传递的内容，又获得发送者的价值观、情感信息；既理解发送者的言中之意，又发掘出发送者的弦外之音；既注意其言语信息，也关注其非言语信息。

6. 忽视沟通中的信息反馈

控制论的创始人维纳曾说过，一个有效行为必须通过某种反馈过程来取得信息，从而了解目的是否已经达到。

但有些人的沟通常常不是一个完整的环路，对反馈的忽视同样是沟通中存在的严重问题之一。忽视反馈的原因在很大程度上与前面所提的“含蓄沟通”有关。有些人讲究“喜怒不形于色”，认为这是老练沉稳的表现。因此，在沟通中较少使用肢体语言和面部表情。

这就使沟通的双方无法通过这些肢体语言对对方的意思进行揣度。除此之外，人们也会在言语中对需要反馈的内容刻意地隐藏和回避。凡事“留分寸”“留余地”，让对方无法了解其真实想法和意图。当然，有些管理者在领导说了算的观念影响下，也使反馈成为可有可无的事或禁区。

因此，管理者在进行沟通时，要避免出现“只传递而没有反馈”的状况。一个完整的沟通过程，要包括信息接收者对信息做出反应，只有确认接收者接受并理解了传送者所发送的信息，沟通才算完整与完成。

之所以有这么多关于沟通的误区，是因为我们虽然都会说话，但很少有人学到过沟通的真正意义。从本质上来说，沟通不是说话，而是改变行动。所以真正的沟通者关注沟通的效果。在沟通时，重要的不是你说了什么，而是对方理解了什么，所以要求对方给你反馈很重要。如果对方没有正确理解你的意思，错误不在对方，而在你这边。当然，沟通除理性层面之外，还有感情的层面。感情层面甚至更重要，这是管理者应该和下属打成一片的真正原因。只有从感情上接受你这个人，他们才会接受你提的建议。

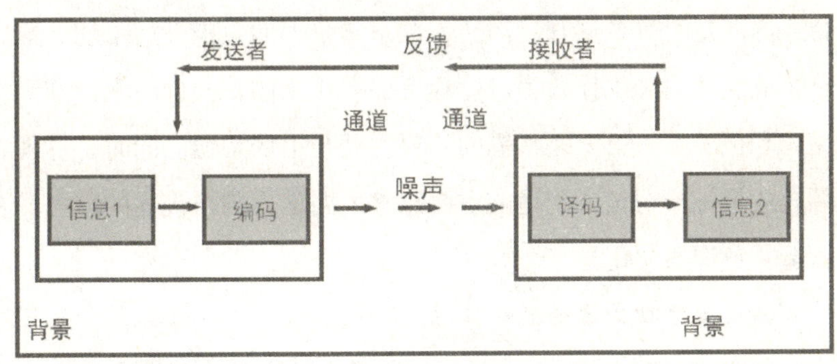

管理沟通过程图

三、提高沟通有效性的方法和技巧

对于联系日益紧密的现代人来说，有效的沟通对于一个人的学习、生活、工作有越来越重要的影响，如何处理好这些人与人、人与团队、团队与团队沟通上的问题，正确了解沟通过程以及影响沟通的因素，正确掌握处理沟通障碍的方法，成为现代人急需了解和解决的难题。实践证明，良好的沟通对于任何群体和组织的工作都十分重要，掌握正确的沟通方法和

技巧，是非常必要的。

（一）培养积极的沟通意识

管理者在管理实践中遇到问题的时候，一定要积极沟通，拥有主动的意识，而不是任由事态发展，任由别人处置。积极的沟通意识有助于沟通顺畅，提高信息传递效率。

1. 管理者要从思想上充分认识到沟通的重要性

企业内部是否有着良好的沟通，关系到公司的氛围，员工的士气，进而影响企业生产力和工作效率。管理者要有正确的自我价值观，抛弃等级的偏见，和员工在人格上是平等的，要主动与下属沟通。同时，管理者还要带领企业员工学习沟通管理的重要意义，向他们传播沟通的理念，在企业内营造一种沟通文化。

2. 制定企业管理沟通的战略目标

企业管理沟通问题的存在从表面上看是管理者缺乏沟通技能，不懂得沟通技巧，但深入分析来看，其背后更深层次的原因是企业管理沟通战略的缺失。战略决定战术，只有首先明确了战略目标，沟通行为才有了方向和动力。为此，企业应根据既定的总体的战略方针和战略目标来制定管理沟通的战略目标。考虑到中国企业普遍存在的问题及未来管理沟通的发展趋势，企业管理沟通的总体战略目标应是：改善沟通环境，创造良好的沟通氛围，不断提高沟通效率，进而形成一个既体现现代信息技术要求又反映现代企业管理人文情怀的沟通模式，以实现企业的经营战略目标。

3. 企业内营造良好的沟通氛围

良好的沟通气氛，能促进员工畅所欲言，积极发表自己的思想、意见、建议，促进信息的畅通传递。管理者要深入基层，多与集成员工接触，高高在上永远也不能听到最真实的声音，而且，这些接触也是促进企业内部良好沟通所必需的。

4. 管理沟通观念的创新

管理者应从以下 4 个方面调整自己的沟通风格，创新自己的沟通观念。

（1）换位思考：学会换位思考，将心比心，站在员工或他人的立场来考虑问题。

（2）加强学习：具有前瞻性与创造性，为了加强沟通有效性，必须不断学习，与时俱进。

（3）随机应变：根据不同的沟通环境和沟通对象，采取不同的沟通策略。

（4）自我超越：对自我的沟通风格以及行为应该有清楚的认知，不断反思、评估、调整和超越。

总的来说，要想加强公司内的管理沟通意识，一是要努力培养员工之间乐于沟通、共享的文化；二是要创造鼓励相互培训和知识共享的机制；三是需要提供组织结构上的支持。

（二）建立完善有效的沟通制度

沟通政策从一定程度上反映了企业对待沟通的态度，这直接影响着沟通的广度、深度，影响着沟通的氛围，从而影响着沟通的效果。沟通制度是对沟通方面的规定，制度是否完善直接影响到企业管理沟通目标的实现。从目前情况来看，企业在沟通政策制度上还有很多缺陷，如果这方面得不到改善，企业的沟通战略目标很难实现，因此，企业必须实实在在地制定明确而成文的沟通政策，并逐步完善各项沟通制度。

什么样的沟通政策能创造一种有利于组织内部交流的问题，哈罗德·泽尔克和哈罗德·奥布赖恩给出了如下几点建议：所有的管理者都应该有沟通意识；管理层的行动要能足以说明他们真正愿意改进沟通，通过一切沟通渠道为员工提供他们需要和想要知道的信息；管理层必须表明他们鼓励员工向上沟通并听取各种意见。

要想完善有效的沟通制度，必须从以下几个方面入手：

1. 多听取内部意见

自己的员工直接接触顾客，能听到顾客的意见，为了更好地了解顾客设想、评价和行为模式，如管理者聆听内部意见能使第一线员工和企业建立直接联系，当那些直接和顾客接触的员工知道他们的意见和顾客的意见同样受到重视的话，他们的积极性就会提高。管理者愿意聆听员工的烦恼和抱怨，可以减轻员工的紧张情绪与压力，帮助员工释放压力，解决问题，走出困境，员工会觉得自己得到了管理者的理解，得到了精神上的支持和鼓励。这样员工和管理者之间就形成了良好的信任关系。

2. 建立员工沟通培训体系

沟通培训不仅从管理的方面来说是重要的，它还可以提高员工的士气。一项员工培训调查结果显示，在经过沟通培训的公司，员工对于公司的态度比那些没有经过这项培训的公司要好一倍。

3. 建立及时反馈机制

及时反馈能减少这种不好的猜想，建立领导和员工间的有力联系，更能防患于未然。不及时反馈情况，员工往往会向最坏处设想，这样会造成员工们的情绪波动，无法安心工作，影响士气。不及时反馈情况还很容易产生各种小道消息，很多小道消息都是员工们得不到事情的真实情况而产生的各种猜想，这些猜想往往是消极的，会产生负面的影响。

4. 加强对管理者的沟通培训

一个具有竞争性沟通战略的形成和贯彻实施，离不开管理者的沟通思想、意识、理念。这是由管理者在企业管理沟通中的地位和作用决定的。一般地说，企业可分为三个层次：高层决策者、中层管理者、普通员工。不同层次的人在沟通中的地位及其相互关系如下图所示。

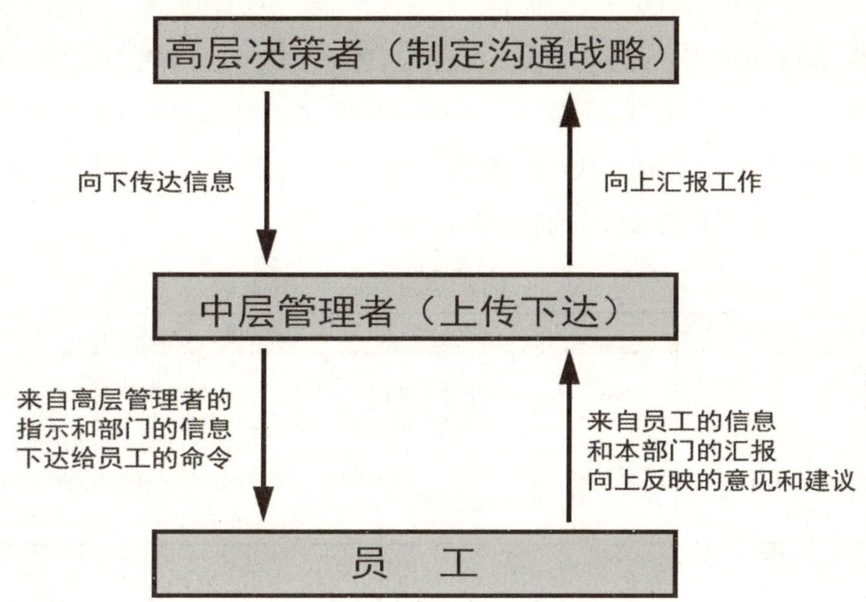

不同层次管理者在沟通中的地位及其相互关系

无论是高层决策者，还是中层管理者，在企业的整个管理沟通过程中都扮演着非常重要的角色。没有高层决策者高瞻远瞩的战略眼光和与时俱进的沟通战略理念，就不可能形成具有竞争优势和独具特色的沟通战略；没有中层管理者及时、准确、迅速地上传下达，来自上层的信息和指示就不能被快速而有效地传递，而来自基层员工的信息也不能快速而有效地上传，这样势必会造成沟通“短路”，企业领导者精心制定和策划的沟通战略目标也将付诸东流。不仅如此，企业管理者还应在管理中学会和掌握一定的沟通技术和技巧，这样，才能在沟通中游刃有余、事半功倍。

由此看来，管理者在企业管理沟通中的地位和作用确实非同小可，具体表现为这样几方面：管理者是企业管理沟通战略的制定人和执行人；管理者在沟通中也是最主要的沟通当事人；管理者的沟通习惯、风格、理念会影响其员工的沟通习惯、风格、理念；管理者的沟通技巧不仅可以影响企业的沟通效率，而且可以通过传授给员工来改变员工的沟通水平。正确的决策是成功的一半，另一半就要看如何去执行和实施决策了，无论哪一半，都与管理者直接相关。因此，对管理者加强沟通培训，提高管理者的沟通意识和水平，树立管理者正确的沟通理念，养成管理者良好的沟通习惯，是提高企业管理沟通水平，实现管理沟通战略目标的一项重要举措。针对管理者在沟通中的地位、影响作用以及目前管理沟通现状的主要根源，对管理者的沟通培训应着重以下内容，见下表。

管理沟通培训表

管理沟通培训对象	管理沟通培训的主要内容
高层决策者	沟通战略在企业中的地位和作用；如何制定企业的管理沟通战略或战略目标；良好的战略沟通理念；认知自己在沟通中的角色、地位、影响；认识到沟通政策和制度的重要性，并学会科学地制定沟通政策和制度；管理沟通的一般原理；沟通的艺术和技巧；各种传统与现代沟通技术、手段的掌握与应用等。
中层决策者	自身在企业管理沟通中的地位、作用；有效上传下达应遵循的原则；企业管理沟通的渠道、模式及在特殊情况下的应变对策；企业对内对外的沟通政策和制度；如何养成良好的沟通行为和习惯；学习、掌握并了解沟通对象的沟通心理和沟通需要；管理沟通的一般原理和方法；沟通的艺术和技巧；各种沟通技术和手段的掌握与应用等。

5. **成立专门的企业管理沟通部门**

为了确保沟通战略目标的实现，企业需要成立专门的部门并安排专人负责管理企业的内外沟通工作。这一部门应是企业的一个职能部门，其职责应该是：专门从事企业对内、对外有关全局性的沟通活动；参与企业沟通战略、沟通政策和制度的制定并配合有关部门执行；对企业管理沟通活动进行计划、组织、实施和控制；为各有关部门或企业的战略制定者提供相关的决策资料；对信息沟通的效果进行评估和反馈；提出进一步改进沟通效果的对策建议等。企业可在原来公关部、信息部或信息科的基础上进行整合，对其重新命名，赋予其新的工作职责和内涵。根据需要，企业可对其人员进行增减，并进行必要的培训。通过设立专门的部门、专门的人员来管理企业沟通，从一定程度上可以改变企业管理沟通主体缺位、沟通事务落不到实处的不良现象。

（三）运用多种沟通方式

没有技巧的沟通就像是没加润滑油的机器是很难想象会有多好的结果的，没有技巧的沟通往往会事与愿违。重要的沟通需要事先列一个沟通提纲，并要确定沟通的时间、场合、方式等，在沟通中要注意语言的表达，体态的配合，善用多媒介沟通，只有讲究技巧的沟通才会达到预期的效果。

1. 学会倾听

倾听是一种礼貌，是尊重说话者的一种表现，也是对说话者的最好的恭维。因此，倾听能让你了解你的沟通对象想要什么，什么能够让他们满足，什么会伤害或激怒他们。美国明尼苏达大学尼科尔斯教授和史蒂文教授认为，一般人每天有70%的时间用于某种形式的沟通。所以，我们至少应花与提高读、写、说能力相等的时间，像提高读、写、说能力一样提高我们的倾听技巧。

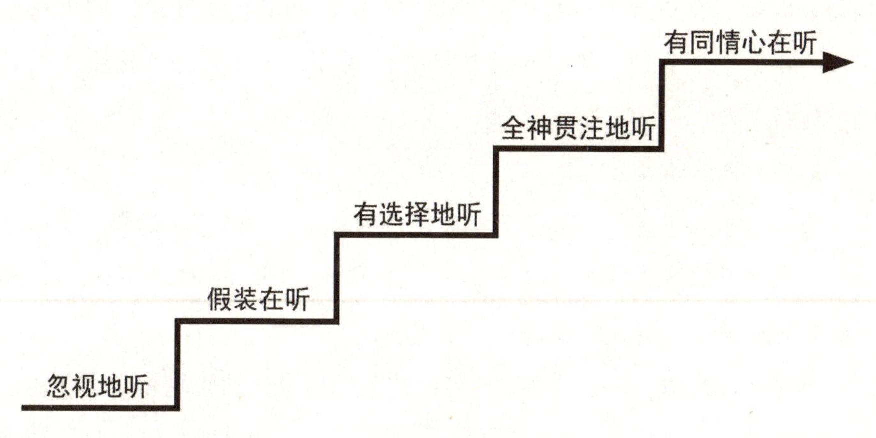

倾听的五个阶段

倾听者要专心致志，不受外界因素的干扰，去理解说话者的意图；在倾听时，应该客观倾听内容而不迅速加以价值评判，而且不要以自我为中心；选择合适的环境，如果可能的话，选择安静一点的环境以便进行有效的倾听；边听边沟通。一定要注视着对方，表示你关心对方所说的话，而且会给对方信心，让他把话说完，同时要组织要点，用自己的话简述。

2. 学会说

语言的沟通是所有沟通方式中最便捷、最传神，也是最直接的一种。尤其在信息化的今天，语言表达能力已成为关系其成败的重要因素。和人进行沟通，不仅要学会倾听，还要学会说，怎样去说，怎样才能让别人接受你说的内容。

德鲁克说过："一个人基本的技能，就是以书面或口头的形式组织和表达思想，你的成功依赖于你通过口头或书面文字对别人的影响程度，这种将自己的思想表达清楚的能力可能是一个人应拥有的最重要的技能。"

你出口的话必须要让听者感到舒服，从而乐意完成你赋予的任务、事情或者赞同你的观点，这就要求我们在沟通时要语气委婉，说话时要力求简练，用简单明了的语言表达自己的思想，这就不至于让听者感到烦琐、麻烦。在你说的过程中要时刻注意听者面部表情变化，如果对方出现很不情愿的表情，你就要尽快转变讲话方式，用对方可接受的方式继续进行。

3. 学会用肢体语言

我们可能会注意到，那些比较著名的演说家、政治家，都很善于运用富有个人特色的身体语言。这些有特色的身体语言并不是与生俱来的，都是经常有意识地运用的结果。

身体语言的使用一定要注意与自己的角色以及生活情境相适应。北京某名牌大学的一个毕业生，到一家公司去求职。在面试时，这位自我感觉良好的大学生一进门就坐在沙发上，跷起二郎腿，还不时地摇动。如果在家里，这是个再平常不过的姿势，而在面试的情境中，则很不合适。结果，负责面试的人连半个问题也没有问，只是客气地说："回去等消息吧。"最终的结果可想而知，他失去了一个很好的工作机会。

总之，改变不良的身体语言的意义，是消除无助于沟通反而使沟通效率下降的不良的身体语言习惯。有人在与人谈话时，常有梳理头发，打响指等习惯，有的人还有掏耳朵、挖鼻孔的小动作，这些都会给人留下不好的印象，有时会让人觉得很不礼貌。同时，这些无意义的身体语言会分散对方的注意力，会影响沟通的效果。

第七章 中层八关键之辅导下属的误区

《第五项修炼》的作者彼得·圣吉认为，中层管理者有一个重要的角色，那就是教练。也就是说，中层管理者有辅导、培训自己下属的职责。

日本的一些企业明文规定，中层管理者有培养员工的责任，并将中层管理者是否有能力培养下属作为考察其是否能够胜任工作的一项重要指标。

优秀的中层管理者就是一名优秀教练，其主要任务不仅仅局限于为下属布置工作，还要向下属传授技能以及培养下属的工作能力。也就是说，中层管理者不但要授之以鱼，更要授之以渔。

中层管理者不仅是下属员工的领路人，还是教练，辅导、培养员工是中层管理者的重要职责，只有把员工教好了，让他跟企业一同成长，才能获得可持续的发展。

如何提升自己辅导下属的技巧和能力，是中层管理者的一门必修课。

一、辅导下属的相关概念

作为中层管理者，要学会从运动员向教练员转变，从演员向导演转变，从领头羊向牧羊人转变。管理学中的“古狄逊定理”告诉我们，管理不是管理者自己做事，而是指挥别人做事。

其实，所谓的中层，就是能够带领一群人把事情做对、做好的人。如何把事情做对、做好，那就要借力，借助所有全队成员的力量，要想借助团队的力量，就必须当好教练，辅导、培养下属，使下属不断增强工作意愿，提升工作能力。

（一）什么是辅导下属

1. 什么是辅导下属

辅导下属指的是在企业文化指导下，以个案或者小组为基本工作模式，借助专业的工具或方法实现与企业员工的沟通，构建与员工沟通的机制，建立与员工交流的平台。通过有效的引导手段，改善员工的心理感受和工作状态，提升员工的工作意愿和工作技能，从而促使企业全体员工共同为实现企业愿景、传递企业文化而努力，辅导下属工作贯穿于中层管理者的整个管理过程之中。

面对复杂的社会环境，加大的工作压力，现代企业职工容易产生负面心理，这不但降低了其个人幸福感，更为企业目标的实现及企业员工整体工作状态的改善造成了阻碍，如何有效开展员工辅导已经成为现代企业不得不思考的问题。

2. 辅导下属什么

辅导就是中层管理者在工作中向下属提供他们自我发展和提高绩效所需的技能、知识和工具的过程。

中层管理者培养员工主要包括两个方面：

(1) 对员工工作意愿的培养

意愿就是指员工面对工作任务时的动机、专注程度以及持续力。

员工的工作意愿由工作动机和工作热情所构成。

工作动机包括工作需要和工作需求。一个不愁找不到工作的员工和一个没有太多工作机会的员工的工作表现是不一样的。

同样，一个喜欢本职工作的员工和一个不喜欢本职工作的员工表现也是不一样的。

员工的工作需求主要表现在三个方面：

①获取较高的物质报酬。

员工付出劳动，包括脑力或体力劳动，获取等值的报酬是天经地义的事情，也是满足员工生活的最基本物质需求的保障。

②良好的工作氛围可以充分发挥员工个人特长，从而获得实现自我价值的精神愉悦。

根据马斯洛的需要层次理论，人在获得基本的物质满足之后，就会产生更高层次的需求，比如渴望得到别人的尊重，希望实现自我价值，得到别人的认可等。

③员工在工作过程中可以不断获取新知识和新技能，使个人职业生涯不断得到成长和提升。

需要管理者注意的是，员工的工作动机是可以改变的，员工的工作动机往往是他深藏的利益追求点。

起初，员工也许仅仅是为了一份工资，为了解决温饱问题，随着对工作环境的了解，对同事的熟悉，对取得工作成绩所获得的成就感等一系列因素的影响，慢慢升华到另外一个境界，那就是把工作当成自己喜欢的职业，甚至升华至最高一层境界，这份工作与我的理想、我的人生目标相契合，把这份工作当成一生的事业，为内心的使命感而工作。

员工的工作热情也由三个因素构成：

信心：自信或不自信。

欲望：想干或不想干。

态度：积极还是消极。

员工的工作热情最容易受环境的影响，工作热情直接导致行为的走向。

良好的工作氛围和融洽的同事关系对员工的工作热情产生积极重大的影响。

(2) 对员工工作能力的培养

员工的工作能力包括知识和技能。

任何行业的任何一个员工，必须具有一定的知识储备，这些知识储备包括产品、流程、政策等相关业务知识、行业知识、市场知识以及社会知识等。

工作技能包括与人合作的技能、沟通的技能、创造性思考的技能、解决问题的技能、应变的技能。

这些技能来自于员工自身工作经验的积累、上司的辅导以及相关的业务培训。

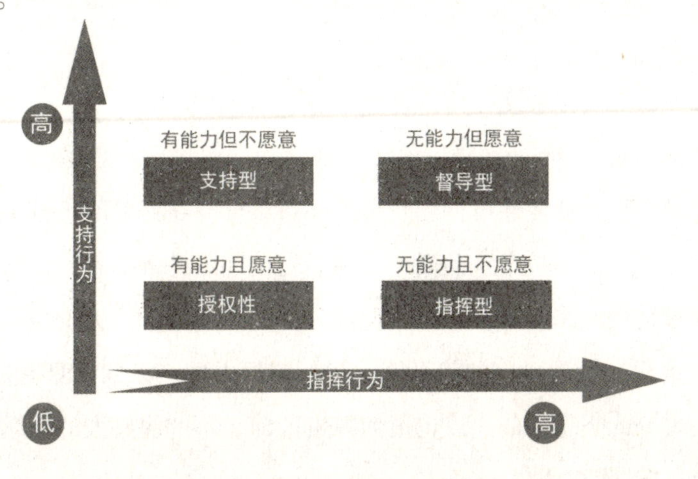

根据员工的能力与意愿，采取不同的辅导方式

（二）辅导下属的意义

有个老人在河边钓鱼，一个小男孩走过来看他钓鱼。老人钓鱼技巧纯熟，没过多久就钓了满篓的鱼。

老人见小孩很可爱，要把整篓的鱼送给他，小男孩摇摇头，老人惊异地问道："你为何不要？"

小男孩回答："我想要你手中的钓竿。"

老人问："你要钓竿做什么？"

小男孩说："这篓鱼没多久就吃完了，要是我有钓竿，我就可以自己钓，一辈子也吃不完。"

也许你一定会认为这个小男孩很聪明，其实不然。

如果老人把钓竿给了小男孩，那他一条鱼也吃不到。因为他根本不懂钓鱼的技巧，光有鱼竿是没用的，因为有鱼吃的关键不在"钓竿"，而在"钓技"。

对于中层管理者来说，不是简单地给员工"鱼"而是要教给员工"渔"，也就是钓鱼的技巧，让员工能够独立完成工作，创造业绩，胜任自己的岗位。

辅导下属的真正意义，具体表现在如下几个方面：

1. 企业发展需要

人才是一个企业良性可持续发展的必备条件，在残酷的市场竞争中企业竞争力体现在产品技术、品质、成本、营销和服务等要素，而所有竞争力要素都最终由人来实现，人是企业最关键的成功因素，无论企业的流水线如何自动化，管理系统如何高明，目标市场上的产品如何具有竞争力，这些都是需要人去执行的，成也萧何败也萧何，不解决好人的问题，就解决不了企业发展的问题。

通过辅导和培训，使员工的工作意愿不断增强，工作技能不断得到提升，反过来将不断促进企业的生产力和创造力，提高企业的绩效，增加企业的利润，使得企业不断稳步发展。

2. 管理者的职责所在

现代管理之父彼得·德鲁克说：“管理就是界定企业的使命，并激励和组织人力资源来实现这个使命。”“管理企业、管理管理者、管理员工和工作”是管理者的三大任务，要使普通个体变成能为企业持续做出贡献的人力资源，要把普通工作者变成管理者，这都需要一个转化过程，实施这个转化过程就是要通过教育培养。教育培养的任务需要通过现有管理者来实现，他们作为管理者，必须履行管理的职责。

因此，中层管理者培养下属，责无旁贷，是自己分内的事情。

中层管理者通过对下属能力的培养，运用指挥、督导、授权等方式，使他们在工作中都能够独当一面，分担了中层管理者很大一部分管理内容，把中层管理者从繁重复杂的管理工作中解脱出来的同时，又提高了团队的绩效，何乐而不为呢?

3. 人生意义的追求

“师者，所以传道授业解惑也”，“长大了当老师”是很多人在读书时代的一个梦想，但因各种原因，最终也只有少部分人能实现这个梦想，其实我们每个人都是某种意义上的老师，尽管不是站在教室里去教学，但是在我们家庭、工作单位以及社团中，我们都扮演着老师的角色，所以我们大可不必遗憾没有实现任教的梦想，我们无时无刻不在“任教”。桃李满天下的景象也可以适用于我们每一个人，只要努力去教育培养人才，不一样可以是桃李满天下吗？人生的见解、成长的经验、工作的技能都是可以用来传授的，师者无处不在。

4. 社会责任意识

社会责任和世界大同的精神告诉我们，我们每一个人都要肩负起社会发展的责任。志当存高远，我们是隶属于社会的个体，应该站在一个更高的高度去思考能对所在的组织、社区、社会做一些贡献，社会发展的动力本身就来自于我们每个个体。“天将降大任于斯人也，必先苦其心志，劳其筋骨，饿其体肤，空乏其身”，多么豪迈和大无畏的精神，我们每一个人都是这场推动社会进步和发展的主角。教育培养人才固然是社会进步发展强有力的手段，但每个人都应该是这个大舞台的导演，都应该尽其全力培养人才推动社会的进步发展。

二、辅导下属的误区

辅导下属是中层管理者职责所在，义不容辞。

中层管理者要授人以“渔”，不要授人以“鱼”，要帮助员工而非代替员工，更多的是教给员工正确做事的方法。

中层管理者和下属是绩效伙伴关系，通过衡量团队整体绩效来评判中层管理者的最终业绩，中层管理者必须把其能力技术复制给下属，提高团队整体的战斗力，来取得最后的胜利。

能打仗的未必会带兵，道理人人都懂，但很多事情是知易行难，并非说说那么轻松。

有很多中层管理者，自己做事还可以，可“带兵打仗”就不行了，什么事都亲力亲为，把自己当成了“超人”，主要是没有辅导下属或不会辅导下属，有的中层管理者虽然懂得辅导下属的重要性，但在辅导下属的过程中往往陷入一些辅导的误区，因此很难突破自己，难以登上职业生涯的新台阶。

那么，中层管理者一般会陷入怎样的辅导误区呢？

(一)没有时间辅导下属

在管理实践中，我们发现有许多管理者常常忙得焦头烂额，恨不得一天有25小时可用；或者常常觉得需要员工的帮忙，但是又怕他们做不好，以致最后事情都往自己身上揽，凡事都要亲力亲为，哪有时间辅导下属？

陈龙俊是一家大公司的客户经理，当他在自己的办公室时，除了要与客户电话联络外，还要处理公司大大小小的事情，桌子上的公文一大堆等他去处理，每天都忙得不可开交。

即便是去外地出差他都要先处理好公司转来的传真，做完后，再将传真回送给他的公司。陈经理曾经跟我抱怨，觉得他做得太多，而他的员工只做简单的工作，甚至不必动脑筋去思考、去回答他的客户，也不必负担任何的责任与风险。

有人问他："那你为什么不培养几个像你一样优秀的下属来分担你的工作，这样你不就能从繁重的工作中解脱出来了吗？"

他振振有词地说："你也看到了，我每天那么忙，哪有时间辅导他们？"

别人对他说："忙只是一种借口，像你这种做法，是很难培养出优秀人才的，即使有优秀人才，也很难留住。"

管理的真谛不是要管理者自己来做事，而是要管理者管理别人做好事。

陈经理习惯于把困难的工作留给自己去做，是因为他认为下属胜任不了这种工作，觉得自己亲自去做更有把握。即使是如此，中层管理者要做的也不是自己亲自处理困难的工作，而应该去发现能干的人去做这些事。而要做到这一点，一方面是给下属成长的机会，增强他们的办事能力，另一方面是要懂得授权。

下属能力不足，中层管理者就不敢授权，很多事情只好亲力亲为，而下属根本帮不上忙，因为下属得不到充分的锻炼机会，所以能力的提升也就无从谈起。

这样一来，中层管理者就陷入了一个管理的恶性循环当中。

企业的发展壮大不能光靠一个或几个管理者，必须依靠广大员工的积极努力，借助他们的才能和智慧，群策群力才能逐步把企业推向前进。再能干的领导，也要借助他人的智慧和能力，这是一个企业发展的最佳道路。

（二）教会徒弟，饿死师傅

有些中层管理者之所以不愿意辅导下属，认为这样做出力不讨好，弄不好还会威胁到自身的位置。尤其是对于一些有能力的下属，便不敢委以重任，害怕哪一天他们会取代自己。

其实，中层领导没有必要担心这个问题，因为下属有能力把工作做好，说明自己教导有方，至于下属会超过自己，更能说明一点，那就是名师出高徒，别人首先肯定的还是你的领导能力。况且，为公司培养后备力量也是中层管理者义不容辞的职责所在。

即便是有一天你培养的下属接替了你的位置，也没什么可后悔的，说明自己慧眼识珠，也会让你看到自身的不足，不断学习，不断改进，从而弥补自身的短板，为以后的职业生涯创造更多的机会。

所以，不管怎么说，中层领导都要敢于培养自己的下属。中层管理者在组织培训员工时，方法的选择是影响培训效果的重要方面之一。

海尔集团一直将培训员工的工作放在第一位，上至集团领导，下至普通工人，人力资源部门都会根据每个人的职业生涯设计，制订出个性化的“充电”计划，搭建个性化发展平台，提供充分的培训机会，并实行培训与上岗资格相结合。

海尔培训工作的原则是：“干什么学什么，缺什么补什么，急用先学，立竿见影。”海尔集团一直秉承着“以人为本”、时刻为员工“充电”的思路，建立一个充分激发员工活力的人才培训机制，最大限度地激发每个员工的活力，从而使企业一直保持着高速稳定的发展。

人是企业最重要的资源。然而在管理实践中，许多企业的做法正相反，管理者舍得花很多钱用来购买机器设备，却舍不得花钱对员工进行针对性的岗位培训。企业如果不改变这样的想法和做法，就很难在市场上有大的作为。

随着知识经济时代的到来，员工培训与发展在企业人力资源开发管理中越来越受到重视。据有关统计资料表明，对员工培训投资 1 美元，则可以创造 50 美元的收益，它们的投入产出比为 1:50。在西方国家，企业管理者在观念上已不把培训当作一种成本，而是作为一种投资、一种福利、一种激励方法而写在企业经营计划里。

培训是凝聚人心、鼓舞士气、激励员工不断保持高涨的工作热情的手段。

为此，许多公司不惜重金建立了自己的培训机构，有的企业甚至建立了专门用于下级员工培训的学校，使得企业不仅仅是一个工作的场所，也是一个获取知识的课堂。下级员工在企业不仅仅为了付出而感到快乐，更想通过更多付出，而为企业贡献才智。

（三）不信任自己的员工

有的中层管理者会有这样的抱怨：“我也不想这么辛苦，可是员工没有办法做得像我一样好。与其把大量时间花在教会员工上，不如我亲自去做更有效率。”

说到底，这是中层管理者对下属能力的一种不信任。

首先，如果你的员工像你一样聪明能干，做得和你一样好的话，那他就不会做你的员工，早就当老板了。

其次，你从不给他机会去尝试，怎么知道他做得不好呢？

作为中层管理者，你必须明白，放手让员工去做事，你才可能从他们中发现有才能的人。给他们机会，为你完成更多的工作，也可以说是训练他们承担额外的工作。

所以，作为管理者，不可能什么事都自己做，必须有心栽培值得你信赖的有潜力的员工，耐心地教导他们。刚开始的学习阶段，难免发生错误，甚至导致公司蒙受损失，但只要不是太大，不会动摇公司的根本，就把它当作培训费用。你一定要脱身去处理首要的事情，因为它可能关乎整个企业的前途。适时放手让你身边的人承担责任，并考核他们的表现。当他们妥善地完成工作时，就要让他们知道自己做得不错。

（四）不要当灭火专家

经常会听到一些中层管理者有这样的抱怨：我现在成了一个救火队员，灭火专家，哪里有问题都找我，整天就看我一个人在忙得团团转，员工却一个个悠闲得很！

造成这样结果的原因，就是中层管理者对自己的角色没有一个准确的定位，员工一有难题，自己就一概承担解决，勇敢做起了员工的灭火专家，还以为是为员工好。

其实，中层管理者在员工面前扮演的正确角色应该是教练、顾问、警察、培训师、同事等，是员工的良师益友，而不是做保姆。否则，时时刻刻为下属灭火，让员工失去锻炼机会不说，还容易培养下属的惰性，加上过多地插手自己职责以外的工作，不但占用自己的大量时间，劳心劳力，有时甚至会落个出力不讨好的下场。

中层管理者对员工的职责主要表现在两个方面：一是“授之以渔”，传授员工工作方法、工作思路等；二是分配工作任务，监督工作进展，考核工作结果。换言之，中层管理者在交代员工工作事项之后，具体执行是员工的事情，谁有难题谁解决，而不是事事都要亲力亲为，如果这样，就算累死也忙不过来。

曾经做过万达地产人力资源副总的胡义卓先生说："中层管理者成功的经验有很多条，在我看来，最重要的一条就是，给你的下属有个充分发展的空间，特别是不要擅自替下属解决问题……"

中层干部想要当灭火专家，还要看员工是否愿意让你"灭火"。如果员工有意自己解决，哪怕你是出于好心，也不会获得对方的认同。

一般情况下，即使员工希望中层干部"灭火"，中层干部也要谨慎行事。除非在员工遇到以下三类难题：第一，超出员工权力范围的难题；第二，超出员工能力范围的难题；第三，亟待解决的难题。否则，中层干部还是将难题交给员工，自己只要好好把关，履行好自己的职责即可，千万不要动不动就越俎代庖，亲力亲为，员工失去了锻炼的机会，失去了成长的空间，不但不利于员工未来的职业生涯发展，更不利于整个团队的工作绩效和运行效率。

（五）翅膀硬了，他就飞了

有的中层管理者会有这样一种担心：我花了那么多钱来培训员工，可一旦他什么都学会了，却跳槽到别家公司干去了，我们"赔了夫人又折兵"，到头来是"人财两空"，什么也没落下。

中层管理者的这种担心是实际存在的。在职场中，每天都有人跳槽，尤其是年末年初，更是跳槽的高峰期。这是职场中的一个普遍现象。

对企业来说，辛辛苦苦培养出来的人才，却一下子跳到别的企业去了，管理者有一种为他人做嫁衣的失落感。

站在员工的立场来看，人往高处走，水往低处流，这是自然法则。员工跳槽，无非是为了寻找一个更好的发展平台。

企业如何才能留住人才，如何才能招聘到值得培养并能够长期在岗的人才呢？

1. 职场跳槽其实是职场人一种无奈的选择

离开熟悉的工作岗位以及朝夕相处的同事，选择一个单位重新开辟一个空间，对员工来说，是一个不小的挑战。房价上涨、物价上涨，就是薪酬迟迟不涨，生活成本的高支出与薪酬的停滞给职场人带来不小的经济压力，为了缓解压力，为了一个更大的发展空间，为了一个相对宽松的环境，员工不得不考虑跳槽。

员工跳槽其实是多种因素共同作用的结果。个人发展空间不足、薪金待遇不满意、公司或行业发展不景气、公司制度不规范、得不到领导器重、不适应公司文化、内部竞争激烈以及同事之间关系复杂等这些都是影响职场人跳槽的因素。其中，因个人发展空间不足、薪酬待遇不满意是影响职场跳槽的主要因素。

2. 企业如何留住人才

“给员工一个留下的理由”其实是有效解决企业员工频繁跳槽问题的最佳途径。

作为企业的管理者，谁都不愿看到员工跳槽，企业想留住人才，就要做到事业留人、待遇留人、感情留人。

企业选择员工，员工也在选择企业，这是一个双向选择的问题，如何培养人才，如何使用人才，以及如何留住人才，是摆在管理者面前的一道难题。

其实，这个难题并不难解，需要我们的管理者摆正心态，学会换位思考。

试想一下，如果企业给员工一个宽广的平台，一个合适的岗位，一个明确的发展目标，一个与职位能力相匹配的薪酬，一份真挚的感情关怀，一套健全的企业管理制度，在这样的企业里有谁会愿意离开呢？

对于人才的流失，管理者要学会做到泰然处之，而不是一朝被蛇咬，十年怕井绳。

农夫今年遇到天灾，明年还得继续耕作，否则明年还是没有收成；船员遇到风浪能侥幸逃脱生死，可下一次还要继续出海，躺在家里的床上是没有任何危险的，但却领略不到大海的壮阔和与风雨搏击的惊心动魄。

当然，管理者在培养人才的同时，必须考虑到员工的忠诚度、人格特质、可信赖程度，以及公司的留才策略，方能达到综合治理人才流失的效果。

世界第一 CEO 杰克·韦尔奇曾说过:“我的主要工作是培养人才，我就像一个园丁，给公司 750 名高层管理人员浇水施肥。”

一个中层管理者，不仅要对企业、上级承担责任，也要对自己的下级承担责任，指导他们完成任务，帮助他们成长。帮助下属不断成长是一个中层管理者能够为下属所做的最好的事情。

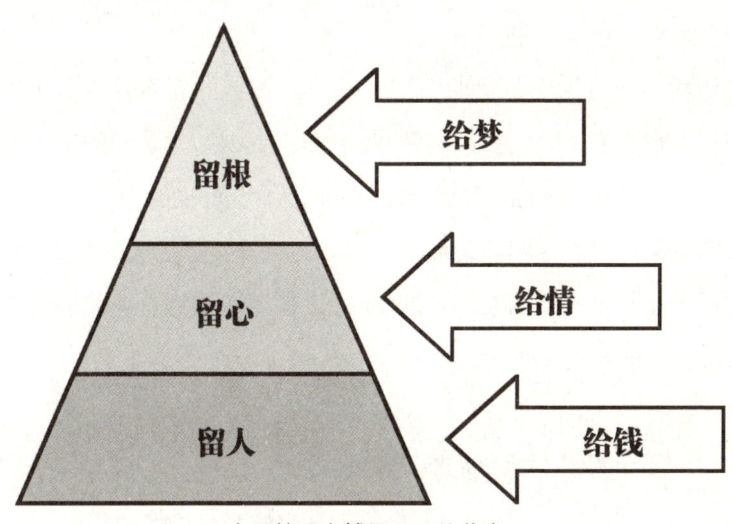

中层管理者辅导员工的艺术

领导不能仅仅指导、帮助下属完成任务。只有能够让下属不断成长、不断提高下属的知识、能力的领导，才能称得上是一个好领导，才能受到下属的拥戴，同时也会获得自己上司的青睐。

三、不断提升辅导下属的能力

《士兵突击》中有一句朴素的台词，“有意义就是好好活，好好活就是做很多很多有意义的事。”

这句话同样适用于企业的中层管理者。任何一家企业也是要好好活，才能做很多很多有意义的事。对于中层管理者来说，培养下属就是其中一件很有意义的事情。不去培养下属的企业是一个短视的企业，不去培养下属的管理者是一个不称职的管理者。

管理者要不断提高辅导下属的能力，有意识地为企业培养各类人才，才能实现企业的可持续发展。

（一）做个教练式管理者

杰克·韦尔奇曾经说过：“每一位领导都应当是一名出色的教练。”

作为现代企业的中层管理者，要把员工当成绩效伙伴，信任他们，充分授权给他们，通过辅导和激励的办法带领他们实现企业的目标和理想。

那么，要想成为一个教练式的管理者，应该具备哪些特征呢？

1. 充满爱心

就像老鹰爱小鹰一样，优秀的教练应像爱自己的孩子一样去爱自己的部下。只有无私的爱，才会令你全身心地投入到训练之中。很多世界冠军在谈到自己的教练时，都会认同他们付出了父爱和母爱般的情怀。

美国有个贫民窟，贫穷、犯罪率高，按照那儿的环境来讲是不可能做什么成绩的，但在那个贫民窟里出了不少名人，有企业家、科学家、社会贤达。有个大学教授进行研究，看看到底是什么原因，最后发现那些名人有个共同的老师，是一个上了年纪的老太太，她在他们身上付出很多心血，后来采访那个老太太，她说："我爱他们！"只有发自内心的爱，充满爱心，才能够奉献出自己的东西。

2. 自信并信任下属

每一位教练都应该像老鹰那样对自己的能力充满自信，这种自信体现在每次示范上，体现在令人信服的语气上。同时，教练还要创造一种互信的气氛，信任会拉近师徒间的距离，有了信任，就不会有沟通的障碍；有了信任，就不会产生猜疑；有了信任，就会大大减少学习过程中的焦虑和紧张。信任是一种激励，它将鼓励下属充满信心地去克服学习障碍。

俗话说，猫被老虎撵上树——多亏留一手。意思是说，师傅教徒弟总要留一手，而不能全盘托出，总得留一手"压箱底"的绝活儿，以防万一。

作为教练，中层管理者必须信任下属，不能猜疑，只有这样才能全身心投入，无顾忌地把技能和知识传授给下属。自信自己所做，把自己所能传授给下属，是中层管理者的职责。

3. 耐心

训练中没有人可以一次成功，失败是训练中的一种正常体验。老鹰和小鹰在学习中都经历过失败。面对失败，教练和下属都应该坦然对待，过度批评只会伤及人们的自信。失败本不是错，过度批评才是真正的错。

4. 公平

优秀的教练不会对学习者带有任何偏见或成见，爱是无条件的，不因下属个性和聪明程度而有所偏向。公平不是指因为某人弱而降低标准，不是指给有的人同样的指导，有时候需要因材施教。

5. 沟通能力

沟通能力包括陈述、发问、聆听和反馈技巧。

陈述：能够用简洁通俗的语言来描述一个看似复杂的过程，必要时动作分解，分段陈述，力求循序渐进。

发问：通过开放式的问题来挖掘学习者的现状，发问应该是中立的、有方向和建设性的。

聆听：设身处地地听取学习者的感受，聆听应避免价值判断和想当然。

反馈：及时的反馈是一种有力的强化工具，它让学习者更清楚自己的优缺点。

6. 示范能力

教练不同于运动员，运动员完成动作时也许需要一气呵成，而教练则常常要进行动作分解。示范的要领是：动作慢而准，突出重点和难点，分段示范，易而难，示范时要说明是什么、为什么和怎么做。

（二）辅导下属的方法

在工作岗位上，一边工作一边配备“师傅”对员工进行现场指导，是企业培养和提升员工工作能力的必由之路，尤其是对新员工尽快熟悉业务和提高业务能力，这是最直接、最有效的方法之一。在职培训是中层管理者日常管理工作的重要组成部分，在管理实践中，应结合公司的需要和实际情况，采取日常管理与培训管理组织并行的方法，开展适合本企业的在职训练。

企业对员工的培训形态大致可分为三类：

1. 在职培训（OJT——On the Job Training）

在职培训也叫在岗培训，简称 OJT。这种方法是指上司或老员工（至少有两年以上工作经验的优秀员工）通过日常业务和工作，对下属或新员工进行有计划的指导，指导的内容包括员工在工作中所需要的知识、技能、态度等。

实施步骤是通过计划—执行—检查—处置，即 PDCA 循环来完成的。

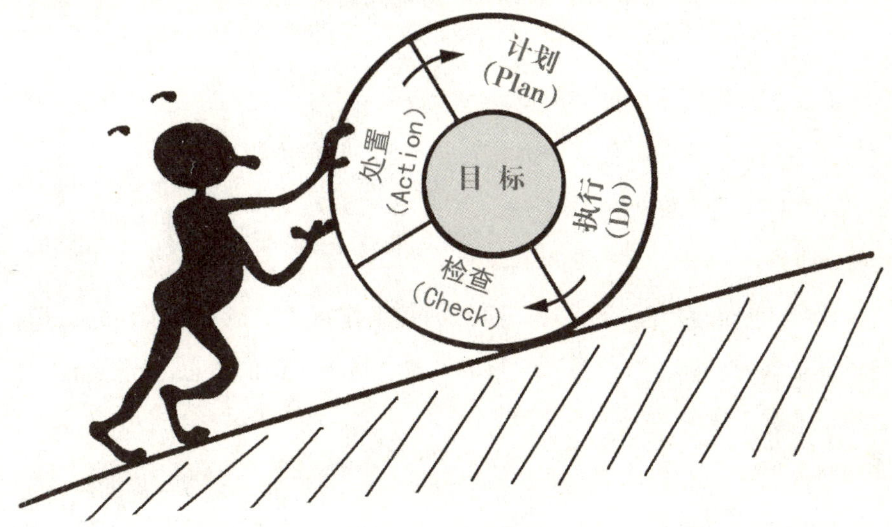

PDCA 循环示意图

（1）OJT 的特点

OJT 的特点是在具体工作中，双方一边示范讲解、一边实践学习。有了不明白之处可以当场询问、补充、纠正，还可以在互动中发现以往工作操作中的不足、不合理之处，共同改善。

OJT 的长处在于，可以在工作中进行培训，两不耽误，双方都不必另外投入时间、精力和费用；使培训和实际工作密切联系，可以根据员工的需求一对一地有针对性地训练，形成教与学的互动；训练和工作同时进行，便于在实践中掌握技术；管理者可以通过追踪反馈，激发员工的学习动机。

OJT 的短处在于，负责培训的人如果不擅长教育别人，则成果会不理想，而且工作一忙起来，往往就顾不上认真、详细地说明讲解了。

需要强调的是，OJT 必须建立在提前作出计划与目标的基础之上。否则单纯地让员工“一边工作一边学习知识技能”，那就不叫 OJT 了。

(2) OJT 的目的

①让属下员工能熟练而出色地做好自己的工作。

②提高团队或本部门的整体工作业绩。

③促进属下的个人能力成长。

④通过指导别人，负责培训的人自己也获得能力提高。

(3) OJT 四步法

①要求

让员工平心静气，告诉员工将做何种工作，了解他对该工作的认识，告诉他培训的目标，造成使他学习的气氛，进入正确的状态，当然首先是要确定他有心学习。

②计划

将培训的工作内容分解，按步骤一步一步地讲给员工听，做给员工看，强调要点，并告诉员工注意事项，传授要清楚、耐心、完整，不要超过他的理解能力。

③实施

让员工试做，重点是要有人监督检查，帮助他改正错误。让员工一边试做一边讲解工作步骤和注意事项。

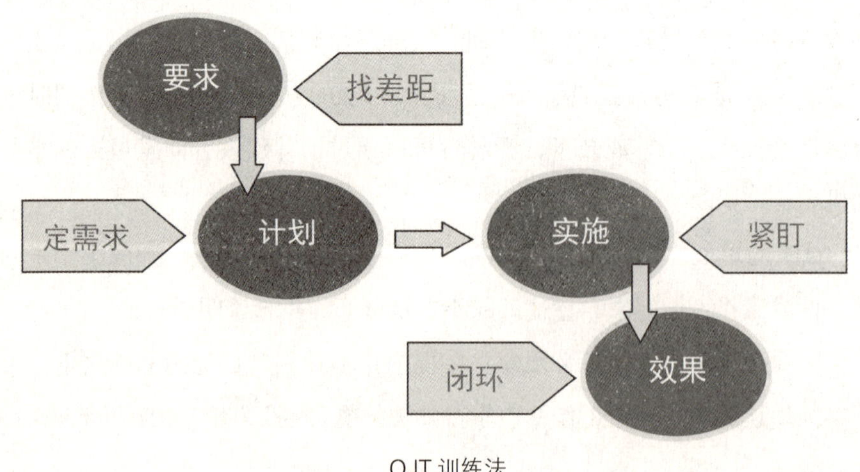

OJT 训练法

④效果

请员工开始工作，制定协助人，常常检查，鼓励发问，逐渐减少指导，直至无人指导无人监督。必要时进行考试，考试内容就是操作内容。

2. **集中培训**(OFF-JT——Off the Job Training)

集中培训也叫脱产培训或离岗培训，简称OFF-JT。OFF-JT就是将接受培训的员工集中在一定时间内，利用外部或内部的培训设施进行培训的一种方式。讲师资源是聘请外部讲师还是内部讲师，要根据课程的需求而定。

OFF-JT更适合培养原则性和专门性的知识。

OFF-JT的优势在于：

(1) 员工不需要一心挂两头，只需专注于学习。

(2) 同时可以对多位员工进行培训。

(3) 在工作场所外进行培训，不会影响工作品质或造成设备损坏。

(4) 学员之间可以分享经验。

3. **自我开发**(SD——Self Development)

自我开发的方法简称SD，这种方法就是员工自学自己在工作中所需要的知识、专业技术等。从企业的角度，要给员工积极创造学习的条件和环境，比如设立员工阅览室、构建查阅资料的基础设施、定期开展读书交流会等。

企业只有把这三个不同形态的培训方式有机地结合起来，才能达到有效开发员工工作能力的目的，其中OJT的方法可以说是开发员工能力的核心和重要途径。

在实施以上三种培训的过程中，中层管理者和人力开发部门应分别承担相应的培训职责，多种形式齐头并进，来提高下属的技能。

作为中层管理者，不仅要会指挥和控制下属，更需要培育和引导下属。好的管理者应该是一个出色的教练，并且有能力影响和推动企业的整体育人工程。

（三）辅导下属的原则

管理者在推进辅导下属的工作时，应坚持以下几个原则。

1. 制定相应的制度并落到实处

对员工实施培训是管理者的一项重要的工作内容，这项训练必须要得到各部门的大力配合。因此，必须制定有关的制度，以保证这种培训方法能很好地推行下去。有的公司，把部门主管辅导下属作为部门业绩考核的一个指标，让部门主管真正承担起培养下属的责任。

2. 日常管理就是在职训练

培训的方式和方法很多，各部门主管要树立起“日常管理就是在职培训的意识”，并且明确在职培训的重要意义，抓住工作中的每个机会，认真耐心地指导下属。

在职培训不是一场运动，必须持续坚持才能达到提升员工工作能力的目的。

3. 正确对待员工的错误和出现的问题

作为主管人员必须明白，员工只有通过日常工作的摔打和实践的过程，才能得到成长；也应该让员工明白只有不断努力学习，不断提升自己的能力，才能成为受企业欢迎的员工。刚进入企业的员工，对企业的一些工作程序和规章制度以及具体的做法都还不够熟悉，出现一些问题在所难免。如果管理者一味地指责和批评，就会挫伤员工的积极性，当然就不利于员工的培养。

4. 言传身教，以身作则

中国自古以来就有“身教胜于言教”的说法，它提醒管理者要注意自己的言行举止。管理者在日常工作的所作所为，不论是有意或是无意的，都会对员工产生很大的影响。因此，管理者和指导者要做好自身的管理，给员工树立学习的榜样。

5. 创造宽松的学习空间

在指导下属员工时，管理者要特别注意不要扼杀员工的积极性和好的想法，在遵守工作流程和标准的前提下，给员工更大的发挥空间。经验可以说是双刃剑，工作中需要一些过去的经验，但过分依赖经验就跟不上变化的要求。

6. 经常进行过程的跟进

对于较成熟的员工来说，管理者给予他适当的自由，到最后确认工作的结果不失为一种好方法。但对于一般员工而言，还是要经常进行过程的跟进从而确保最终效果。在实施 OJT 过程中，指导者要经常与员工确认目标达成情况和成长的进度，对于员工进行必要的提示，同时对于发现的新问题及时采取纠正措施，对于发现的进步给予必要的表扬，从而令员工认识到自己取得的阶段性成果，建立起更加努力学习和工作的信心。

OJT 不分行业，是任何企业都可以实施的好方法。需要注意的是它和传统的师傅带徒弟不同，它要求指导者把最新最好的工作方法指导给新员工或被指导者，而不是简单地把个人工作的经验和方法传授给 OJT 的对象，因为 21 世纪的环境变化和知识更新的速度，不允许任何人躺在经验的老本上。经验固然重要，但它代表的是过去曾干过什么；学历也很重要，但它代表的是过去曾学过什么，经验也好，学历也罢，那都是过去时了。作为企业，必须在公司内部营造持续学习的氛围和环境。

没有专人负责 OJT 项目的企业，可以简化 OJT 的内容，就新员工需要做的那部分工作，配一名业务娴熟而且有指导能力的员工进行辅导，帮助新来的员工尽快熟悉自己的工作，而指导的时间也可以根据实际情况和业务的难易程度来定。

OJT 的训练方法并不是仅仅适用于对新员工的培训。对工作了一段时间但工作技能等不理想的员工也可以采用一边工作一边指导的方法。对非新员工的 OJT 训练，可以结合本公司的情况进行改善，并作出训练计划表，有计划地进行指导和教授。

培训的方法要灵活多变，不断结合本企业的实际改善后运用，才能得到更好的效果，千万不可生搬硬套。

中层八关键之危机管理的误区

不管你愿意不愿意，危机都伴随着企业生存、发展、衰落乃至消亡的各个过程之中。

对于任何一个企业来说，危机都是不可避免的，是每一个企业必须面对的问题，那么，作为企业的经营者和管理者，就有必要探究为什么在同样的市场环境中、在同样的危机袭击面前，有的企业可以镇定自若，在最短时间内化危为机，而有的企业却应对无措，损失惨重。

面对突如其来的危机，企业如何应对，甚至化“危”为“机”，让企业走出“山重水复疑无路”的绝境，达到“柳暗花明又一村”的境地，是管理者必须具备的最重要的管理能力之一。

一、危机管理的概念

《危机管理》一书的作者美国人菲克普曾对世界500强企业的董事长和CEO所作的专项调查表明，80%的被调查者认为，现代企业面对危机，就如同人们必然面对死亡一样，已成为不可避免的事情。其中，有14%的人承认，曾经受到严重危机的挑战。

（一）什么是危机管理

1. 什么是企业危机

中国著名危机公关专家游昌乔说："一种使企业遭受严重损失或面临严重损失威胁的突发事件。这种突发事件在很短时间内波及很广的社会层面，对企业或品牌会产生恶劣影响。而且这种突发的紧急事件由于其不确定的前景造成高度的紧张和压力，为使企业在危机中生存，并将危机所造成的损害降至最低限度，决策者必须在有限的时间限制下，作出关键性决策和具体的危机应对措施。"

2. 什么是危机管理

在西方国家的教科书中，通常把危机管理称之为危机沟通管理，原因在于，加强信息的披露与公众的沟通，争取公众的谅解与支持是危机管理的基本对策。

所谓的危机管理，是企业、政府部门或其他组织为应对各种危机情境所进行的规划决策、动态调整、化解处理及员工培训等活动过程，其目的在于消除或降低危机所带来的威胁和损失。

危机管理通常分为两大部分：危机爆发前的预计、预防管理和危机爆发后的应急、善后管理。

危机管理是企业管理学的一个重要组成部分，EMBA、MBA 等商管教育均将危机管理能力作为对管理者的一项重要能力要求包含在内。

危机管理是为了对应突发的危机事件，抗拒突发的灾难事变，尽量使损害降至最低点而事先建立的防范、处理体系和对应的措施。对一个企业而言，可以称之为企业危机的事项是指当企业面临与社会大众或顾客有密切关系且后果严重的重大事故，而为了应付危机的出现在企业内预先建立防范和处理这些重大事故的体制和措施，则称为企业的危机管理。

普林斯顿大学的诺曼·R.奥古斯丁教授认为，每一次危机本身既包含导致失败的根源，也孕育着成功的种子。发现、培育，以便收获这个潜在的成功机会，就是危机管理的精髓。而习惯于错误地估计形势，并使事态进一步恶化，则是不良的危机管理的典型。简言之，如果处理得当，危机完全可以演变为企业发展的“契机”，变害为利，推动企业的健康发展。

（二）危机管理的种类

企业组织面临的危机主要有以下 8 种。

1. 信誉危机

企业的信誉是企业在长期的生产经营过程中，公众对其产品或服务的整体印象和评价。企业由于没有很好地履行合同及其对消费者的承诺，产生的一系列纠纷，甚至给合作伙伴及消费者造成重大损失或伤害，从而使企业信誉下降，失去公众的信任和支持而造成的危机。

美国安然能源公司成立于 1985 年，2000 年居世界 500 强第 7 位，营业规模超过千亿美元，就是这样一家让世人赫然的能源巨头，却在 2001 年轰然倒塌……

安然主要营销电力和天然气，但壮大后的安然已不满足于传统的经营方式，它开始把目光投向能源证券。安然管理层认为，为任何一个大宗商品创造衍生证券市场都是可能的，安然公司不断开发能源商品的期货、期权和其他金融衍生工具，把本来不流动或流动性很差的资产“盘活”，在能源证券交易中获得垄断地位，至20世纪90年代末，安然已从一家实体性的生产企业摇身一变成为了一家类似于对冲基金的华尔街式的公司；另外，安然通过运用巧妙的会计手段，创造了一套十分复杂的财务结构，用于资本运作。20世纪90年代末至2001年夏天，安然在金融运作上获得极大成功，1995年安然公司被经济界权威杂志《财富》评为“最富创新能力的公司”，连续6年都排在微软、英特尔之前，它的最主要的“成就”就是对金融工具的创新运用，由于它的“出色表现”，安然公司的管理人员被业界认为是资本运营的高手。

2001年11月下旬，安然首次公开承认自1997年至今，通过复杂的财务合伙形式虚报盈余5.86亿美元，在与关联公司的内部交易中，隐藏债务25.85亿美元，通过大约3000家企业进行自我交易、表外融资、编造利润，管理层从中非法获益。消息传出后，立刻引起美国金融与商品交易市场的巨大动荡，安然的股价从2000年的每股90美元跌至不到1美元。

安然最终于2001年12月2日申请破产保护，成了美国历史上最大的破产案。

安然公司董事会特别委员会于2002年2月2日在纽约联邦破产法院公布一份长达218页的报告，据该报告显示，多年来，安然公司一直虚报巨额利润。一些高级经理不但隐瞒上一个财政年度（2000年9月到2001年9月）安然公司高达10亿美元的亏损，并且出售了价值数百万美元的安然股票。

报告还揭露，安然公司内部的高层经理们成立了许多复杂的机构，并和公司外部人员勾结，操纵安然的财务报表，从中赚取了数千万美元的本不该属于他们的黑心钱。

2002年12月4日，安然正式宣布破产。

2. 决策危机

决策危机，顾名思义，是由于领导者经营决策失误而给企业造成的危机。企业不能根据环境条件变化趋势正确制定经营战略，而使企业遇到困难无法经营，甚至走向绝路。

2012 年 1 月 19 日，柯达这个拥有 131 年历史的老牌摄影器材企业，正式向法院递交破产保护申请。虽然破产保护申请并不意味着柯达从此丧失重生的希望，但是，曾经的报影业龙头老大走到如今没落的境地，与其决策错误是分不开的。

率先发明数码相机的柯达，因担心这一业务会对传统业务造成不利影响而将数码影像技术“雪藏”并坚持固守传统胶片市场。随后不久，数码相机迅速风行全球，对传统胶片市场造成巨大冲击。此时，柯达再想回头已经失去先机。

3. 经营管理危机

它是企业管理不善而导致的危机。包括产品质量危机、环境污染危机、关系纠纷危机。

(1) 产品质量危机

企业在生产经营中忽略了产品质量问题，使不合格产品流入市场，损害了消费者利益，一些产品质量问题甚至造成了人身伤亡事故，由此引发消费者恐慌，消费者必然要求追究企业的责任而产生的危机。

2009 年，日本丰田汽车公司为了保住全球销量第一的地位，大肆抢占全球市场，扩大生产规模，却忽视了对产品质量的管理，由此引发了刹车、踏板等系列问题，波及美国和中国在内的全球销售市场。

事后，丰田公司董事长丰田章男虽然采取了向消费者道歉赔偿、召回有问题车辆等补救措施，但消费者对丰田汽车技师的质疑恐怕在短时间内难以消除。

(2) 环境污染危机

企业的“三废”处理不彻底，有害物质泄漏、爆炸等恶性事故造成环境危害，使周边居民不满和环保部门的介入引起的危机。

1989 年 3 月 24 日午夜，埃克森公司的瓦尔德斯号在阿拉斯加的威廉王子海港触礁，上千万加仑的石油流入洁净的水域，导致 25 万只海鸟、2000 多只海獭和至少 22 只海鲸死亡。

这是一起典型的企业环境污染类危机。而对危机，埃克森公司反应迟缓，表现不佳，受到媒体、国会议员和股东的强烈抨击，公司形象受到严重损害。

(3) 关系纠纷危机

由于错误的经营思想、不正当的经营方式忽视经营道德，员工服务态度恶劣，而造成关系纠纷产生的危机。如运输业的恶性交通事故、餐饮业的食物中毒、商业出售的假冒伪劣商品、银行业的不正当经营的丑闻、旅店业的顾客财物丢失、邮政业的传输不畅、旅游业的作弊行为等。

据报载，一名 3 岁男童和家人在沈阳某酒店用餐，男童在其父陪同下去酒店上厕所时，不慎被酒店厕所毁坏的把手处裸露的螺丝钉扎伤左眼眉骨，当即血流不止。家长指出酒店应该完善店内设施，并提出赔偿 3000 元的要求。

酒店经理称须与酒店有关领导协商此事，两天后给家长一个答复。两天后，当家长再次找到经理时，经理只是表示遗憾，不愿赔偿。家长十分不满，很快向当地新闻媒介反映了此事，并邀请记者同去该酒店核实情况。该酒店经理并不否认孩子被扎伤一事，但仍坚持原处理意见。此后，多家新闻传媒对此事进行了曝光，一时反响很大，酒店形象受到严重损害。3岁的孩子被扎伤，本身就是一件令人心痛心忧的事，无论谁之过，作为出事地点的酒店，都应该想顾客之所想，急顾客之所急，伸出援助之手，积极主动地协同家长处理，尽可能地去降低家长内心对孩子的负罪感，以化解家长对酒店的不满情绪。然而，酒店却抱着“事不关己”的态度，试图把全部责任推卸给孩子家长一方，结果导致顾客与酒店之间矛盾激化，最终酿成危机，损害了酒店的形象。

4. 灾难危机

是指企业无法预测和人力不可抗拒的强制力量，如地震、台风、洪水等自然灾害、战争、重大工伤事故、经济危机、交通事故等造成巨大损失的危机。危机给企业带来巨额的财产损失，使企业经营难以开展。

泛美航空公司是历史上最为悠久的航空运营商之一。

1988年，泛美航空103号客机在苏格兰洛克比上空爆炸，造成机上259人和地面11人丧生。死难乘客家属向泛美航空提起诉讼，索赔金额达到3亿美元。在危机公关中，泛美航空把责任归咎于美国政府情报和外交部门，被公众指责推卸责任。最终，泛美航空于1991年宣布破产，彻底退出民航舞台。

5. 财务危机

企业投资决策的失误、资金周转不灵、股票市场的波动、贷款利率和汇率的调整等因素使企业暂时资金出现断流，难以使企业正常运转，严重的最终造成企业瘫痪。

6. 法律危机

指企业高层领导法律意识淡薄，在企业的生产经营中涉嫌偷税漏税、以权谋私等违反国家法律的行为或因商标、专利、技术的注册、使用导致的法律纠纷使企业陷入危机之中。

王强的公司是专门生产、销售汽车用品的公司，每年的纯利润大概在2000万左右。正在企业发展非常顺利的时候，王强突然接到工商局的通知以及一家公司发来的律师函，王强被告知他的公司正在销售的主打产品之一侵犯对方的商标权。王强公司的这个产品科技含量很高，一直以来市场推广做得非常好，在知识产权上也进行了商标申报，并采取了技术保护。但唯一遗憾的是，王强当年在申报商标的时候，总的种类里面有的种类他认为是不需要的，所以王强只申报了百分之六七十的种类。竞争对手发现王强公司商标注册漏洞之后，就这个种类抢先注册了。抢注之后，对方把王强告到了法院，工商部门要求王强公司的产品下架，由此给王强的公司造成巨大损失，差点导致破产。

7. 人才危机

人才频繁流失所造成的危机。尤其是企业核心员工离职，其岗位没有合适的人选，给企业带来的危机也是比较严重的危机现象。

据人才机构对5000位至少跳过一次槽的外企员工的统计，有20%属于集体跳槽。

集体跳槽已经成为企业管理的最致命伤害，不仅严重打击了公司的生产经营和日常管理，更严重地破坏了公司的形象和商誉，造成的损害短时间很难弥补。

8. 媒介危机

真实性是新闻报道的基本原则，但是由于客观事物和环境的复杂性和多变性，以及报道人员观察问题的立场角度有所不同，媒体的报道出现失误的现象。一是媒介对企业的报道不全面或失实。媒体不了解事实真相，报道不能客观地反映事实，引起的企业危机。二是曲解事实。由于新科技的引入，媒体还是按照原有的观念、态度分析和看待事件而引起企业的危机。三是报道失误。人为地诬陷，使媒体蒙蔽，引起企业的危机。

（三）危机管理的目的

著名危机公关专家游昌乔先生将危机管理的目的总结为如下 6 个方面。

1. 预防危机

危机管理的最高原则是不让危机发生或者把危机扼杀在摇篮里。因此，预防与控制是成本最低、最简便的方法。企业应根据经营的性质，识别整个经营过程中可能存在的危机，并从潜在的事件及其潜在的后果追根溯源，排查出其滋生的土壤，然后进而收集、整理所有可能的风险并充分征求各方面意见，形成系统全面的风险列表，从而对这些可能导致危机的原因进行限制，并针对性地练习内功，增强免疫力，以达到避免危机的目的。

2. 控制危机

主要是建立应对危机的组织，并制定危机管理的制度、流程、策略和计划，从而确保在危机汹涌而来时能够理智冷静，胸有成竹。

3. 解决危机

主要是指通过公关的手段阻止危机的蔓延并消除危机。如建立强有力的危机处理班子；有步骤地实施危机处理策略.

4. 在危机中恢复

制止危机给企业造成的不良影响，尽快恢复企业或品牌形象；重获员工、公众、媒介以及政府对企业的信任。

5. 在危机中发展

危机管理的最高境界就是总结经验教训，让公司在事态平息后更加焕发活力。

Intel 公司前 CEO 安迪·格鲁夫说：“优秀的企业安度危机，平凡的企业在危机中消亡，只有伟大的企业在危机中发展自己。”因此，危机对于一个企业来说，并不一定是坏事，只要企业处理得当就能在其中找到发展的机会，从而使企业得到新的发展，但这其中的前提是要对危机有正确的认识，保持坦诚的态度。

6. 实现企业的社会责任

作为社会的一员，企业卓有成效的危机管理，将促进社会的安定与进步。反之，如果危机处理不当，将成为社会的负担，并带来不可估量的危害。

二、危机管理的误区

伴随着我国市场经济的进一步深入，中国企业出现的危机事件越来越频繁，也伴随着现代通信工具和信息业突飞猛进的发展，企业危机事件越来越受到舆论公众的关注，而这些日益增多的危机事件正在极大地冲击着传统企业的正常运作。因此，公共关系管理尤其是危机公关成为当代我国企业不能不面对的问题。下面我们来探讨当前企业危机公关认识的误区，分析企业在出现危机后如何运用有效的危机公关策略化解危机，使危机转变为契机。

（一）危机意识薄弱

危机管理首先要有危机意识，要有“先见之明”。“温水煮青蛙”现象道出缺少危机感的危害性，说明了在一种渐变的环境中，贪图享受，安逸于成功的现状，当感觉到环境的变化已经使得自己不得不有所行动时，则行动的最佳时机早已错过。作为决策者必须时刻牢记“祸兮福所倚，福兮祸所伏”的道理，越是形势好，就越要保持清醒的头脑，越要警惕风险隐患。

“好三年，坏三年，缝缝补补又三年”正是对一些企业无危机意识的写照。之所以会这样，一部分原因是现有的体制导致经营者没有“恐惧”心理，缺少温水中青蛙的危机观念。

现在不得不承认，在我们企业中，有着一点陶醉，一点懒散，一点无所谓想法的人很多，一再强调居安思危，反而让有些人多了一份漠然。

（二）隐瞒危机的真相

“家丑不可外扬”是许多企业固有的一个观念，当企业危机发生时，一些企业第一反应就是欲盖弥彰，千方百计封锁消息，不让公众了解危机事件真相。岂不知，这会很容易引起公众的猜疑，催生谣言的同时也加速各种谣言的扩散，反而对企业本身造成极为不利的影响甚至给整个行业的信誉带来危机。

（三）没有在第一时间处理危机

企业危机不仅具有突发性，严重危害性，同时还具有扩散性。危机常常成为社会舆论关注的焦点，它更是新闻媒体报道的最佳新闻素材与报道线索，有时甚至牵动社会各界公众的神经。好事不出门，坏事传千里，一个负面消息的传播足以抵消千百万篇正面的报道和千百万次广告。

由于一些企业更多趋向于人治，企业高层的不重视往往直接导致整个企业对危机反应迟缓。这种企业缺乏良好的预防措施和手段，因而不能有效预防可能发生的危机；危机发生时，企业各部门反应迟钝，延误“战机”。最好的危机处理时机是在危机的酝酿期和爆发期，危机有时有些预兆和端倪，当然更多的是难以察觉，这个阶段如果察觉的话，可以扑灭。即使危机已经浮出水面，如果细心敏锐察觉，危机仍然可以逆转，也可以转化。

（四）沉默导致危机进一步恶化

不少企业在危机发生之后习惯性地采取一个拖字诀，寄希望于时间将事件淡化，让危机在沉默中灭亡，孰料，危机却总在沉默中爆发。

被冠以“意大利原装生产、纯天然意大利材质”进口的某高档品牌家具，被曝光实际为国内生产的贴牌家具后，该公司始终没有与媒体进行有效的沟通，任凭媒体猜测，也没有通过任何形式发布只言片语，只是一味沉默，导致危机朝着不可预知、难以控制的方向发展。舆论的批判由原先的是否原装进口上升到了该品牌家具在整个生产过程中的造假曝光，甚至牵扯到商业道德、非法暴利经营等重大问题。

在危机发生后 48~72 个小时内是企业披露危机事实并制订解决方案的最好时机，超过这个时限，危机就有可能失控。越早沟通越有利于企业抢占信息传播的先机。网络时代的信息，既不能回避，也难以掩盖，必须积极地进行正面引导。

（五）缺乏解决危机的诚意

与保持沉默的危机管理误区相反的就是对于企业危机事件的反应过于夸张，毫无歉意，极力推卸自身企业应该承担的责任。

某公司曾经是国内最大的肉食品生产企业，被查出“瘦肉精”事件后，先是极力否认，然后试图将全部责任推卸到生猪养殖的农夫身上。收集的证据表明，该公司的采购部门长期默许甚至是鼓励和帮助生猪的养殖户往猪饲料里添加“瘦肉精”——这个国家食品安监部门明令禁止的化学原料。更为不可原谅的是，当整个事件被披露出来，无法再抵赖的时候，某公司在该高层管理部门的策划下，召开了一个所谓的“万人道歉大会”，会场上高呼口号“某公司万岁”，不但将自己该负起的社会责任丢弃在一旁，而且还将广大的消费者的健康和尊严踩在脚下，再次伤害了消费者。

一个优秀企业首先要具备社会责任感，要将顾客的利益放在公司的首要地位。如今的市场经济中，普通的消费者才是市场的真正主人，谁要是无视消费者，谁就会遭到消费者无情地唾弃。某公司的“瘦肉精”事件后，该公司的市场占有率一落千丈，品牌和信誉受到了前所未有的打击。同时也反映出该公司在危机事件的处理和公关能力上是如此薄弱。

（六）在危机面前惊慌失措

许多企业内部没有一个专门的危机事件处理部门或机构，企业员工也缺少基本的危机管理意识和相关知识培训，这就使得当危机突然到来时整个企业显得茫然不知所措，各个单独的部门为了部门名声和利益众言不一，甚至相互推诿。

俗话说“言多必失”，说错了话有时候很难再有回旋的余地，这就会给整个企业造成不利的境况，给企业带来难以挽回的影响。

国外一家航空公司在发生坠机事件后，最深刻的教训之一就是该航空公司对于这起灾难的起因和处理方案的说法不一，使原本一起航空事故演变成一场政府危机事件，其中的政治影响和在民众中留下的种种疑问至今没有被消除。

（七）金钱不能解决危机

一些企业在危机事件发生时，企业所抱态度并不是从自身出发检查不足，自身有错时在第一时间承认错误，并以积极的态度承担起社会责任。而是一味动用金钱和人际关系，想要依靠不正当手段减少或避免损失。这些企业对危机公关策略缺乏认识，对危机事件的影响缺乏足够警醒，当危机发生时，后果往往是不堪设想的。

（八）看不到危机背后蕴含的生机

任何事物都会有它的两面性，在企业遭受到危机重创的同时，也是企业利用公众对危机的关注度作正面的宣传，借机提高市场的知名度的机会。

汽车召回制度始于20世纪60年代的美国。汽车召回制度，就是投放市场的汽车，发现由于设计或制造方面的原因存在缺陷，不符合有关法规、标准，有可能导致安全及环保问题，经批准后对在用车辆进行免费维修和改造，以消除事故隐患。这不仅仅是一个行业的法律制度，更是企业提高自身信誉和品牌自信的机会，履行这一制度不但提高了消费者对于企业的忠诚度和消费自信，而且还会给企业创造更多的市场商机。

风险和危机是不随我们的意志而转移，该发生的时候，总会发生。不过，我们可以掌控某些危机的危害程度，尽量减少危机给企业和社会公众带来的损失，这就需要我们的企业运用管理制度化解危机，甚至还可以利用不幸的事件提升企业的形象和品牌认知，增加顾客的忠诚度，增强企业的内部凝聚力。

三、危机处理的重要原则

任何企业在运行过程中，都难免发生危机事件，尽管危机事件千差万别，处理的方法和原则也因事而异，但以企业处理危机的现状看，必须遵循以下几个原则。

（一）危机处理制度化原则

危机发生的具体时间、实际规模、具体态势和影响深度，是难以完全预测的。

这种突发事件往往在很短时间内对企业或品牌产生恶劣影响。因此，企业内部应该有制度化、系统化的有关危机管理和灾难恢复方面的业务流程和组织机构。这些流程在业务正常时不起作用，但是危机发生时会及时启动并有效运转，对危机的处理发挥重要作用。国际上一些大公司在危机发生时往往能够应付自如，其关键之一是制度化的危机处理机制，从而在发生危机时可以快速启动相应机制，全面而井然有序地开展工作。因此，企业应建立成文的危机管理制度、有效的组织管理机制、成熟的危机管理培训制度，逐步提高危机管理的快速反应能力。

（二）积极预防原则

防患于未然永远是危机管理最基本和最重要的要求。危机管理的重点应放在危机发生前的预防，预防与控制是成本最低、最简便的方法。为此，建立一套规范、全面的危机管理预警系统是必要的。现实中，危机的发生具有多种前兆，几乎所有的危机都是可以通过预防来化解的。危机的前兆主要表现在产品、服务等存在缺陷、企业高层管理人员大量流失、企业负债过高长期依赖银行贷款、企业销售额连续下降和企业连续多年亏损等。因此，企业要从危机征兆中透视企业存在的危机，企业越早认识到存在的威胁，越早采取适当的行动，越可能控制住危机的发展。

海尔公司总裁张瑞敏曾经当着海尔集团全体员工的面，将76台带有质量问题的冰箱当众砸毁，提出了“有缺陷的产品就是不合格产品”的口号。“海尔砸冰箱”事件，砸出了海尔员工的危机感和责任感，砸出了一套独特的海尔式产品质量和服务管理理念，“真诚到永远”，既保护了广大用户利益，也使企业得到了长足的发展，使海尔集团从一个小企业成长为今天的跨国集团公司。张瑞敏在谈到海尔的发展时感叹地说，这些年来他的总体感觉可以用一个字来概括——“惧”，他对“惧”的诠释是如临深渊，如履薄冰，战战兢兢，他认为市场竞争太残酷了，只有居安思危的人才能在竞争中获胜。

（三）及时、主动原则

危机发生后，立刻作出反应，迅速了解情况，作出判断，采取有效措施，稳定局势；无论是何种性质的危机，不管危机的责任在谁，企业都应主动地尽人主之谊，承担责任，妥善处理。

法国Perrier公司的产品有“矿泉水之王”和“水中香槟”的美称，香港市场称之为“碧绿液”。20世纪70年代起产品畅销美、欧、日等国家，年产量达100多万吨，90年代年销售额达5.5亿美元。但是1990年9月初美国食品及药物管理局（FDA）宣布：“对碧绿液抽样检验发现含有超过标准2~3倍的苯，人们长期饮用可能致癌”。这给具有90年历史、在世界上享有很高声誉的Perrier公司沉重打击。消息公布当天，该公司股票价格下跌16.1%。公司总裁古斯塔·勒万随即召开记者招待会，宣布Perrier公司在1990年9月以前出产经销于世界各地的矿泉水就地销毁，并改进生产方法以提高产品质量，这一举措共销毁1.6亿瓶价值2亿法郎的矿泉水，法国和美国等新闻界对此评价很高。Perrier公司这一举动反而提高了该公司产品质量和知名度，也提高了公司形象和地位。

Perrier公司以非凡的胆略诚恳认错改过，获得公众谅解，提高了公司美誉度。

再看美国老牌药企约翰逊药品公司在遇到危机时是如何处理的。

美国约翰逊药品公司具有100多年的历史，其药品一直占据美国市场。1982年9月30日，公司遇到了前所未有的灾难。

在芝加哥市场，有人给该公司的扑热息痛药品注入氰化钾，3名患者中毒身亡，其他州也有5人被毒死。

由于发生了这样的恶性事件，一时舆论哗然，消费者惶恐不安，对这种药品望而生畏，商店、医院把这种药品扫地出门。

扑热息痛是约翰逊公司的传统产品，占美国10亿美元市场的30%，占公司总销量的7%，利润的20%。

由于此事，公司的声誉严重受损，经济损失达11.5亿美元。

在飞来横祸面前，公司请来世界最大的公共关系公司之一——博雅公司帮助策划公共关系方案，其具体步骤为：

(1) 坦诚地向公众告知事件真相，让消费者知道药品本身并无问题。

公司立即回收在芝加哥所有的扑热息痛，共9.3万瓶，而后又决定将全美市场上的由本公司生产的3100万瓶扑热息痛全部收回，仅此一项，公司的经济损失就达1亿美元。同时，还给经销本公司药品的医院、学校、商店进行赔偿，共支付50万美元费用，以解除消费者和合作单位的后顾之忧。

(2) 进行公共关系市场调查，了解美国广大消费者对药品及公司的印象。

结果表明，有87%的调查对象认为，事故的发生并非由于公司的生产问题，而是由于外界因素所致。

但大部分回答，以后即使生产没有问题，也不愿再买这种药。

针对消费者的这一心理，公司花费巨资研制出可以防止外来添加物的新包装，这种新包装一旦打开，就会留下不可抹去的痕迹，同时，公司敬告用户，一旦发现包装破损，立即将药品退回。

(3) 在推出新包装方案的同时，公司举行了记者招待会。

由于事先准备充分，公司总经理在招待会上镇定自如，对答如流，这个消息通过全美卫星转播，在一天之内就使80%的美国公众得知公司为此而采取的步骤和方法。

由于进行了大量的科学的公共关系工作，到1982年12月底，仅3个月时间就将失去的市场夺回了95%，从而使公司起死回生。

（四）充分沟通原则

沟通是危机管理的中心内容。与企业员工、媒体、相关企业组织、股东、消费者、产品销售商、政府部门等利益相关者的沟通是企业不可或缺的工作。沟通对危机带来的负面影响有最好的化解作用。企业必须树立强烈的沟通意识，及时将事件发生的真相、处理进展传达给公众，以正视听，杜绝谣言、流言，稳定公众情绪，争取社会舆论的支持。

在中美史克PPA遭禁事件中，中美史克在事发的第二天召开中美史克全体员工大会，向员工通报了事情的来龙去脉，宣布公司不会裁员。此举赢得了员工空前一致的团结，避免了将外部危机转化为内部危机。

相反，三星集团主席李健熙是一个强势的领导者。在1997年决定进入汽车产业的时候，李健熙认为凭借三星当时的实力，做汽车没有问题。实际上，汽车工业早已经是生产大量过剩、生产能力超过需求的40%，世界级品牌正在为瓜分市场而激烈竞争。由于企业内部领导层缺乏沟通，部门经理不敢提出反对意见。结果是，三星汽车刚刚投产一年就关门大吉。李健熙不得不从自己的腰包里掏出20亿美元来安抚他的债主们。

（五）令公众满意原则

危机的发生，使企业受到来自各方面的强大的舆论压力，不管事件的责任在谁，企业都必须站在消费者的立场上想问题，以消费者利益为重，先承担责任，将查清的实情通过新闻媒介告知社会公众，妥善处理善后事宜，赢得公众的理解和支持，才能挽回损失。反之，一开始就推卸责任，只能使事态更为严重，即使责任全在对方，也不会赢得公众的支持。

北京市三露厂在1999年更名为北京大宝化妆品有限公司，在1989年一次危机处理中就成功地运用了这一原则。

大宝系列化妆品诞生于1985年。1989年末，江西一个消费者在使用大宝一款美容霜之后，皮肤出现过敏现象，因此被江西省消费者协会列入劣质产品名单。消息传到北京，大宝公司立即派副厂长一行数人火速飞抵南昌。副厂长亲自拿起“大宝美容霜”一看，才发现该批产品原来是1986年初生产出厂的，已超过了有效期两年以上了，由于化妆品知识的不普及，普通老百姓不知道化妆品是有严格的有效期的，消费者使用过期化妆品，难免出现皮肤过敏现象。

按理他向消费者协会耐心地解释清楚就行了，但他没有这样做，而是先主动承担责任，表示“凡是大宝生产的产品，只要有百分之一的质量问题，就负百分之百的责任”。当面给江西省消费者协会写了一份检讨材料，同时宣布，以市场价格将这些过期的产品全部收回。大宝的这种真诚的举动，赢得了江西省广大消费者的同情和赞扬，使“大宝”化妆品继续稳占江西的市场。

(六) 公关和法律双管齐下原则

所谓公关，即公共关系，是社会组织同构成其生存环境、影响其生存与发展的那部分公众的一种社会关系，是一个组织为了达到一种特定目标，在组织内外部员工之间、组织之间建立起一种良好关系的科学。根据爱德华·伯尼斯定义，公共关系是一项管理功能，制定政策及程序来获得公众的谅解和接纳。它是一种有意识的管理活动。组织中建立一种良好的公共关系，需要良好的公共关系活动的策划来实施和实现的。

在企业运行中，当与企业相关的有关组织 (政府有关部门、媒介，或竞争对手) 因失误或恶意行为而给企业造成严重危机时，企业为挽回损失，在采用法律手段时，更要注意公关手段的配合运用。因为法律只能判断是非，却难以重塑企业形象，赢得公众，赢得市场。

美国海洋浪花公司在处理公关史上的一个典型案例——克兰梅风波时，采用公关和法律双管齐下的方针，取得了良好效果。

克兰梅是美国人感恩节餐桌上必不可少的深红色酸果。1959 年 11 月 9 日感恩节前夕，美国卫生教育福利部长弗莱明突然宣布，当年的克兰梅作物由于除草剂的污染，在实验室内老鼠身上作试验，产生了癌细胞，又说，虽然没有证明这种果实会在人身上产生癌细胞，但他劝告公众好自为之。

当弗莱明的讲话在报纸上出现时，正是食品店里克兰梅销售最旺的时候，在大众传播媒介十分发达的美国，“克兰梅致癌”的消息不胫而走，一时间，克兰梅的销售额直线下降。

这一消息对于负责制造克兰梅果汁和果酱的美国海洋浪花公司来讲，是一个沉重的打击。对此，他们在纽约 BBS 广告公司公关部门的指导下，立即发起了反击。

首先，他们成立了 7 人小组，向新闻界说明克兰梅是纯净的，并宣布第二天举行记者招待会，在全国广播公司《今日新闻》电视节目中，安排一个专访节目。

继而又在纽约安排了一个食品杂货制造商会议，让副总裁史蒂文斯有机会澄清此事。然后又致电弗莱明，要求他立即采取措施，挽回因他的失言造成的无法估量的损失。

11 月 11 日，史蒂文斯又致电总统艾森豪威尔，要求他把所有克兰梅作物地区划为灾难区，同时又发出一份电报给弗莱明，通知他已向法院提出控告，要求赔偿 1 亿美元的损失。

11 月 12 日，他们邀请了打算竞选总统的尼克松和肯尼迪上电视，尼克松吃了 4 份克兰梅，肯尼迪喝了一杯克兰梅汁。

从 1 月 13 日起，公共关系部人员就在卫生教育部与海洋浪花公司之间斡旋，寻找一个摆脱危机的办法。几天后，当法院开庭时，双方达成了一个协议，对这批克兰梅是否有害于人体进行化学试验，然后，又及时向公众宣布这项协议内容和化学试验结果。结果表明克兰梅对人体无害。终于，感恩节前夕，克兰梅又回到了食品架上。

由此可以看出，处理这种危机过程中，坚持公关与法律双管齐下的必要性与重要性。

（七）企业领导重视与参与原则

面对危机，企业高层的直接参与和领导重视是有效解决危机的重要措施。危机处理工作对内涉及从后勤、生产、营销到财务、法律、人事等各个部门，对外不仅需要与政府与媒体打交道，还要与消费者、客户、供应商、渠道商、股东、债权银行、工会等方方面面进行沟通。如果没有企业高层领导的统一指挥协调，很难想象这么多部门能做到口径一致、步调一致、协作支持并快速行动。因此，企业应组建企业危机管理领导小组，担任危机领导小组组长的一般应该是企业一把手，或者是具备足够决策权的高层领导。

危机并不可怕，没有危机意识才是最大的危机。这句话，或许对于所有企业来说都应该是一句醒世警言。

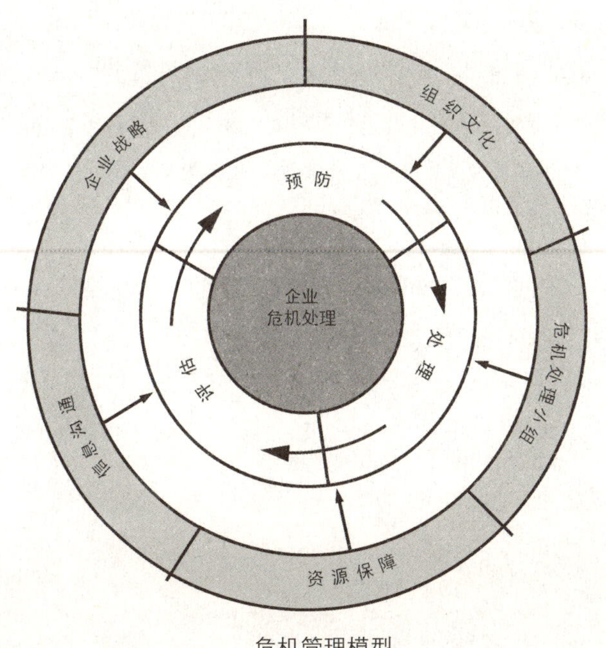

危机管理模型

中层八关键之绩效管理的误区

绩效管理是在现有的人力资源管理的框架下，以企业的战略发展目标为依据，对员工的行为和产出的管理，它在强化人本思想和可操作性基础上，通过定期的绩效考核，对员工的行为与产出做客观、公正、综合的评价。

近年来，绩效管理方法自西方引入国内之后，许多企业纷纷意识到了绩效管理的重要性。虽然部分企业的管理者还在被“上（绩效管理），还是不上（绩效管理）”这类哈姆雷特式的问题所困惑，但是，我们看到海尔、联想等企业率先成功地引入绩效管理的理念和实践，建立了绩效管理系统，并从中收获了丰硕的果实。

同时，我们还应该看到，对于绩效管理，很多企业都是千篇一律，千人一面，照搬照抄的多，真正结合企业实际、发展创新的少；为了扣工资扣奖金的多，为了激励鼓励员工的少；离不开专家指导的多，企业能独立操作的少。导致绩效管理陷入很多误区，成了HR们的“鸡肋”。

一、绩效管理的定义

所谓绩效管理，是指各级管理者和员工为了达到组织目标共同参与的绩效计划制订、绩效辅导沟通、绩效考核评价、绩效结果应用、绩效目标提升的持续循环过程，绩效管理的目的是持续提升个人、部门和组织的绩效。

（一）绩效管理的四个环节

绩效管理的四个环节包括：绩效计划、绩效辅导、绩效考核和绩效反馈。

绩效计划制订是绩效管理的基础环节，不能制订合理的绩效计划就谈不上绩效管理；绩效辅导沟通是绩效管理的重要环节，这个环节工作不到位，绩效管理将不能落到实处；绩效考核评价是绩效管理的核心环节，这个环节工作出现问题绩效管理会带来严重的负面影响；绩效结果应用是绩效管理取得成效的关键，如果对员工的激励与约束机制存在问题，绩效管理不可能取得成效。

绩效管理强调组织目标和个人目标的一致性，强调组织和个人同步成长，形成“多赢”局面；绩效管理体现着“以人为本”的思想，在绩效管理的各个环节中都需要管理者和员工的共同参与。

绩效管理的过程通常被看作一个循环，这个循环分为四个环节，即绩效计划、绩效辅导、绩效考核与绩效反馈。

（二）绩效管理的分类

按管理主题来划分，绩效管理可分为两大类：

1. 激励型绩效管理，侧重于激发员工的工作积极性，比较适用于成长期的企业。

2. 管控型绩效管理，侧重于规范员工的工作行为，比较适用于成熟期的企业。

但无论采用哪一种考核方式，绩效管理的核心都应有利于通过提升员工个人的绩效从而提高企业的整体绩效，而不应在指标的得分上斤斤计较。

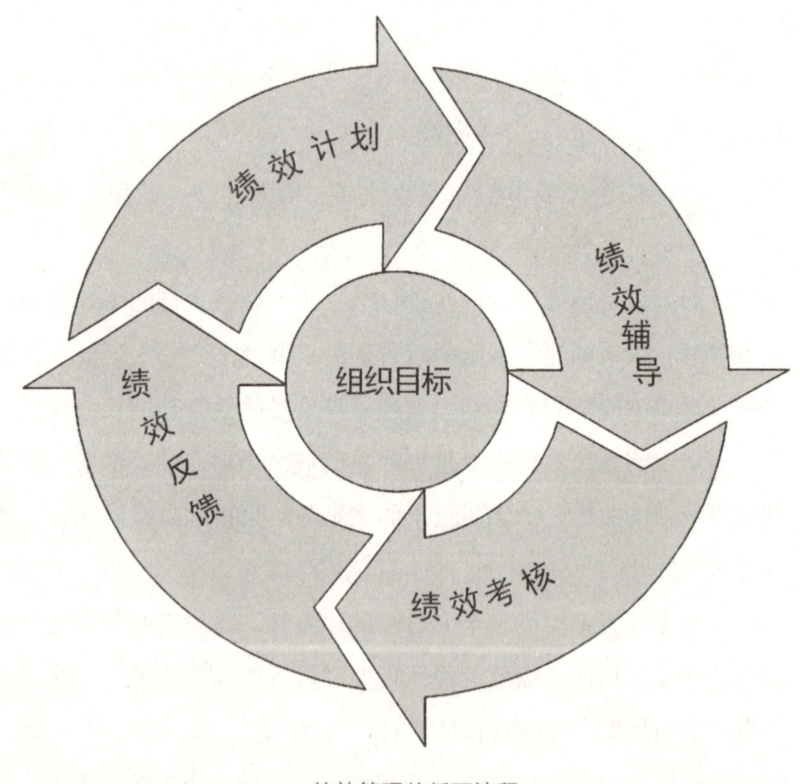

绩效管理的循环流程

（三）绩效管理的重要性

绩效管理的重要性，无论从企业员工的角度，还是从管理者和整个企业的角度，都能给我们带来益处。

1. 从员工的角度来看，绩效管理能为物质激励（工资调整、奖金分配）、人员调配和日常精神激励提供依据与评判标准，有效地激励员工。

在绩效管理中，员工是被考核者，考核对每个员工来说是一件有压力的事情，同时也是员工在职业生涯的成长过程中所必须经历的事情。

马斯洛需要层次理论告诉我们，人在最基本的生理需要满足之后，更多的高级需要有待于满足。每个员工在内心都希望能够了解自己的工作做得怎样，了解别人对自己的评价，从而满足被认同、被尊重的需要以及实现自我价值的需要。员工还需要了解自己的工作能力与同事之间的差距，从而督促自己不断提高工作能力，不断完善工作技能。

由于绩效管理是将企业的战略目标分解到各个业务单元，并分解到每个人，因此，对每个员工的绩效进行管理、改进和提高从而提高企业整体的绩效，企业的生产力和价值随之提升，企业的竞争优势也就由此而获得。

2. 从管理者的角度来看，通过绩效计划的设定、绩效考核和反馈工作，改进和提高管理者的管理能力和成效，促进被考核者工作绩效的改进，最终实现组织整体绩效的提升，使绩效管理成为管理者有效的管理手段。

绩效管理通过设定科学、合理的企业目标、部门目标和个人目标，为企业员工指明了努力方向。管理者通过绩效辅导沟通及时发现下属在工作中存在的问题，给下属提供必要的工作指导和资源支持；下属通过工作态度以及工作方法的改进，保证绩效目标的实现。在绩效考核评价环节，对个人和部门的阶段工作进行客观、公正的评价，明确个人和部门对组织的贡献，通过多种方式激励高效部门和员工继续努力提升绩效，督促低效部门和员工找出差距改善绩效。在绩效反馈过程中，通过考核者与被考核者面对面地交流沟通，帮助被考核者分析工作中的长处和不足，鼓励下属扬长避短，促进个人得到发展；对绩效水平较差的部门和个人，考核者应帮助被考核者制订详细的绩效改善计划和实施举措；在绩效反馈阶段，考核者应和被考核者就下一阶段工作提出新的绩效目标并达成共识，被考核者承诺目标的完成。在企业正常运营情况下，部门或个人新的目标应超出前一阶段目标，激励组织和个人进一步提升绩效。经过这种绩效管理循环，组织和个人的绩效就会得到全面提升。

另一方面，绩效管理通过对员工进行甄选与区分，保证优秀人才脱颖而出，同时淘汰不适合人员。通过绩效管理能使内部人才得到成长，同时吸引外部优秀人才，使人力资源能满足企业发展的需要，促进个人绩效的提升，从而带动企业整体绩效的提高。

3. 从企业的角度来看，通过层层目标分解，绩效管理成为保证企业战略目标实现的重要手段。

企业一般有比较清晰的发展思路和战略，有远期发展目标及近期发展目标，在此基础上根据外部经营环境的预期变化以及企业内部条件，制订出年度经营计划及投资计划，并在此基础上制定企业年度经营目标。企业管理者将公司的年度经营目标向各个部门分解，就成为部门的年度业绩目标；各个部门向每个岗位分解核心指标，就成为每个岗位的关键业绩指标。

年度经营目标的制定过程中要有各级管理人员的参与，让各级管理人员以及基层员工充分发表自己的看法和意见，这种做法一方面保证了公司目标可以层层向下分解，不会遇到太大阻力，同时也能使目标的完成具备群众基础，大家认为是可行的，才会努力克服困难，最终促使组织目标的实现。对于绩效管理而言，企业年度经营目标的制定与分解是比较重要的环节，这个环节的工作质量对于绩效管理能否取得实效是非常关键的。绩效管理能促进和协调各个部门以及员工按着企业预定目标努力，形成合力，最终促进企业经营目标的完成，从而保证企业近期发展目标以及远期目标的实现。

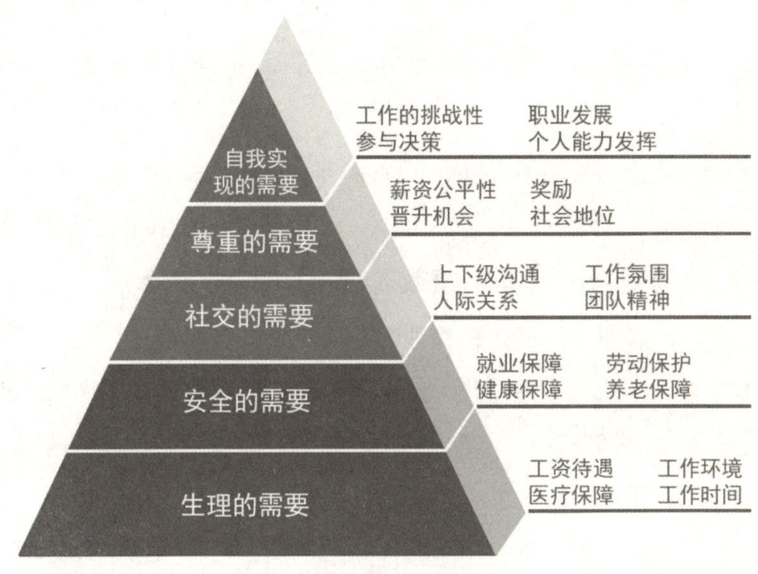

员工的五大需求

二、绩效管理的误区

无论是成长型企业还是成熟型企业，无论企业处于何种发展阶段，绩效管理对于提升企业的竞争力都有巨大的推动作用，都有必要进行绩效管理。绩效管理对于处于成熟期企业而言尤其重要，没有有效的绩效管理，组织和个人的绩效得不到持续提升，组织和个人就不能适应残酷的市场竞争的需要，最终将被市场淘汰。

然而，绩效管理毕竟是一个较新的理念。传统的文化和管理模式仍在影响着企业管理者乃至企业的任何一名员工。在实施绩效管理的过程中，由于传统管理文化和意识的影响、对新的绩效管理理念的不完整的理解、绩效体系设计和执行者的经验和技能的局限等原因，种种误区充斥于绩效管理实践中。

常见的绩效管理的误区有以下几种表现形式：

（一）把绩效考核等同于绩效管理

在企业内，谈考核的多于谈管理的，谈结果的多于谈过程的。谈绩效言必称考核，谈考核言必称量化，似乎做了指标的量化就做了考核，做了考核就是做了绩效管理。

绩效考核只是绩效管理的一个环节，是对绩效管理前期工作的总结和评价，远非绩效管理的全部，单单盯住绩效考核，而不顾及绩效管理，无异于“一叶障目，不见泰山”。

如果企业管理者僵化地把员工盯在绩效考核上面，仅仅用几张表格给员工的个人贡献盖棺定论，难免有失偏颇，也偏离了实施绩效管理的初衷，很难改变企业效率低下、管理混乱的局面。科学的绩效管理都是把“以人为本”的企业理念作为推行绩效考核的前提，结合公司总体发展目标和员工的个人发展意愿来确定考核的内容和目标，根据企业的总体情况，在与员工双向互动沟通的过程中推行绩效考评计划；客观看待考评结果，淡化绩效考核的加薪晋级导向，更多地把它当作激励员工的手段和引导员工自我发展的依据。

（二）绩效考核只是一种奖惩手段

在企业的绩效管理实践中，很多人会把绩效考核与奖惩画上等号，认为绩效考核就是惩罚、淘汰不合格的员工，升迁、奖励优秀的员工。管理者这样想虽然有些道理，通过绩效考核，毕竟把员工分成了优、良、中、差等评定结果，但绩效考核体系不应该单纯为了奖惩员工而设立和存在，它应当成为提升企业整体绩效和员工个人绩效的推进器。武断地把绩效考核等同于一种奖惩手段是陷入了绩效管理认识上一个比较常见的误区。

绩效考核应该从强调人与人之间的比较转向每个员工的自我发展诊断，变考核者与被考核者的对立关系为互助伙伴关系，考核的目的应该更多地定位为企业与员工多方受益、共同发展。对于企业而言，绩效管理是企业文化的一部分，公正科学的绩效考核可以优化自身的组织结构，提升企业整体业绩，对于员工来说，绩效管理能营造出一种积极向上的工作环境，通过绩效考核，使员工正确地认识自己的优缺点，及时对自身的发展方向进行修正，从而获得更多的发展机会和更大的发展业绩。

（三）盲目模仿绩效管理体系

企业的绩效管理体系必须充分考虑企业的特点、发展阶段、战略目标、员工知识、技能、能力等。不顾企业自身特点，盲目模仿、沿用其他企业管理实践只能导致水土不服。一个企业的绩效管理实践可能帮助该企业创造价值，但却不一定能帮助另一个企业创造价值。即使两家企业生产同一产品或提供同一服务、处于同一区域内、员工说同一语言或方言，两家企业肯定会存在差别。在现实生活中，不少企业实行“拿来主义”，如把别的企业（尤其是绩效优秀的跨国公司）的绩效管理表格和绩效评估打分方法拿来，或稍作修改，或原本照搬，在本企业推行。尤其是目前流行的所谓“最佳实践”大行其道，加之不少咨询公司推波助澜，使不少急于提高企业绩效而又不知从何入手的管理者们纷纷仿效，其结果往往是南辕北辙，事与愿违。殊不知，在管理中没有“最佳的实践”，只有“最契合”的实践。同样，在绩效管理中，只有对企业的发展状况、战略和经营目标、价值观、企业文化等进行充分的诊断，才能对症下药，找到能解决本企业绩效问题的千金妙方。

（四）实施绩效管理是人力资源的事

企业内多数人甚至包括一些高层管理者都认为绩效管理是人力资源部的事情，由人力资源部来做是天经地义的。高层管理者只对绩效管理作原则性的指示，剩下的工作全交给人力资源部门，做得好与不好都是人力资源部门的事情了。这实际是对绩效管理中角色分配上的认识误区。诚然，人力资源部门对于绩效管理的实施负有不可替代的责任，但不是所有的事情都由人力资源部门来做。那么，在绩效管理过程中，各级员工究竟应该扮演什么样的角色呢？

总经理：支持、推动绩效管理向深入开展。绩效管理是企业的“一把手工程”，没有总经理的支持，绩效管理是不可能获得成功的。

人力资源部经理：设计绩效管理实施方案，提供有关绩效管理的咨询，组织绩效管理的实施。人力资源部作为企业中的绩效管理专家，在企业实施绩效管理的过程中更多的是扮演了一种顾问或咨询师的角色，是教练而非球员。

各部门经理：执行绩效管理方案，并对员工的绩效提高进行指导，同时对员工的绩效水平进行反馈。其实，对于企业的绩效管理来说，更大的责任是承载在部门经理的身上，他们是执行绩效管理方案的主体，是员工最直接、最亲密的绩效伙伴，如果下属员工的绩效未能完成，部门经理的绩效也是不可能完全实现的。

员工：是绩效考核的直接对象，也是绩效管理的主人，拥有绩效并产生绩效。应该说，企业内所有员工的参与程度也对绩效管理的成败起着至关重要的作用。没有员工的全身心参与，绩效考核很有可能蜕变成一场“警察与小偷的博弈”，科学的绩效管理更是无从谈起。

因此，让公司各级员工理解与认同自身在绩效管理中所扮演的角色，是企业实施绩效管理的最起码的基础，离开企业所有员工的支持与参与，绩效管理只能是有“形”无“实”的空壳。

（五）重考核，轻沟通

重考核，轻沟通，是绩效管理的又一误区。管理者只看重考核结果，不看重考核过程，不能全程参与，忽视与员工及时沟通的作用与效果。

绩效管理是管理者与员工双向沟通的一个动态过程。一个企业完整的绩效管理体系包含绩效计划、绩效实施与管理、绩效考核、绩效反馈面谈四个部分。在整个绩效管理过程中，管理者与员工的沟通是贯穿始终的。

沟通在绩效管理四个环节中的具体表现如下：

绩效目标与计划制订时，管理者需要与员工进行沟通并达成共识，使得绩效目标成为管理者对员工的绩效期望与员工对管理者的绩效承诺；在绩效目标实施与管理的过程中，管理者应随时与员工保持动态的沟通，及时提供员工所需的资源支持与业务辅导；在绩效评估环节，沟通的作用具体表现在管理者与员工之间就员工的本期业绩完成情况达成共识；沟通在绩效反馈时也非常重要，主要体现在管理者与员工双方对本期绩效完成情况的理解与看法需要达成一致，更重要的是如何改进不足、形成提升绩效的计划，并就下一个绩效期间的目标达成初步共识。

总而言之，考核者与被考核者持续不断地双向沟通是一个企业绩效考核得以顺利进行的保障，也是企业科学绩效管理的灵魂所在。无论设计多么完美的考核制度都无法顺利推行于缺少沟通的团队，更何况，在企业管理实践中本来就没有"放之四海而皆准"的绩效管理制度。适当的沟通能够及时排除管理过程中的障碍，最大限度地提高企业整体绩效；同时也能提高被考核者的参与积极性，减少考核过程中的阻力，保证考核客观、公正进行。在执行过程中随时保持沟通和反馈，让被考核者了解考核的目标、执行状况、考核结果等，被考核者也乐于提供资源支持，这样不仅可以激发员工的信心和斗志，也使各被考核者的个人绩效与部门绩效相一致、企业内各个部门长短期目标协调平衡发展。如此一来，绩效考核过程就变成了一个增强共识、凝聚人心、促进沟通和能力提高的多赢过程。

（六）重员工个人绩效管理，忽视企业整体绩效管理

绩效管理的主旨是企业战略和经营目标的达成，其手段是通过员工个人目标的实现从而带动企业整体目标的达成。然而，在管理的现实中，管理者们往往是本末倒置。他们多关注于员工个人绩效的管理，轻视甚至忽视企业整体绩效的管理。其实，企业整体绩效管理才是管理者应该关注的重点，员工的绩效管理是工具和过程。

高绩效的企业往往设有绩效管理委员会，由企业高层亲自领导，其成员包括企划、财务、人力资源等部门负责人，他们的任务是确保企业的战略和经营目标能层层分解到员工个人，使员工的个人目标与企业的目标协调一致，不仅管理员工的绩效，而且使团队、部门、企业整体的绩效有机地联系起来，得到很好的管理。

（七）考核过于频繁

既然绩效如此重要，管理人员关注绩效考核本不应该受到指责。但是，事物往往过犹不及。不少企业管理人员希望每个月对员工的绩效进行考核。其实，无论绩效管理抑或绩效考核，管理人员都需投入大量的时间和精力。对于管理人员来说，时间是最宝贵、最稀缺的管理资源。过于频繁的考核利大于弊。第一，如若严格执行，势必加大管理成本；第二，在管理资源如此稀缺的情况下，过于频繁的考核必定导致考核流于形式，走过场。

（八）绩效系统建立后一劳永逸

绩效管理系统不是一成不变的静止、僵化的体系。建立了绩效管理体系不等于管理工作一劳永逸。除了管理体系，尤其是绩效管理工具自身内在的缺点，外部变化的经济、政治、技术、社会环境对企业的绩效管理不断提出新的要求，也带来新的机遇。综观绩效管理理论和实践演化的历

史，我们可以发现，绩效管理的理论不断在创新，绩效管理的实践不断在演化。从泰勒的科学管理理论、霍桑试验，一直到管理大师德鲁克提出的目标管理、关键业绩指标和近年来风靡全球的经济增加值和平衡计分卡，西方的管理学者和企业管理的实践家们从来没有停止过对绩效管理的探索和改进。何况，一种绩效管理实践是否适合一企业，在管理实践中需要针对本企业特殊的文化作出何种修订，如何博采各种绩效管理工具之长为本企业所用，都是企业管理人员，特别是高层管理者们所必须思考并不断解决的问题。

三、不断完善绩效管理体系

绩效管理是人力资源管理的一项核心职能，而绩效考核体系，需要随着管理工作的不断深入，适时地进行改进和完善，方能有效地支持企业的整个运营。

众所周知，绩效管理是管理者保证员工的工作活动和结果与组织目标保持一致的一种手段和过程。它是通过识别、衡量和传达有关员工工作绩效状况和水平的信息，并作出相应指引来使组织的目标得以实现。绩效考核是绩效管理的基础和手段，也是绩效管理的必经阶段。没有经过绩效考核阶段是不可能到达绩效管理阶段的。

确切地说，如果没有针对性的绩效改进，就谈不上什么有效的绩效体系建设，谈不上所谓良好的绩效管理了。有效的绩效管理必须是既要考核结果也更要管理过程的。

员工绩效的好坏，受到企业内部以及外部等许多主观、客观因素的影响。也正因为如此，需要我们认真分析、仔细研究，抓住主要因素，具有针对性地进行改善，才能够让绩效管理工作更接“地气”，更有效地推动企业整体绩效的提升。

当然，每个公司都有每个公司的特色与实际情况，所采取的方法措施也肯定有些不太一样，不能一概而论。

（一）重组绩效管理组织

绩效评估是绩效考核的重要一环，它不是人力资源部门的“专属”工作，而如果仅仅依靠人力资源部是难以有效完成绩效管理的，因为它必须是全员参与才能真正有效。

在一个大森林中，狼被狮子安排负责管理一个羊群。

这一天，狮子决定去考察狼的业绩。

狼说：“由于我管理太严，羊们肯定会对我有意见。您可要主持公道啊！”

“这个我知道。”狮子自负地说。

于是，狮子便去找狐狸、老虎和金钱豹了解情况。

“狼是一个很负责任的领导，它把一群羊管理得服服帖帖，没有一个敢捣蛋的。”昨晚刚刚收下狼送来的一只母羊和三只羊羔，金钱豹对狼的评价自然十分“客观公正”。

“与牧羊狗相比较，狼的魄力更大些，表现也更好。”狼刚上任就给老虎送去了五只羊，老虎的评价自然也很“实事求是”。

“古人云，‘木秀于林，风必摧之；行高于人，人必非之。’狼管理羊群，怎么能没有闲言碎语呢？据我了解，羊们对狼是有偏见的。它们的话，大王您千万听不得呀！”狐狸是狼的铁哥们儿，每天都能与狼分享羊肉，因此，狐狸自然要为狼“打抱不平”。

不久，狼被狮子提拔去管理一个更大的羊群。狮子还自以为是知人善任呢！

俗话说，“兼听则明，偏信则暗”。管理者在进行绩效考核时要广泛听取大家的意见，但也不能为事情的表象所迷惑，尤其要多听取基层员工和直接与考核有关的基层员工的意见。

为了避免出现这种不公正的考评结果的出现，企业要加强绩效评估组织建设，把公司老板、主要高管、各业务部门负责人、职能部门负责人以及员工代表都纳入绩效管理小组，确保绩效管理组织既有“重量”，也有“质量”，并且更具“权威性”。

同时，在评估主体的选择上也要进行重新甄选、确定，以确保评估的公正客观、真实有效。

（二）优化绩效管理流程

绩效管理是一项系统性的工作，要想保证这个系统的良好运转，必须根据公司的实际情况，不断地优化流程、明确定位、合理分工。

如何对企业高层、各部门以及财务、人力资源部等在绩效管理中的角色重新进行明确定位，在绩效管理的误区里已有述及，在此不再赘述。

我们看看管理流程的合理与否对目标的影响和意义。

18世纪末期，英国政府决定把犯了罪的英国人统统发配到澳洲去。

一些私人船主承包了从英国往澳洲大规模运送犯人的工作。英国政府实行的办法是以上船的犯人数量支付船主费用。当时那些运送犯人的船只大多是用一些很破旧的货船改装的，船上设备简陋，没有医疗药品，更没有医生，船主为了牟暴利，会尽可能地多装人，于是船上条件更加恶劣。一旦船只离岸，船主按人数拿到了政府的钱，对于这些犯人是否能活着到达澳洲就不管不问了。有些船主为降低费用，故意给犯人断水、断食。3年以后，英国政府发现，运往澳洲的犯人在船上的死亡率达到12%，其中最严重的一艘船上424个犯人死了158个，死亡率高达37%。英国政府花费了大笔资金，却没能达到大批移民的目的。

英国政府想了一个办法：在每一艘运送犯人的船上都派一名政府官员监督，再派一名医生负责医救犯人，同时对犯人在船上的生活标准做了硬性的规定。但是，死亡率不仅没降下来，有的船上的监督官员和医生竟然也不明不白地死了。原来，一些船主为了贪图暴利，就贿赂官员，如果官员不同流合污就会被扔到大海里喂鱼。政府支出了监督费用，但死亡率仍没有下降。

政府又采取新办法，把船主都召集起来进行教育培训，教育他们要珍惜生命，理解去澳洲开发是为了英国的长远大计，不要把金钱看得比生命还重要。但是情况依然没有好转，死亡率一直居高不下。

一位英国议员认为是那些私人船主钻了制度的空子，而制度的缺陷在于政府给船主报酬是以上船人数来计算的。他提出了新的建议：政府以到澳洲上岸的人数计算报酬，不论你在英国装多少人，到了澳洲上岸的时候再清点人数，以此来付报酬。

从此问题迎刃而解，船主开始主动请医生跟船，并在船上准备药品，改善犯人的生活环境，尽可能地让每一船的人都能健康地到达澳洲，因为一个人就意味着一份收入。

自从实行上岸计数的办法以后，船上的死亡率降到了1%以下。有些运载几百人的船经过几个月的航行竟然没有一个人死亡。

管理流程的一个小小的改变，导致行为和结果也随之改变。

企业的绩效导向决定了员工的行为方式。

企业的绩效导向应该是组织目标的达成，管理者要确保员工的行为趋于与组织目标保持一致，使员工能够分解组织目标、理解上级意图，并制订切实可行的计划。

（三）完善绩效管理系统

一个完整的绩效管理体系应该至少包括评估内容、评估机构、评估主体、评估频率、评估操作流程、评估的方法、结果的运用、申诉与处理等几个方面。在绩效管理实践中，有些企业往往在评估频率、评估方法、结果的运用、申诉与处理上存在较大的问题。尤其是申诉与处理，几乎没起到什么作用。

针对以上问题，企业正确的做法是在评估频率、评估方法上根据职位、岗位的不同，进行重新界定；在结果的运用上将加大调整激励方式、加大激励力度，同时加强培训、辅导、跟踪；申诉与处理上将广泛征求意见，制定合理的、切实可行的规章制度，确保有效执行。通过一系列措施，达到完善绩效管理系统的目的。

绩效计划具有指导和监督的双重作用，而有些企业的绩效计划在某些方面存在“面子”工程多一些，不能很好地落地，从而在很大程度上也就失去了这两种作用。所以，必须进行修改、调整与完善。

鉴于此，要想完善绩效管理体系，企业可以从工作目标、结果、权重、完成时间、信息获得、衡量评判标准、影响绩效计划完成因素等几个方面着手来进行。

（四）加强绩效管理辅导

绩效管理的关键在于实施。很多企业在绩效管理中存在的问题是在沟通、信息收集以及反馈、指导等环节做得不到位，基本上处于“例行公事”的状态。建议从以下三方面来重点整改与完善：

1. 强化绩效沟通。要明确沟通原则，注重沟通过程，强调考核信息反馈；

2. 注重信息收集。要优化信息收集方法，精练信息内容，关注存在问题；

3. 加大干预力度。要对绩效实施过程中的信息及时反馈、研究，给出建议，并进行指导与帮助，从而有助于绩效计划的顺利实现。

为确保绩效计划顺利有效地实施，可以将根据工作产出、绩效标准、实际表现等方面建立员工《绩效表现追踪表》，确保整个绩效管理过程扎实有效地实施。

（五）科学调整绩效指标

对于绩效管理的绩效指标来说，很多企业存在的主要问题就是不能很好地契合实际，有很大的随意性，从而导致绩效指标流于形式，形同虚设。

某公司是一家生产和销售家用空调和中央空调的企业，其销售队伍分为两个团队：家用空调销售团队和中央空调销售团队。

在实际工作中，中央空调销售团队齐心合力，互帮互助，而家用空调销售团队则各自为战，单打独斗。公司每个月统计销量，中央空调销售团队的销售总额都远高于家用空调销售团队。这是一个不正常的现象，因为家用空调比中央空调便宜很多，按照惯例，家用空调的销量应远大于中央空调的销量，所以总销售额应该比中央空调的多才对。

该公司老总注意到这个问题后，就将绩效管理引入公司。但是，在制定绩效考核指标时，规定家用空调和中央空调两个销售团队的绩效目标都要提升15%，这种“一刀切”的绩效考核实施后，每个月的销售统计结果是：中央空调销售团队的销售总额要比家用空调的销售团队高得多，但是每次家用空调销售团队却总能完成绩效目标，而中央空调销售团队却无法完成。

因为总完不成销售指标，中央空调销售团队受到了公司的处罚，他们觉得受到了不公正的待遇，集体辞职，转投到另外一家公司。该企业的销售由此大受影响，不久，因滞压货品过多而停产。

绩效考核指标“一刀切”，考核内容千篇一律，不同类型部门考核内容差别不大，针对性不强，缺失关键指标，这在很大程度上影响了考核结果的客观性、真实性和准确性。

绩效指标要根据公司实际情况，在进行科学分析以及和员工充分沟通的基础上确定。

针对绩效指标存在的问题，要从以下两方面做起：

首先，要在指标的类型上，针对不同部门、不同岗位对数量、质量、成本、时限等四个方面区别对待。

其次，要强化对绩效评价指标的要求，将尽最大努力使制定的绩效指标满足SMART原则。

在考核内容上，很多企业在权重、考核频率的设定上存在明显的不足。那就是“一网打了满河的鱼”，导致考核内容不能有效地反映出实际状况。

针对上述不足，企业可以根据工作绩效指标、工作能力指标和工作态度指标三个主要部分，认真分析研讨，并根据部门、职位以及考评目的、工作性质的不同，实行差异化对待，合理制定考评权重、考评周期。同时要尽量细化和行为化。

多数企业在绩效管理中存在的最大问题是：比较重视财务指标和经济指标，比较重视当前能够快速见效的指标，而往往忽略了类似创新等长期指标。还有就是：绩效指标当初制定之时是根据公司战略来做的，而随着市场的变化，公司战略不断修正，战略调整了，绩效管理工作却没有相应地进行修正，没有跟上公司发展变化的步伐，从而导致了严重脱节。

因此，企业在确定KPI时，要注重战略导向，并确保各类关键绩效指标的平衡。要运用管理大师德鲁克的目标管理思想，注重任务绩效、周边绩效和管理绩效的有机协调，注重主要绩效指标与基础绩效指标的合理搭配，以确保工作目标的实现。

在绩效管理以及确定 KPI 过程中，可以结合使用 BSC（平衡计分卡）方法来进行。另外，可以引入主基二元法，在有利于绩效改善的同时，更使绩效管理尽可能地简约化。

（六）打破固有考核模式

很多企业的绩效考评方法还都是沿用过去的传统考评方法，事无巨细，面面俱到，搞“一揽子”工程，缺乏针对性，这就是导致考核的“成效”不科学的原因所在。

面对此种状况，企业应该本着最能体现公司目标和评估目的、正面引导、公正客观、节约成本、实用性强、易于执行等原则来科学研究确定考核方法。将针对不同的部门、职位，选择不同的方式方法。要把相对评价、绝对评价、描述等方法，恰当地运用到公司的绩效考核中，确保考评方法切实有效，真正能够有力支撑绩效考核工作。

（七）健全绩效反馈机制

绩效反馈是绩效管理的最后一个环节，也是最重要的部分。如果没有有效的绩效反馈面谈，就没有绩效过程的检讨，也就更谈不上绩效的改善，绩效管理的 PDCA 循环也就无从良好地运转。说得难听一点，整个绩效管理过程也就成了“败绩”。

很多企业属于典型的家族企业，很难做到公平、公正，加之管理人员的自身素质水平相对较低，因此，这一环节也就成了企业的“切肤之痛”，迫切需要全面整改。

绩效反馈是一项对管理者沟通、激励、协调、倾听、说服、情绪控制等能力的综合考验，这些能力是一个优秀的管理者所必备的素质，是完成好绩效反馈工作的重要保障。企业应该针对存在的不足，建立相应的制度，加强这方面的培训。

要从面谈前的准备开始，让中层管理人员、普通员工都明晰自身的责任，充分准确地做好每一次准备；要进一步明确绩效反馈面谈的原则；对面谈技巧进行强化训练。尤其要针对典型的面谈情况，譬如，优秀的下级、没有明显进步的下级、绩效差的下级、年龄大工龄长的下级等，要通过实操演练、实战式培训，强化提高管理者面谈水平，确保绩效反馈面谈目的充分实现。

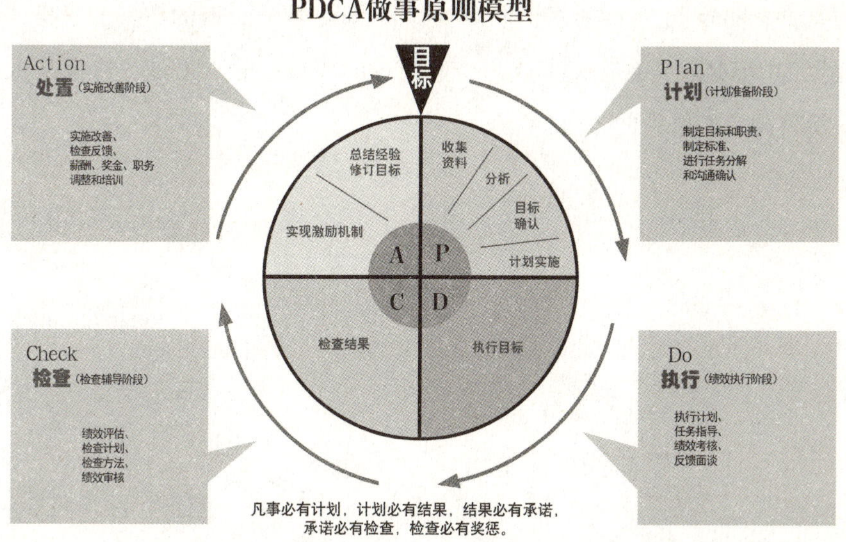

（八）加大考核执行力度

绩效考评结果可以为人力资源管理和其他管理决策提供大量有用的信息，对企业的管理，尤其是人力资源管理，起着举足轻重的作用。绩效考评结果如果不能有效地服务于企业的管理活动，必将失去考评的意义和价值。

要想有效地运用绩效考评结果来干预企业的管理，提升企业整体绩效，就必须从绩效改善、职业管理、职位变动、培训发展、行为引导、奖酬分配等方面率先加强绩效考评结果应用不利的整改。要“伤筋动骨”、动真务实，让员工真正看到、感受到绩效管理带来的好处。

同时，要根据员工工作绩效情况，帮助员工制订绩效改进计划、个人发展规划，将绩效结果应用、绩效改进工作落到实处，最大程度地激发员工工作的激情，刺激工作业绩提升，从而以绩效管理有力推动公司发展，实现员工与公司的和谐共赢。

绩效管理是一项非常艰难琐碎的工作，到底应该怎么做，国内的企业一直都处在探索中。因此，如何揭开绩效管理的神秘面纱，摒弃绩效考核冠冕堂皇的外衣，让绩效管理真正回归管理的本质，有的放矢、紧接“地气”、扎实有效，真正使其成为企业管理的“最有效”工具，应该是人力资源管理者们努力的方向！

第十章 中层八关键之激励的误区

相信大家都见过海豚表演，可爱的海豚在驯兽师的指挥下，做着各种令人眼花缭乱的动作，我们在被海豚精彩表演深深折服的同时，也会发现，只要海豚按照驯兽师的要求做好一个动作，驯兽师就奖励海豚一条鱼。当然，海豚一开始的表现也许并不完美，在训练中，海豚为了得到鱼，会认真地一次次练习，表现就会越来越好。

这就是激励，员工管理中也是如此。

在团队中，有效的激励可以激发团队成员更大的工作潜能，提高工作效率。

科学管理之父泰勒认为，要提高生产效率，就必须为每个岗位配备“第一流的员工”——能力最适合做这项工作而且他愿意去做的员工。为了做到这一点，泰勒主张根据人的能力把他们分配到相应的岗位上，并按标准的操作方法对工人进行培训，使工人的能力同工作相适应，同时激励他们努力工作。也就是说，通过培训和激励为每个岗位配备第一流的员工，从而提高工作效率。

一、激励的误区

美国哈佛大学的管理学教授詹姆斯认为，同一个人面对同一种工作的热情和积极性，通过有效的激励，可以提高3~4倍。但是，有些管理者在管理过程中往往把“激励”当成包治百病的“万能药方”，认为激励措施可以解决一切问题。其实，并不是所有的激励措施都能激发团队成员的积极性，有的激励措施甚至会适得其反，其结果与预期会背道而驰。

下面我们来看看，激励到底存在哪些误区。

（一）激励就是奖励

有很多中层管理者简单地认为激励就是奖励，因此在设计激励机制时，往往只考虑正面的奖励措施，而忽略约束和惩罚措施。有些企业虽然也制定了一些约束和惩罚措施，但碍于各种原因没有坚决地执行，从而流于形式。

企业的一项奖励措施可能会引发员工的各种行为方式，但其中的部分行为并不是企业所希望的。因此，必须辅以约束措施和惩罚措施，将员工行为引导到特定的方向上。对希望出现的行为，公司应该用奖励进行强化；对不希望出现的行为，要利用处罚措施来进行约束。

一位业绩一直第一的员工，认为部门一项具体的工作流程是应该改进的，她也和主管包括部门经理提出来过，但没有受到重视，领导反而认为她多管闲事。一天，她就私自违反工作流程。主管发现了，就带着情绪批评了她。而她不但不改，反而认为主管有私心，于是就和主管吵翻了，离开了工作岗位。主管反映到部门经理那里，经理也带着情绪严肃批评了她，她置若罔闻。于是经理和主管就决定严惩她，主管建议扣她三个月奖金，部门经理认为应该开除她，但这位员工拒不接受。

于是部门经理就把问题报告到副总那里。副总于是就把这位早有耳闻的业务尖子叫到办公室谈话。副总没有一上来就批评她，而是让她先叙述事情的经过，并通过和她交谈，交换意见和看法。副总发现这位员工做事确实很有思路，很有想法，她违反的那项工作流程确实应该改进，而且还谈了许多现行的工作流程和管理制度中存在的不完善之处。副总能这样朋友式平等地和她交流，而且如此真诚地聆听她的意见，她感觉受到了重视和尊重，反抗情绪渐渐平息下来，从开始的只认为主管有错，到最后承认自己做得也不对。在副总试探性地询问下，她也说出了她的错误应该受到的处罚程度。最后高兴地离开了副总的办公室。

此后，副总与部门经理以及主管交换了意见和看法，经理和主管也都认同了“人才有用不好用，奴才好用没有用”的道理，大家讨论决定，以该员工自己认为应受的罚金减半罚款，让她在班前会上公开做了自我检讨，并补一个工作日。她十分愉快地接受了处罚。

之后，副总以最快的速度把那项工作流程给改进了。事情过后，发现这位员工一下子改变了原来的傲气和不服的情绪，并积极配合主管的工作，工作热情大增。大家说她好像变了个人似的。

既然员工违反了规章制度，就必须处罚。不然，就等于有错不咎，赏罚不明。但如何罚？简单地照章办事，罚款了事？这是一般常规的做法。这样就有可能造成该人才的流失，跑到竞争对手那里去，弱己强敌。如果真是这样，就会在企业形成这样一种极为恶劣的影响，劣胜优汰。如果真的形成这样一种氛围的话，企业早晚非垮掉不可。

（二）以钱为本式的激励

在一些企业里比较信奉“重赏之下必有勇夫”，于是金钱就成了经营者手中的魔法棒，哪里需要就指向哪里。毫无疑问，金钱奖励是最直接、最有效的激励方式，它可以在短期内迅速激起销售人员的斗志，快速提升销售业绩。但是，金钱激励并不一定总是企业最有效、最上策的激励方法。

赵国平是一个孤儿，进入一家公司以后从基层做起，经过努力成为该公司部门经理，该公司老总在他成为经理以后第一个中秋节那天晚上，请他到自己家里吃了一顿团圆饭，并且送了一份小礼物。接下来的几个月，赵国平所带团队的销售业绩则不断地上升，为公司创造了更多的价值。一顿饭、一份小礼物不过数十上百元，但其蕴含的感情是多少钱也无法买到的。该公司经理发自内心的关怀是激发赵国平工作热情的关键。

企业员工确实有对钱的需要，但是人类社会发展到今天，大多数人的需求层次已超过仅仅对物质的要求。人除了物质的需求以外，还有更高的追求。企业管理者在激励员工时如若不能走出“以钱为本”的误区的话，其激励的效果未必能够如愿。

所以，管理者必须走出“以钱为本”的激励误区，坚持“以人为本”，最大限度地调动职工的积极性和创造性，这是企业发展的源泉。

（三）只要建立起激励制度就能达到激励效果

一些企业发现，在建立起激励制度后，员工不但没有受到激励，努力程度反而下降了。某公司推出“年终奖”的计划，本意是希望调动企业员工工作积极性，但是却因为没有辅以系统科学的评估标准，最终导致实施过程中的“平均主义”，打击了贡献大的员工的积极性。一套科学有效的激励机制不是孤立的，应当与企业的一系列相关体制相配合才能发挥作用。其中，评估体系是激励的基础。有了准确的评估才能有针对性地进行激励，才能更有效。

1. 同样的激励手段用于所有员工，未做到因人而异

激励是从需求开始的。美国心理学家马斯洛在研究人的需要时发现，人的需要有多种，且有层次之分，不同层次的需要可同时并存，但总有一种需要占主导、支配地位，人的行为受这种需要的驱使。不同的人有不同的需求，同一个人在不同的时期需求也不同。然而，一些管理者在实施激励措施时，没有对员工的需求进行认真分析，没有根据不同的员工采取不同的激励手段，而是“一刀切”，结果适得其反。由于不同员工的需求不同，相同的激励措施起到的激励效果也不尽相同。举例来说，倘若员工来自广西，而你对员工的奖励是“桂林五日游”，那对他们来说吸引力就不大了。所以，激励要因人而异。

2. 认为只要能满足员工的需要就能有效地激励员工

在实际管理活动中，有些管理者认为只要能满足员工的需求就能产生激励作用。员工需要更多的奖金和福利，企业就不断增加员工奖金和福利，但工作就必然有效果了吗？未必。

美国心理学家赫茨伯格于20世纪50年代提出了著名的双因素论，该理论将员工需要归结为保健因素和激励因素两类。保健因素属于和工作环境或条件相关的外部因素，包括管理政策和制度、监督系统、工作条件、人际关系、薪金、福利待遇等，当人们得不到这些方面满足时会感到不满意，从而影响工作，但当人们得到这些方面满足时，只是消除了不满，却不会调动人的工作积极性，因此起不到激励作用。可见，并不是一味地满足员工的需要就能激励员工。

3. 激励实施过程中采取不公平的激励方式

某大型家电销售公司为提高销售业绩，决定以抽奖的方式来奖励销售部的前20名业务员。奖品大至一辆轿车，小至一张礼券共20余种。在活动期间内，每个业务员凭业绩领取抽奖券，第一名可以领到20张券，就

是说有20次摸奖的机会，第二名有19次机会，依次类推。结果是：轿车被第10名拿去，而第一名只抽到了一箱牛奶。其他业绩排在前5名的员工抽到的也都是微不足道的奖品。在饱受取笑之余，这些人群情激奋，索性集体跳槽到别家公司。

这种奖励方式似乎非常刺激，但不公平。亚当斯的公平理论认为，人的工作积极性不仅受其所得绝对报酬的影响，更重要的是受其相对报酬的影响。所以，在员工激励实施过程中，一定要注意公平原则，让每个人都感到自己受到了公平的对待。否则，不公平的激励方式往往会对员工造成伤害，影响员工的工作效率和工作情绪，影响激励效果。

4. “空头支票”

一些企业为了取得较好的业绩，对员工承诺达到某个目标会有怎样的奖励，但当员工完成目标时并不按之前的奖励制度执行，减少或不兑现奖励。弗鲁姆的期望理论认为，人工作积极性的高低取决于人们对这种工作可能带来的结果的期望强度以及这种结果对行为者的吸引力。而如果员工对这个工作可能带来的结果的期望强度很高，并实现了目标但未得到相应的奖励，不但会大大影响员工的积极性，甚至会让员工对这个企业失去信心。

（四）重才轻德式的激励

人才是企业的核心竞争力，如何选才用人，对一个企业来说，都是面临的最切实的大问题。是唯才是举还是用人唯贤，或者是德才兼备?

德才兼备是选人的核心，只有选好才，才能激好才。对德才兼备的人进行适当的激励才是正确的，有利于企业的发展。反之，“重才轻德”是企业选人用人的误区，也是员工激励的误区，这种激励最终将有损于企业的利益。

所谓德，是指思想道德品质，主要是就政治素质而言的；所谓才，是指才能和智慧，主要是就业务素质而言。德才兼备，就是说作为一个合格的人才，既要具备一定的政治素质，即有较好的道德品质的修养；又要具备一定的业务素质，即具有较强的才干和专业知识的修养。重才轻德，可能使某些心术不正，颇有歪才的人得到重用，给企业带来损害。历史上，许多圣贤都十分强调“德”，大讲特讲仁、义、道德品质在治国中的决定性作用，大谈有才无德的危害。

司马光在《资治通鉴》中谈及人的“才”与“德”时有一番高论：“凡取人之术，苟不得圣人、君子而与之，与其得小人，不若得愚人……自古昔以来，国之乱臣，家之败子，才有余而德不足，以至于颠覆者多矣。”

有才无德、祸国殃民的人在中国历史上不可胜数，比如秦朝的赵高、唐朝的李林甫、清朝的和珅，这些人如果没有一定的才能，是不可能爬上如此高位的，但这些人有才无德，才能越大，其破坏性越强，这种人往往能导致国破家亡。因此，在考察和用人时，尤其要注重其德行。

治国如此，经营企业也是如此。员工如果有德无才，最多不能创造更好的业绩而已，如果员工有才无德，则有可能使企业陷入万劫不复之地。可见，在企业的管理激励中，起用有才无德的员工要慎之又慎，不到万不得已，千万别用。历史的教训是惨痛的，希望我们的管理者不要因一念之差，而留一生遗憾。

美国著名管理学家杜拉克在谈到激励人才时指出人的品德其本身并不一定能成什么事，但是一个人品德方面如果有缺点，则足以败事。所以人在这一方面的缺点不能仅只视为绩效的限制。有这种缺点的人，应该没有资格被起用。杜拉克的话足以使现代管理者走出“重才轻德”的激励误区。

（五）过度激励

孔子说，过犹不及。

有人认为激励的强度越大越好。这也是一种错误的观点，凡事物极必反，激励也是这样。过度的激励就会给员工过度的压力，当这个压力超过员工承受力的时候，结果是可想而知的。只有适当的激励，才会有积极的意义，只有科学的激励设计，才能够最大限度地发挥激励的作用。

二、有效的激励方式

人力资源管理的重要任务之一，就是制定并通过激励机制来吸引、开发、留住人才，并不断激发员工的工作积极性和创造性。

在管理实践中，比较常见的激励方式有以下几种：

（一）目标激励

通过群体以及个体的共同努力来实现的，目标具有引发、导向、激励的作用。企业可以推行目标责任制，使企业经济指标层层落实，每个员工既有目标又有压力，产生强烈的动力，努力完成任务。

汉武帝时期，将军李陵带兵出击匈奴被围，因粮尽矢绝，李陵最终降敌。群臣都在声讨李陵的罪过，只有司马迁替李陵说了一句公道话：“李陵侍奉亲人孝敬，与士人有信，一向怀着报国之心。他只领了五千步兵，吸引了匈奴全部的力量，杀敌一万多，虽然战败降敌，其功可以抵过，我看李陵并非真心降敌，他是活下来想找机会回报汉朝的。”

汉武帝非常愤怒，不但杀了李陵全族，还把司马迁定为诬罔罪名。诬罔之罪为大不敬之罪，按律当斩。

面对死亡的威胁，司马迁想起了父亲的临终遗命："如今汉朝兴起，海内统一，贤明的君主，忠义的臣子的事迹，我作为太史而不予评论记载，中断了国家的历史文献，对此我感到十分不安，你可要记在心里啊！"

司马迁当时流着泪对父亲承诺说："我一定把父亲编纂历史的计划全部完成，不敢有丝毫的缺漏。"

如今，父亲的遗命尚未完成，摆在司马迁面前的只有两条路：一条路是为了正义选择赴死。另外一条路就是屈辱地活着，完成父亲未完成的使命。按照汉朝法律，犯法的人只要缴纳足够数量的罚金，就可减轻处罚。

是选择赴死还是屈辱地活着，司马迁选择了后者，毅然选择了以腐刑赎身死的处罚。

就这样，司马迁背负着父亲的理想和自己的人生目标，在坚忍与屈辱中，终于完成了《史记》的创作，为后人留下了一部"史家之绝唱、无韵之离骚"的伟大历史著作。

一个员工如果有了明确的人生目标，就能激发他的工作热情，引领他为实现目标不停地奋斗下去。

在制定目标激励制度的时候，管理者要注意以下几个方面：

1. 目标设置要合理、可行，与员工个体的切身利益相关。

2. 目标设置的难度要适当，目标太容易实现，没有难度，就不能起到激励员工创造性的目的，如果目标太难实现，同样也会挫伤员工的积极性。

3. 应该既有近期阶段性目标，又有远期的总体目标。

4. 目标内容要具体明确，有定量内容。

（二）示范激励

人的情感通常会受到他人行动的支配，进而促使自己的行为受到影响。这就是我们常说的，榜样的力量是无穷的。通过各级主管的行为示范、敬业精神来正面影响员工。

众信集团的董事长李显斌曾经说过，每个领导者都有权让别人服从自己。如果这种服从只是由于怕受惩罚，那么企业管理工作就有可能搞不好。还必须有其他一些方法来使下属服从，能使职工在自动努力和发挥首创精神方面有成效。领导者作出榜样是有效的工作方法之一。当领导者在出勤方面作出榜样时，谁也不敢迟到；当领导者积极地、忘我地工作时，手下也会有一批工作狂跟着他。

俗话说，“领导带头，万事不愁”，“火车跑得快，全靠车头带”，有了领导的积极示范作用，员工的工作热情和主动性自然也就不是问题了。

（三）情感激励

情感激励就是通过建立起员工之间和谐良好的感情关系，来调动员工的积极性。

情感是影响人们行为最直接的因素之一，任何人都有各种情感诉求。企业领导者要及时了解并主动关心员工需求以建立起正常、良好、健康的人际关系、工作关系，从而营造出一种相互信任、相互关心、相互支持、团结融洽的工作氛围，使员工处处感到自己得到了重视和尊重，以增强员工对企业的归属感和凝聚力。

《三国演义》中大战长坂坡一节，刘备被曹操大军围困，赵云为了救出刘备的夫人和孩子，在数万曹军中三进三出，只杀得筋疲力尽，满身血污，刘备两位夫人自杀，赵云只救回了阿斗。刘备接过赵云怀中的阿斗，把他摔在地上，嘴里说：“为了你这个孺子，差点折损我一员大将。”

赵云听了，自然无比感动，对刘备更加忠心耿耿。

（四）信任激励

信任激励就是激励主体用认同、鼓励、尊重、支持等情感对激励对象进行激励的一种模式。领导、上司的充分信任能增强员工对企业的忠诚度和创新动力，被认为是最持久、最“廉价”和最深刻的激励方式之一。

管理者一个期待的目光，一句信任的话语，一次真诚的帮助，都可能激励员工走上成功的道路。员工能否勤奋努力、坚持不懈地工作，与管理者的信任程度有密切的关系。管理者只有信任每一位员工，帮助员工树立信心，才能最大限度地发挥员工的积极性和创造性，从而提升员工的绩效水平。

在一列拥挤的火车上，到处都挤满了或坐或站的旅客，就连厕所也不例外。一位女士想上厕所，恰好这节车厢厕所的门坏了，根本关不严，她就对坐在厕所边上一个衣衫褴褛、满脸憔悴的男人说：我想上个厕所，请你给我看一下门好吗?

这个男人一愣，随即点了点头。

等到女士走进厕所以后，这个男人便使劲拉住门的把手，尽力地想把门关严，并背对着门，用自己的身体遮住了门的缝隙。

女士用完厕所出来以后，真诚地对这个男人说了声“谢谢”。

不久，男人找到列车上的乘警，男人跟乘警说了几句什么，然后乘警给他戴上手铐，把他带走了。

原来，这个男人是一个越狱在逃犯，曾因被人误会而过失杀人，就是刚才那位上厕所的女士让他为她看门的一个无意识的、信任的举动，感动了这个男人，让他幡然悔悟，决心放弃逃亡，投案自首。

（五）物质激励

通过物质刺激的手段，鼓励员工努力工作，其主要表现形式为增加员工的工资、生活福利、保险、发放奖金、股票期权、奖励住房、生活用品、工资晋级。

人力资源专家建议，物质奖励最好去货币化，比如可以组织员工旅游，发放奖品之类，如果单纯以发奖金的形式来激励员工，长期下去，员工会以为奖金是工资的一部分，这样就很难起到激励的效果。

（六）赞美激励

赞美是一种由外在动力转化为内在动力的非常好的形式，赞美激励没有时间、地点、环境的限制，企业领导者可以随时随地对下属进行赞美。对每一个有进步、工作突出的员工，即使其行为只是表现在某一个极小的方面，也要给予赞许的目光。

来自农村的小志是一家大公司的清洁工，平时兢兢业业，把公司的环境维护得十分干净整洁。清洁工在一些人眼里，是一个非常低微的工作，默默无闻的小志根本引不起别人的注意。

正是这个默默无闻的清洁工，却干了一件大事，给公司挽回了几百万的损失。

这天，在员工都下班以后，小志开始打扫卫生，路过财务室门口的时候，发现了一个小偷正在行窃，小志来不及喊人，更来不及报警，和小偷展开了英勇搏斗，小偷落荒而逃，小志身体也多处负伤，但放在保险柜里的 200 多万现金却完好无损。

公司老总亲自去医院慰问小志，谈及小志英勇行为的动机时，小志腼腆地笑了笑，说："也没啥，就是在我干活的时候，当您经过我身边时，总是夸我把地扫得真干净。"

这就是赞美的力量。赞美就像一针兴奋剂，它能有效激发员工的潜能，管理者要善于用赞美来激励员工，也许一句真诚的赞美，便能使员工充满无穷的力量。

（七）宣泄激励

职场中，心理压力是一个非常严重的问题。据统计，80%的中层管理者和普通员工存在着程度不同的心理疾病，都是工作紧张造成的心理压力，不少中层患疲劳症，高压之下，无所适从，身心憔悴。因此，用宣泄激励的方式及时排解员工心理压力，就显得尤为必要。为员工提供适宜的宣泄方式和场所，如各种旅游休闲、员工联谊会、交流会、社团活动、心理卫生间等。

日本有一家企业专门备有一间特殊的牢骚室，员工若有牢骚或不平可以到这里来。这个牢骚室有三个房间，第一间备有从董事长到每一个科长的橡皮人，员工可以戴上拳击手套对着自己看不顺眼的人发泄；打完出汗后来到第二间，这里可以冲凉，还备有水果、饮料、柔软的沙发，可以在这里休息；第三间则放有哈哈镜，员工可以在这里对着镜子照一照，笑上一笑。然后整理好衣冠，重新开始工作。这种牢骚室被日本人称为“心理卫生间”。

（八）危机激励

面对日益激烈和复杂多变的市场环境，作为企业的管理者，必须适时地向员工灌输危机意识，并引入内部竞争机制，让员工意识到企业面临的生存压力以及由此可能对员工的工作、生活等方面带来的不利影响，以此有效地激励员工自发地努力工作。

挪威人喜欢吃沙丁鱼，尤其是活鱼。市场上活鱼的价格要比死鱼高许多。所以渔民总是千方百计地想办法让沙丁鱼活着回到渔港。可是，虽然经过种种努力，绝大部分沙丁鱼还是在中途因窒息而死亡。但却有一条渔船总能让大部分沙丁鱼活着回到渔港。船长严格保守着秘密。直到船长去世，谜底才揭开。原来是船长在装满沙丁鱼的鱼槽里放进了一条以沙丁鱼为主要食物的鲶鱼。鲶鱼进入鱼槽后，由于环境陌生，便四处游动。沙丁鱼见了鲶鱼十分紧张，左冲右突，四处躲避，加速游动。这样沙丁鱼缺氧的问题就迎刃而解了，沙丁鱼也就不会死去。这样一来，一条条沙丁鱼活蹦乱跳地回到了渔港。这就是著名的“鲶鱼效应”。

孟子说，生于忧患，死于安乐。管理者要帮助员工树立危机意识和竞争意识，才能激发员工的工作热情和创造活力。

管理者在实施危机激励时，首先要能占得先机，发现危机的“苗头”，进而掌控危机的状况。以下表现预示着危机的可能发生。

1. 团队成员频繁流失。
2. 团队成员拉帮结派、相互指责。
3. 团队的某项决策造成重大损失。
4. 内部信息不畅，行动反应迟缓。
5. 产品或服务不断遭到客户投诉。
6. 资金周转不灵，项目运作中止。
7. 员工的某项工作涉嫌违反法律。
8. 遭到组织内的其他团队或部门投诉。
9. 团队成员相互推诿，工作效率低下。

（九）奖惩激励

奖惩激励就是通过表扬、赞赏、晋级和批评、处分、开除等手段来奖励和惩罚员工的一种激励形式，通俗地说，就是“一手大棒，一手胡萝卜”。

奖惩措施应用得当，就能发挥很大的激励效应，一旦处置失当，就可能引起员工的不满和怨恨，以及行为上的消极对抗。为防止发生负面作用，管理者在运用奖惩激励时，必须注意两方面的问题：一是要注意奖惩激励的时效性；二是要注意把握奖惩的尺度和分寸。

1. 奖励员工的标准

(1) 奖励彻底解决问题，而不是只图眼前利益的行动。

(2) 奖励承担风险而不是回避风险的行为。

(3) 奖励善用创造力而不是愚蠢的盲从行为。

(4) 奖励果断的行动而不是光说不练的行为。

(5) 奖励多动脑筋而不是奖励一味苦干。

(6) 奖励使事情简化而不是使事情不必要地复杂化。

(7) 奖励沉默而有效率的人，而不是喋喋不休者。

(8) 奖励有质量的工作，而不是匆忙草率的工作。

(9) 奖励忠诚者而不是跳槽者。

(10) 奖励团结合作而不是互相对抗。

2. 惩罚的原则

(1) 惩罚不能朝令夕改，而应该形成规范。

(2) 惩罚不能公报私仇，而应该公正无私。

(3) 惩罚不能针对人格，而应该针对行为。

(4) 惩罚不能因人而异，而应该一视同仁。

(5) 惩罚不能惩治严苛，而应该治病救人。

(6) 惩罚不能“大错小惩”或“小错大惩”，而应该惩戒对等。

三、完善激励机制

中层管理者要想让激励发挥更大的积极作用，就必须要了解如何有效地运用激励，规避激励误区。

（一）确立"以人为本"的激励理念

人的能力不同，给企业创造的价值也就不同。激励制度的对象是人，所以，构建企业员工激励制度要以人为本。每个员工的思想、性格、学识、教养、道德水准千差万别，领导者在制定企业员工激励制度时，要正视个性差异，区别对待，真正做到关心人，尊重人，创造各种条件，促使人的全面发展，企业的激励制度才能迅速走上正确的轨道，从而不断提升企业的市场竞争力。

1. 激励机制要得到员工的高度认同

要通过对不同类型人的分析，将他们的需要整理、归类，搜集与激励有关的信息，全面了解员工的需求和工作质量的好坏，不断地根据情况的改变制定出相应的政策并有针对性地进行激励。要在广泛征求员工意见的基础上出台一套大多数人认可的、科学的、公平合理、透明的、行之有效的激励机制，让员工在开放平等的环境下展示自己的才能，激发员工的竞争意识，充分发挥人的潜能。

企业激励制度要得到员工认同，应具备以下三个条件：

（1）合理，即切合实际。激励制度不是奖金越多越好，而是因人而异，做不同的激励，给不同程度的激励。

中国有句俗话叫"升米是恩，斗米成仇"。这句话的意思是说，帮助别人要看对象，还要掌握火候，要适度，否则会适得其反。对一个挨饿的人来说，你给他一升米，帮他解了燃眉之急，他会把你视为恩人，心中充满感激。但如果你从此就没完没了地帮助他，由升变斗，把他养成了衣来伸手、饭来张口的懒虫，那么早晚有一天他会把你的帮助视为理所当然，而且胃口越来越大，最后，直到你满足不了他了，他便翻脸指责，结果大恩人却变成了大仇人。这就是给少给多的转换，这也是好事变坏事的辩证，对于奖励员工的分寸与尺度的把握，应该有借鉴意义！

（2）公正，公正有两个原则，即形式上的公正原则和实质上的公正原则。形式上的公正原则是指同样的情况应当同等地对待。由于资源有限，不可能对所有的需要都能作到实质的公正，所以形式上的公正就非常重要，这是激励制度的生命所系，它要求全体成员共同遵守、排除歧视性和随意性。

(3) 稳定，激励制度在管理者经过深思熟虑后制定并经公司有效程序确定后出台的相关管理措施，激励机制一旦产生，就要保持其连续性和稳定性，不能朝令夕改，随心所欲。

2. 激励方式因人而异

激励的目的是为了提高员工工作的积极性。不同的人有不同的需求，在制定激励机制时一定要考虑到个体差异。每个员工的思想、性格、学识、教养、道德水准不同，千差万别，企业员工激励机制也要正视个性差异，区别对待。年轻的员工自主意识比较强，对工作条件等各方面要求比较高，因此“跳槽”现象较为严重；而中年员工则因为家庭等原因比较安于现状，相对而言比较稳定；有较高学历的人一般更注重自我价值的实现，既包括物质利益方面的，但他们更看重的是精神方面的满足，例如工作环境、工作兴趣、工作条件等，而学历相对较低的人则首要注重的是基本需求的满足。管理人员和一般员工之间的需求也有不同，因此企业在制定激励机制时一定要考虑到企业的特点和员工的个体差异，而不是“一刀切”，这样才能收到最大的激励效果。

（二）完善全面薪酬体系

全面薪酬是基于员工各方面需求而制定的一种比较科学的激励机制。薪酬分为“物质”的和“精神”的，它包括工资、奖金、津贴、罚款四项内容，前两项内容属于“硬件”，后两项属于“软件”，只有“软硬兼施”，才有可能达到激励员工的效果。

激励的方式还有多种，对优秀人才实施倾斜激励政策，凭业绩决定薪资水准，与奖效挂钩。采用高薪、优厚的福利、提拔晋升、表扬等。俗话

说，“小功不奖则大功不立，小过不罚则大过必生”，只有做到奖功罚过、奖优罚劣、奖勤罚懒，才能使先进受到奖励，后进受到鞭策，真正调动起员工的工作热情，形成人人争先的内部竞争局面。

（三）建立全方位的沟通机制

沟通激励从某种意义上说，就是企业各个部门、各个层次的相互沟通、交流的对话机制，管理人员必须不断寻找部属的需求，了解员工对企业的意见，使部属知道正在进行哪些活动，让他们参与管理决策活动。越是高层管理者，与员工的沟通时间应当越多。

保持沟通渠道的畅通，要让员工意识到管理层乐于倾听他们的意见；他们所做的一切都在被关注，使每个员工都有参与和发展的机会，从而增强管理者和员工之间的理解、相互尊重和感情交流。

在网络化的今天，建议企业充分利用自己的内部网来了解员工的心理。

阿里巴巴能被评为中国最佳顾主企业，与其内部的充分沟通是分不开的。在阿里巴巴的内部网上，员工可以随时发表自己的建议和不满，公司有专门的人员处理网站上的员工意见，并且迅速向员工作出回应。阿里巴巴的高层经理会利用各种机会和员工见面，听取员工意见。许多问题，大家坐下来沟通一下，马上就能解决掉。人力资源部门也会做出随时了解员工的动向，并把阿里巴巴的使命传达给每一位员工。

（四）发展员工职业生涯激励

职业发展作为内在激励因素，对员工具有很大的激励作用。要唤起员工的自我管理和自我激励的意识，让员工意识到是企业给了自己发展的平台和空间，员工要对自己的未来职业生涯负责，员工在独立工作承担责任的同时，也独立承担自我发展的责任，从而不断对自己进行激励和提高。要授予员工充分的决策权和行动权，让员工有权处理自己业务范围内的事情，如参与团队的管理和重大问题的决策权，使员工个人利益和团队利益紧密结合起来，群策群力，共同为企业的发展而奋斗。这样，员工就会有责任感地去工作，也会在工作中不断提高自己，不断激励自己。企业应充分了解员工的个人需求和职业发展意愿，为其提供适合其要求的晋升道路，使员工的个人发展与企业的可持续发展得到最佳的结合，这样，他们在工作时会乐在其中，热爱自己的工作，千方百计地把工作做得完美出色。对有一定能力的职工，要给他一个发挥才能的空间，让他把所有的潜能都发挥出来，达到最大限度的激励作用。

草原兴发集团在 1998 年推出面向集团每一位员工的职业生涯规划。起步期的年轻员工，通过一段时间直观感受后，对现有工作环境不满意，或觉得现有岗位不能充分发挥其个人才能，可以不经过主管领导，直接向集团分管人事工作的最高权力机构——人事部提出相关要求，人事部负责在一个月内给予满意答复。

在新员工刚进入企业的入厂教育时，就可以安排职业生涯设计的教育。草原兴发集团是安排 5~7 天的职业生涯规划，请专家讲职业生涯规划的重要性和规划的要点，包括职业生涯道路选择、个人成长与组织发展的关系、系统学习与终身学习的必要性以及如何根据自己的特长和兴趣规划自己的人生等，使员工一进企业就产生强烈的意识：找准方向，找准位置，尽快知道“我该在哪里”“我该怎样往前走”。

（五）完善约束与评估制度

企业在制定激励制度时应该包括正面的奖励措施，同时，还应该制定一套与之相配套的惩罚措施，如果员工触犯了条款，应该受到毫不留情的处罚，以警示和教育员工，使企业员工能够与企业同甘共苦、同舟共济。当然仅仅建立起一套激励制度是远远不够的，一套科学有效的激励制度不是孤立的，应当与企业的一系列相关体制相配合才能发挥作用，其中评估体系就是激励的基础。有了准确的评估才能有针对性地进行激励，才能更有效。评估制度应该对职位的职责、义务、奖惩做出明确的规定，特别是对职责的划分和界定应该进行细致的说明，并根据具体的环境变化，对这套标准进行不断地完善，使标准尽可能合理。同时，评估工作应该公开进行，评估结果接受人家监督，与奖惩、升迁、培训等相挂钩，对真正该奖励的人进行奖励，对真正该处罚的人进行处罚，这样对于每一个员工才真正做到了激励的公平合理。

（六）制定科学、完善、切合实际的目标考核方法

科学完善、可行性强的目标考核办法是考核工作顺利进行的基础，是考核激励机制首要考虑的问题。

要想制定合理的目标考核办法，必须做到以下 5 点。

1. 必须对本企业的各个岗位进行合理科学的分工，明确并细化岗位职责。

2. 根据岗位职责制定相应的考核细则，在考核指标的量化过程中，既要尽量做到使考核者和被考核者易理解，好操作，又要防止跌入“量化陷阱”，搞大而全、琐碎细节的量化。

3. 要注意考核办法的整体结构。制定考核办法，尤其是各项工作分值的设定要服从、服务于企业目标，各部分工作之间的分值分配要合理，从而使考核结果能真正反映一个企业员工的工作水平和遵守纪律情况。

4. 充分运用考核结果，把考核结果与员工的晋职、晋级和工资福利等紧密结合起来要充分运用考核的结果，维护考核工作的权威性，增强考核激励的杠杆调节作用。

(1) 强化正激励，充分调动员工的工作积极性。激励机制不能隔靴搔痒，通过考核要适当拉大员工间的差距，在经济和政治上给予优秀者以足够的刺激，如加大考核奖的金额，将考核优秀作为员工竞争领导职务的先决条件，真正体现“干多干少不一样”“干好干坏不一样”，以充

分调动工作人员的积极性。通过部分优秀人员的牵动作用，推动整体工作不断前进。

(2) 建立健全风险机制。企业员工作为社会一员，其工作满意度可能就在于稳定的收入和适当的社会地位，当工资等级上的差距不足以鞭策后进人员时，就要通过考核激励机制引进“热炉”规则。“热炉”规则运用在企业员工管理上就是要求在队伍管理中设置几条底线，如目前各企业正在推行的轮岗、末位调整、末位淘汰制度就是“热炉”规则的典型例子。通过强化负激励，对考核结果差的企业员工设立一定的风险机制，从而在企业员工中形成一种“不爱岗就下岗”的共识，达到鞭策后进的目的。

5. 考核办法要与时俱进，及时更新。社会在不断进步，企业在不断进步，企业的员工也在不断进步。互联网在中国不过短短十多年时间，给我们的生活、给企业的经济模式、市场模式带来翻天覆地的变化，很多行业在慢慢消亡，许多新的行业在一夜之间诞生，在这种情况下，作为企业经营者如果不能及时将大脑切换到互联网思维，企业就会逐渐失去竞争力，被市场无情淘汰。

企业的考核办法当然也是如此，人在不断变化，需求也在不断变化，没有一套管理制度是一成不变的，只有与时俱进，及时更新，才能与人的不断变化的需求相契合，真正起到激励的作用。

（七）为职工创造一个宽松的环境

企业文化激励是精神激励中的主要部分，是人力资源管理中的一个重要激励机制。

企业文化是无形的，但其激励作用是巨大的。管理在一定程度上讲就是用一定的文化塑造人，只有当企业文化能够真正融入每个员工个人的价值观时，他们才能把企业的目标当成自己的奋斗目标。未来的员工队伍将呈现出更为多样化的特点，要尊重并充分利用人际差异，就需要营造一种企业文化来统一员工的价值取向，并将其作为凝聚人心的力量源泉，形成一股强大的精神动力来吸引员工。要为职工创造宽松环境的内容，员工要成长、发展和自我实现，都需要一个健康和谐的工作环境和积极向上的企业文化氛围。所以，为了企业的持续发展，为了确保企业目标的顺利实现，为了更好地激励员工，企业要努力建立公正公平、自由和谐、肯定个人价值、鼓励创新、信息通畅、知识分享的企业文化氛围。对员工鼓励为主是创造企业宽松环境的基础。要关心员工生活，实事求是地帮助员工解决生活、工作上的困难，解决职工的后顾之忧，才能使职工真正热爱企业，忠于企业，为企业的发展尽心尽力。要创造优越的工作环境、人文环境，激情的企业文化，宽松、人性化的管理氛围。对坚持不懈、努力学习科学文化的员工进行大力表彰，对安于现状、得过且过、不思进取的员工给予必要的惩戒，形成良好的学习风气，提高全体员工的知识素养，开阔他们的精神境界。

(八)为员工提供终身教育的机会

企业最大的财富不是产品的价值，不是技术，不是市场占有率，而是人才，没有人才，这些统统都是空中楼阁。

为了留住优秀人才，提升人才的技能，不断培养人才，很多明智的企业为员工制定一个终身的、有针对性的教育规划，根据企业的发展目标，将短期专职培训和长期业余培训相结合，让员工根据企业发展不断调整自己的知识结构，不断用新知识武装自己的头脑，以适应企业的发展。要为员工提供继续深造的机会，使他们为企业创造更多更好的财富，激发他们热爱企业的精神。通过全方位的培训，使员工的知识技能得到更新，创新能力显著提高。应充分考虑员工的特点，提高其知识技能和创新能力，使员工在自我发展的同时不至于偏离企业的发展方向，激发他们的工作热情和积极性。

激励工作是人力资源管理工作的核心内容，对于每个企业来说，激励工作的好坏直接关系到能否调动员工积极性的问题，关系到生产效率高低的问题，所以每一个人力资源管理者都应该重视激励工作，尽可能避免上述所提到的误区，不断完善激励制度，提高激励管理的水平，真正把企业的激励工作搞好，真正调动起员工的工作积极性和创造力，使企业在激烈的市场竞争中立于不败之地。

第十一章

中层八关键之授权管理的误区

随着公司规模的不断扩大、业务量的不断增加，对于许多管理者来说，管理已经变成一件繁重的劳动。管理者越来越忙，每天不得不花去大量的时间去处理堆积如山的文件，已经完全没有时间去思考“战略”与“创新”问题。

管理学家告诉我们，企业领导者工作中的一大部分其实是可交由别人去完成的，上层领导者授权范围占工作的60%~85%，中层管理者应占50%~75%。

授权的概念最初来源于人力资源管理专家，他们认为传统的管理模式压制了员工们的创造性。

松下幸之助说：“成功的领导者应该‘只做自己该做的事，不做下属该做的事’!”

对于那些对职业生涯抱有雄心壮志的管理人员来说，授权已经成为一项必然的“战略选择”！不这样，你就会永远陷于琐碎工作之中而不能自拔；不这样，你的下属就永远得不到锻炼的机会，你的团队的效率就不会提升；不这样，你就无法培养接班人，而你也因无法找到代替你的接班人而无法获得晋升的机会。

一、授权的误区

（一）授权管理的相关概念

授权是上级委派给下属一定的权力，使下属在一定的监督之下，有相当的自主权和行动权，被授权者对授权者负有报告及完成任务的责任。

1. 授权是什么

管理的实质是通过他人来达成目标，这中间牵扯到授权的问题。

那么，授权是什么？

（1）授权就是通过他人来达成工作目标

授权是通过授予权力让被授权的人围绕部门或上级设定的工作目标进行工作。

作为一个中层管理者，当你的上级委派给你一项工作，有两种做法可以选择：

第一种做法：

认真研究上级交给你的工作，制订工作方案，分析完成任务的可行性条件及资源，把每一项具体的工作落实到你团队的每一个成员，并由你自己去解决工作中出现的每一个问题，并一直关注工作的进展，直到它们被完成。

第二种做法：

当上级分派任务后，你把安排具体工作的权力分解到你的下级，由他们作出决定，而不是由你告诉他们每一个人应当做什么。一旦工作中出现问题，员工不必每次都得征求你的同意，他们自己有权作出决定。你的工作是汇总信息以保证整个工作方案顺利进行。

第二种做法是一种真正的授权行为。前一种工作方法不能使你与你的下属在规划和实施某项工作时享有共同的决策权，也不能增强员工的协作精神以及发挥主人翁的精神。这不是授权，而且与当今“以人为本”“团队精神”的管理方法相违背。

后一种做法是一种真正的授权，因为你把管理者的权力分配给你的下属，让你的下属在工作中拥有一定的决策权。

(2) 授权只是授予权力

每一个职位上的权力叫职权，而每一个职位的职责和这个职位拥有的权力是一致的、对等的，或者是相互关联的。所以向下属授权就意味着授予权力。

授权不授责，部门经理对自己部门所有的工作应负全部的、最后的责任。经理在向下属进行授权的时候，并没有把应该负的最后的责任也授权出去，他仍要承担最终的责任。

(3) 授权要有适当的权限

授权要针对特定事情，给予的权限刚好够完成所要完成的工作即可。如果超越工作需要的权力就可能造成滥用职权，当然也不能授权不足，不能是授权范围还不够完成这项工作。

(4) 授权就是要授予决策权

授权特别要把决策权授予下属，这是授权的关键，不是把细小的事情交由下属去办，而是对事情的决策权力的授予。

某公司市场部经理最近工作繁忙，因为随着新项目的投产及产品投放市场，他要做许多产品推广和宣传促销的活动，他要亲自制订推广和促销计划，安排下属的每一项工作，并由他去解决在产品推销及促销过程中出现的所有问题，一会儿他要解决这个问题、一会儿解决那样的困难，花费大量的时间和精力，结果使他疲惫不堪，而且很多工作由于要等他来决定而丧失了机会。

授权是工作过量的一个有效解决办法。授权就是通过他人去达成工作目标，就是把做这件事情的权力特别是做决策的权力交给别人，这个过程就是授权的过程。这个工作就是授权的工作。

2. **授权不是什么**

为了对授权这个概念有一个全面、清晰的把握和了解，我们除了要知道授权是什么以外，还要清楚授权不是什么，这个问题常常被管理者忽视，正是这种忽视往往导致授权偏离最恰当的轨道。

(1) 授权不是弃权

许多管理者所做的并不是“授权”，而是“弃权”。他们把任务推给下属，却并未清楚阐明下属应该做什么具体工作，没有对下属自主决策的范围作出明确的界定，没有限定任务完成时限，更没有事先确定绩效评估的标准，其结果也就可想而知了。

(2) 授权不是授责

有的管理者在把工作分派给下属之后，常常会有卸下肩头重担的感觉，这并非是对授权的正确认识。授权不是授责，作为管理者，你在给下属分派工作的时候，能否完成工作或者工作完成得好坏的责任你是推卸不掉的，这个责任需要你来承担。

(3) 授权不是代理职务

代理职务是在某一特殊时期，依法或受命代替某人执行某项任务，在代理期间，代理者相当于被代理者的职位，是平级关系，而不是授权关系。而许多管理人员并不能完全区分代理与授权的差异，在把一件任务交给下属去完成时，他们总是说：“这件工作由你完全负责，我就不管了。”

代理的产生，常常是主管经理因为外出或忙于其他重要事情无法脱身，本部门或团队群龙无首时，由主管任命或选择适当的人代理职责，负责全部职权与责任。

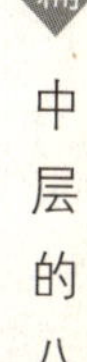

代理指向的常常是日常性管理工作，而授权则要针对具体的工作任务。

3. 授权不是助理或者秘书职务

助理或秘书只是帮助管理者工作，完成一些事务性工作或者给管理者提供一些有助于决策的意见或建议，他们不是决策人和执行者。授权是下属包括秘书或助理在被允许的权力范围内，对工作有独立的决策权和执行权。

4. 授权不是分工

分工是一个集体、组织、团体内，由各个成员按其分工各负其责，彼此间无隶属关系，而授权者和被授权者有上、下之间的监督和报告关系。

（二）授权的误区

在管理实践中，如果管理者在工作上总是大包大揽，不懂授权，那么，你将有干不完的工作，你的下属永远也不会知道怎样开始工作和怎么样才能有效地工作。一个管理者很忙而下属却很闲的企业是没有生命力的。

对于如何才能做到有效授权，许多管理者对此感到困惑，不知道如何下手，甚至会陷入授权的误区，以下 6 点是管理者在管理活动中经常出现的误区。

1. 不相信下属能够尽职尽责

很多管理者在准备授权时，都存在如下心理障碍：

“我哪敢授权呀？每天亲自盯着还做不好呢！”

“我喜欢事必躬亲，这也是我的企业能够顺利发展至今的重要原因。”

“下属还不够成熟，以前就曾因为授权把事情搞砸过，所以形成一种消极的经验主义，不放心他们能独立把事情干好。”

“这些事我都做不好，还授权给下面？这样不负责任吧？”

“一旦放权，我担心下属会不按我说的去做，而再把权收回来就显得很麻烦。”

“我担心下属拥有权力后，会营私舞弊，做出损害公司的事。”

……

其实，以上这些想法都是极端错误的。首先，管理者事必躬亲，亲力亲为，是很多小企业做成中等企业的保障。但是，企业规模变大后，管理者必须转变自己的经营理念，摆脱对具体业务或事务的处理，把精力放在公司的总体战略、经营计划上。此时，如果企业家还是事必躬亲，亲力亲为，就会导致企业的规模和业绩永远止步不前，甚至还会萎缩至最初的规模。

据《三国志》记载，“蜀国正事无巨细，亮皆独专之”。诸葛亮尽管运筹帷幄，决胜千里，却“事必躬亲，鞠躬尽瘁”，没有把阿斗培养成为一个合格的接班人，更没有打造一支执行力超强的团队，所以虽一生劳顿却没有完成兴复汉室的大业。

今天，我们的管理人员如果还把“领导的职责”定位于此，将很难取得大的成就。

“下属不够成熟，影响授权效果”，这样的说法几乎都是托词。

首先，下属不成熟，这只是管理者自己的评价。如果管理者以“下属不成熟”为由从不授权，那么即使合格、成熟的下属，也会因为得不到锻炼而无法获得成长。

其次，有时候，即使是下属职权范围内的事宜，如果下属没有事前征询管理者意见，即使事情做对了，如果不合管理者心意，也会被百般刁难。以后，下属无论任何事，都不敢独立决定，只能事事请教管理者定夺了。管理者虽然不胜其烦，却也无法改变这种局面。

中国有句俗话，叫“投之以桃，报之以李”。一个不相信下属的管理者，是无法取得下属信任的。

如果你能充分相信你的下属，你的下属就会因为你的信任而努力成为一个确实可以让你信赖的人，而你要做的就是给他们机会。很多时候，不相信别人等于不相信自己。不可否认的是，不是每一个人都能顺利完成管理者所布置的任务。如果是这样，管理者就要第一时间找出原因。是他们缺乏经验，还是你没有对他们的工作内容进行有效培训？或者他们的能力根本无法胜任这份工作？简言之，要找到合适的下属，并将工作布置给他。

2. **对下属授权，总觉得自己对任务失去了控制**

有的管理者认为，一旦对下属授权，总觉得自己对任务失去了控制。管理者害怕会失控，所以必须对每件事情随时都了解和掌握。

请记住，把握住了人，就是对事情最好的控制。

管理者害怕管理失控，从根本上讲就是不信任下属。不信任，就不会从根本上放权。下属得不到信任，也不会全力以赴去为公司拼命，做出优异的业绩。这样就形成了恶性循环：管理者越不信任，下属越不努力；下属越不努力，管理者变得更加不信任。双方更加抱怨、猜忌，对立情绪严重，更加不信任对方。

有一家影视公司，一开始从几个人的工作室做起，由于老板能力突出，没有几年，工作室便发展壮大，成立了影视公司。可是公司的老板无论大事小事都亲自审核和处理，从不舍得放权，不少跟随他五六年的人没有获得任何成长，依然还是被他呼来唤去的“马仔”。老板没觉得这样有什么问题，他反而认为，事必躬亲是他的公司能够顺利发展的重要原因。

随着老板年龄的增长和思想的老化，制作出来的影视作品越来越脱离市场，根本不符合当下观众的审美趣味，重金投资的几部影视作品票房和收视率都很惨淡，公司的财务状况迅速恶化，几个跟了他多年的下属又纷纷离职，另谋高就。老板身心俱疲，不得不全线收缩业务，又变成了单纯制作剧本的工作室。

3. **管理者认为什么事都离不开自己**

管理者经常出现太把自己当回事的做事倾向，过高地估计了自己的能力以及存在的价值。事实上，很多企业在第一代创业者离开之后便土崩瓦解，成了短命企业的原因就是如此，这类企业大多是家族企业。老板过高地估计自己的能力和存在的价值，导致的直接后果就是凡事必须亲力亲为，下属得不到锻炼和成长的机会，在他离开之后，就不会有一个合格的接班人，企业在很短时间内垮掉也就不足为奇了。

老板总是这么忙，对于他的企业来说，是不是好现象呢？又或者说，这样“呕心沥血”的老板是不是好老板呢？

老板这么忙，到底是工作的设计有问题还是员工能力有问题呢？又或者是因为工作流程、组织结构不良呢？

“三分之一时间打理集团业务，三分之一周游列国，三分之一与同行、专家聚会。”中国首富刘永好说自己不是别人想象中那么忙，而是可以随时安心离开公司十天半个月。当然，有人会说，到了他那个位置，到了新希望集团那样的规模，当然可以不忙了。其实这本质上是一个公司管理的问题，刘永好懂得放权，让优秀的人管理公司。

在刘永好明白这个道理之前，他曾经也是一个忙碌的老板。他希望一年召开两次集团的总经理会议，至今已经开了十几届。在第一次开会时，他样样都要兼顾，结果一个人讲了 14 个小时。而现在，集团的数十位总经理中，有的总经理他只见过两次，几千万的投资额也不需要他批。

管理专家告诉我们，作为企业的领导者或者管理者，千万别把自己当成神，当成救世主，离开你地球就不会转了。一个公司能否基业长青，靠的不是人治，而是健全的规章制度，靠制度去管理，才比较靠谱。不信你也可以试试，你可以交代好一项任务给下属，你半个月不来上班，看看企业是否照样转。

4. 管理者认为自己能更快更好地完成任务

组织里，如果管理者找不到一些比自己能干的人，这个组织是没什么

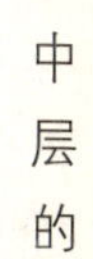

希望的。管理者可能认为自己亲自动手完成一项工作比授权给下属更快，我告诉大家，这只是幻觉。当你有意识地把工作授权给下属的时候，实际上你既不用为这项工作而犯愁了，而且你还可以去做其他更重要的事，关键是你还给了下属更多的锻炼机会。下属其实和你一样，都需要在工作中来提高完善自己。而此时唯一要做的就是花点时间去寻找能够完成你所授权任务的人。

胡老板是一个非常敬业的人，也是整个公司最忙最累的人。签字、盖章、拿主意、定方案是胡老板每天的工作内容，只要他一进办公室，找他的人就络绎不绝，忙个不停，甚至连中午都不得休息，晚上还经常有应酬，直到很晚才能回家。每天就这样忙忙碌碌，胡老板觉得生活过得很充实，慢慢地，也就适应了这种忙碌，一旦闲下来，还会觉得不适应。

一天，胡老板很赏识的一个下属提出辞职，当他问及下属辞职的原因时，下属回答道："公司很多事情久拖不决，工作效率实在太低。"

这完全出乎胡老板的意料，我这么努力工作，每天都坚持把所有事都处理完毕才下班，很多事情怎么会久拖不决，效率低下？

下属说："正是因为所有的事情都由你一个人处理，员工没有自主决策权，才导致公司工作效率低下。遇到任何问题，都要等你的指示，有时从早等到晚，终于向你汇报完了，你不是因为不了解情况胡乱指示，就是即使指示正确了，问题又出现了新的变化，只能再次请示。你自认为工作效率高，可是你有没有想到，如果你每天处理20件事，这就意味着你在决策第一件事时，其他19件事以及相关的业务、人员、资金都在闲置等待。"

"而且，正是由于你不放权，导致下属对工作根本没有责任心，即使发现有问题，也都报喜不报忧；即使有心向你汇报，考虑到要等一整天，因此也就放弃了。"

"还有，你每天需要处理的事情很多，你在给这些事项排序时，总是把简单、紧急的事排在前面，而把复杂、影响更长远的事排在后面。这样虽然决策效率提高了，可是更考验你的决策能力、管理经验，也更耗费时间和精力的复杂问题，关键事项摆在你面前时，市场不等人，留给你思考的时间却不多了。这些对公司影响更大、更深远的决策，你却用了最少的时间和精力就草草做出决策，这就会给企业发展埋下隐患。与其等到沉船落水的那一天，不如早点另谋出路。”

5. 管理者会认为把工作授权给下属会削弱自己的职权

什么是权利？指公民依法应享有的权力和利益，或者法律关系主体在法律规定的范围内，为满足其特定的利益而自主享有的权能和利益。

权利，是指法律赋予人实现其利益的一种力量，是人在相应的社会关系中应该得到的价值回报。

在职场中，有的管理者认为，授权给下属会削弱自己的职权，影响自己的威望。

在一次大规模的招聘会上，某公司人事部经理授权下属做招聘展位设计的工作，下属在这次招聘中将展位设计得使公司形象突出，不仅招聘到了高水平的员工，而且整个展示期间公司受到媒体和公众的极大关注，无疑做了一次极为有效的宣传广告。连公司老总都对人事部经理的这位下属非常满意，还经常提起他，说这是最成功的一次招聘会，人事部经理觉得自己的经理职位似乎岌岌可危。

人事部经理担心下属因此功高盖主，从而取代自己的位置，其实，这种担心是没有必要的。作为人事部经理，你也是通过上司的授权，从下属的位置一步步走上来的。如果你也是通过这样的路径让下属得到成长，那就是在为自己的职业生涯不断开辟向上的通道。下属取代你的位置，而你理所当然就会挪到更高的位置。

当然，如果你是一个无能的人，那么，被有能力的下属所取代，是一件迟早而理所当然的事情，单靠权力的压制只会一时得逞，不可能永远将人才埋没。

其实，给下属的自主权越多，作为管理者，你的任务就会完成得越快、越多。相应地，你的业绩好，你的部门以及部门影响力机会扩大，你的权力也会相应扩大。

6. 管理者觉得下属已经很忙，不忍心再增加任务

“下属已经很忙，不忍心再增加任务。”

对于管理者的这一貌似充满人情味的看法，其背后的问题实质就是，你根本不知道下属的潜力空间究竟有多大，你对你的下属缺乏足够的了解。

多让下属接受工作的挑战，会让你的属下能力得到更快的提升，会让你的团队以后的工作变得更加容易，并能有效提高整个公司或者部门的绩效。对于下属来讲，工作绝对不是一成不变的流程和每个月按时发放的工资，而是工作中的挑战一个个被克服随即所带来的巨大的成就感，是能力被团队成员承认所带来的满足感。每一个人潜在的价值观都是接受挑战，获得成功，管理者要做的就是去激发他们。

管理者面临的最大问题不是没有能干的下属，问题在于他根本不了解他的下属，甚至他们根本没意识到自己对下属缺乏了解。

管理者也许应该问自己这样一些问题：

你了解你的下属的教育知识背景吗？

你了解你的下属的特长吗？

你了解你的下属的兴趣吗？

你了解你的下属的缺点吗？

你知道哪些下属组成团队会合作顺利吗？

一旦你真正以一种欣赏的态度去观察你的下属，去了解他们的能力特长，了解他们的兴趣性格，你会发现，下属的表现将超乎你的想象。

二、有效授权的好处

有效授权所能带来的好处众所周知：有效的授权，既能让下属分担工作，又可以人尽其才，减少资源浪费；有效的授权，既能让员工承担起责任，又可以有效激励员工；有效的授权，既能培养员工，又可以让员工拥有成就感！

具体来说，有效授权具有以下几个好处：

（一）有效授权可以提高工作效率、降低成本

现代企业流程管理强调流程与流程之间、人与人之间的合作精神，要打破抑制个人能动性与创造性的阶层制管理，最大限度地发挥每个员工的工作潜能与责任心。

在企业管理过程中，领导者如果能充分向下授权，降低决策层级，使企业组织结构扁平化，从而提高企业运营效率，节约成本。

某企业规定：在预算内的资金支出，金额在5万元以下的开支由财务部经理审批；5万~20万元的开支由财务总监审批；20万~50万元的开支由总经理审批；50万元以上的开支由董事会决定。

一天，企业办公室主任来到财务部，要求按照合同约定，支付给某电信公司宽带费用6万元。

碰巧当天财务总监在外出差，因此财务经理答复办公室主任，说暂时无法支付宽带费用。

但是办公室主任说按照合同约定，如果不能按时付款，将支付给电信公司一定的违约金。在此情况下，财务经理启动了临时授权程序。

他立即与财务总监取得联系，说明具体情况，财务总监同意先由财务经理代签，出差回来后再办理补签手续。财务经理将财务总监的特别授权意见及时告知了相关复核及出纳人员，顺利地开出了6万元的转账支票。至此，特别授权程序完成，企业的宽带费用得以顺利支付。

（二）有效授权可以培养和提升员工的能力

织席贩履的刘备三顾茅庐，感动了苟全性命于乱世、不求闻达于诸侯的南阳卧龙诸葛亮，在诸葛亮的辅佐下，魏、蜀、吴三国鼎立，三分天下，刘备成了蜀国的开国之君，成就了属于自己的霸业。

刘备死后，把蜀国以及他那不争气的儿子一并托付给了诸葛亮，诸葛亮由此成为了鞠躬尽瘁、死而后已的忠臣楷模。然而，令诸葛亮伤心的是，正是他的鞠躬尽瘁、事必躬亲的管理国家的方式却屡遭后世诟病。

在刘备死后的11年中，诸葛亮凡事亲力亲为，没有培养出治理蜀国的优秀团队。六出祁山，徒劳无功，兴复汉室的希望成了泡影，在他死后还出现“蜀中无大将，廖化当先锋”的无奈局面，最后落得个“出师未捷身先死，长使英雄泪满襟”的悲惨结局，也使蜀国成为了三国中最早灭亡的一个王朝。

其实培养部属最有成效的办法，是要让他们在实践中获得足够的历练和能力的提升。

所有的学校教育、企业技能培训只能帮助员工接受某个观念或学会某种技能，而无法替代实际工作带来的体验。

杰克·韦尔奇说：“花十年的工夫培养一个合格经理的时间不算长。”

可见，企业接班人的培养是一个漫长的过程，必须高瞻远瞩，提前筹划，做好计划。

1993年，红豆集团创始人周耀庭为了培养企业未来的接班人，将红豆集团分成八块，由8位企业元老各自负责一块。周耀庭对接班人的要求是，10年以后，谁发展得最好，红豆集团就由谁取代他掌管、接班。在这8个人当中，周氏家族的成员占了3名。

之后，周耀庭对这8个人都进行了有目的的实战培养和开发，那就是充分有效地授权。

10年之后，周海江不负众望，从8位竞争者中脱颖而出，他主管的企业发展成了一家上市公司。成绩有目共睹，周海江顺理成章地接任红豆集团掌门人。

周耀庭通过授权的方式来培育员工，也培养出了红豆集团优秀的接班人。管理者有时会陷入一个授权误区，他们担心下属功高盖主，取而代之。其实，作为管理者，不仅要有统率全军的能力，还要有鼓励团队超越的胸怀；不仅要脚踏实地地拼搏，还要具备激励和提携下属的韬略。实际上，下属的成就正反映了管理者知人善任和领导有方。那些不懂或者不敢授权给下属的人，只能证明其人在实质上只是具有下级职务的水平，对低层次的工作驾轻就熟而不善于高层次的管理。

（三）有效授权可以使员工得到激励，工作充满激情与创造性

管理学大师彼得·德鲁克曾经说过："动脑的时间越长，动手的时间就越短。"

很多企业的管理者都认为当领导的一定要比下属更忙，才符合敬业精神。

事实上，这是一种错误的观念，责任大不等于工作忙。一位优秀的管理者关注的应该是"更有成效"的方法，而不是一些琐碎的俗务，思考才应是他们的基本工作内容。思考什么？当然是企业未来的发展战略和目标，只要把握好企业之船的正确航向，企业之船就会到达成功的彼岸，至

于会不会在航行途中触礁受伤，请相信，没有一艘航行在大海中的船是不带伤的。

中国房地产的龙头企业万科集团的老总王石，当年也曾是一位在公司管理上事无巨细、亲力亲为的“中国式”老板。

他在《王石说：我的成功是别人不再需要我》一书中回忆说，1999年之前，他是一位三“不”老板：对下属不放权、不放手、不放心。事无巨细，亲力亲为。后来，他感觉到他的这种过时的管理方式对企业成长弊大于利，是造成企业短命的根源所在。经过一番深思之后，他辞去了总经理的职务，保留万科董事长的职位。从“没了我地球就不转”的得意进化到了“没了我地球照样转”的自豪的王石，经历了一个痛苦的“革命过程”。

王石回忆说，他辞去总经理职务后的第二天，还像往常一样去公司上班。到了办公室以后，没了往常下属请示、汇报工作的忙碌氛围，让他觉得特别冷清，心里很不得劲，问了秘书，才得知大家都在开总经理办公会议。王石这才意识到自己已经不是总经理了。

在下属开会的那段时间里，王石在办公室踱来踱去、抓耳挠腮，竟不知该做什么好。他当时有一种不请自来，冲进会议室去的强烈“冲动”。

还好王石是个明白人，他知道问题出在自己身上：既然自己是真心把权力交出去的，为什么还老不放心？刚开始当家，总经理和他的团队肯定会犯些错误，但自己也是从不断地犯错误中成长起来的，为什么就不能允许他们犯错呢？如果还没等他们犯错误，我就直接指出问题，他们就不会再去花心思、动脑筋；如果我在最初就对问题给予纠正，他们就不会意识到后果的严重性，也不可能有进步。

王石终于想通了，为了达到自己在万科日常经营管理中“不再被需要”的目的，他先是爬高山、走大漠，后又骑车、航海、驾驶滑翔机，经常整月不归。再后来，他把自己“转型”为一名普通的访问学者，常驻哈佛，在校园里潜心研究西方的经济和文化，他竟变得“整年不归”了。

替代王石在万科“坐镇指挥”的，其实关键还不是总经理郁亮所带领的团队，而是万科的一整套规章、制度和流程。在万科，“法治”重于“人治”，“制度大于老板”。从一定意义上说，为万科制定了一整套制度并培养了万科人的规则意识和相应的企业文化，是王石对万科的最大贡献。同时，这也是在王石彻底离去之后万科有可能“基业长青”的基本保证。

不该老板管的事，坚决“不做、不看、不问”，做一个值得敬佩的“三不老板”。

王石为何那么闲，企业利润却倍增，企业健康发展；而不少老板那么忙，依然忙得昏天黑地，而企业利润在哪里？老板自己懂得。

（四）有效授权可以使管理化繁为简、化忙为闲、化紧张为和谐

有效的授权，既能让下属分担工作，又可以人尽其才，减少资源浪费；有效的授权，既能让员工承担起责任，又可以有效激励员工；有效的授权，既能培养员工，又可以让员工拥有成就感！

陈先生因为销售业绩出色，半年前被提升为公司的销售部经理。新官上任三把火，在刚开始的半年里，他工作非常勤奋，加班便成了家常便饭，他想用更加优秀的业绩来回报公司老总对他的信任。渐渐地，他感到有些力不从心，他自己每天累得要死，却发现他的下属并没有如他希望的那样，勤勉、积极主动地工作，工作状态反而显得很低迷。这种情形引起了陈先生的警觉，他觉得，一定是他的管理出了什么问题，才造成这样的状况，而这种事情如果不及时得到纠正，后果是难以设想的。在经过一番思考甚至思想斗争之后，他开始试着把要做的所有工作按重要性、难易程度排序，把各项工作分派给适合的下属去完成，自己只负责三件事，一是布置工作，告诉下属该如何去做；二是协助下属，当下

属遇到困难时协助解决；三是工作的验收，并视下属完成工作的状况激励或给予提醒。

在这之后，陈先生惊奇地发现，自己获得了“解放”的感觉，下属们也开始表现出了极强的主动工作的劲头，部门业绩明显攀升，而自己更是从大量事务性工作中解脱出来，开始思考部门的发展战略，他描述自己就像一个自动化工厂的工程师，每天只是在优雅的环境里走动，视察自行高效运转的流水线可能出现的问题。

三、如何提升授权管理的能力

据中国人力资源开发网对近50位各种类型企业的中高层管理者的调查表明，所有受访者都认为，在工作中懂得授权很重要，但对自己的授权管理感到“满意”或“比较满意”的不到20%，其余的均为“不太满意”或“很不满意”，以上数字给企业管理者提出了一个令人深思的问题，我们该如何进行有效授权？

其实，授权艺术的全部内涵和奥妙在于：做什么？让谁做？如何做得更好？

管理者要想提升授权管理能力，做到有效授权，必须掌握以下几个原则和方法。

（一）确定授权的对象和授权的方法

在准备授权时，管理者首先要确定给什么样的人授权，应当采取什么样的方法授权，授权的范围又是什么。

企业领导者在授权时必须因时、因事、因人、因地、因条件不同，而确定授权的方法、权限大小、内容等。同时，要求被授权的员工敢于付出、敢于承担责任，且应具有积极热情的态度和真才实学。

管理者在用人授权时，应充分考虑被授权者的能力和意愿，依此来决定是否对其授权、如何授权。可参看下图。

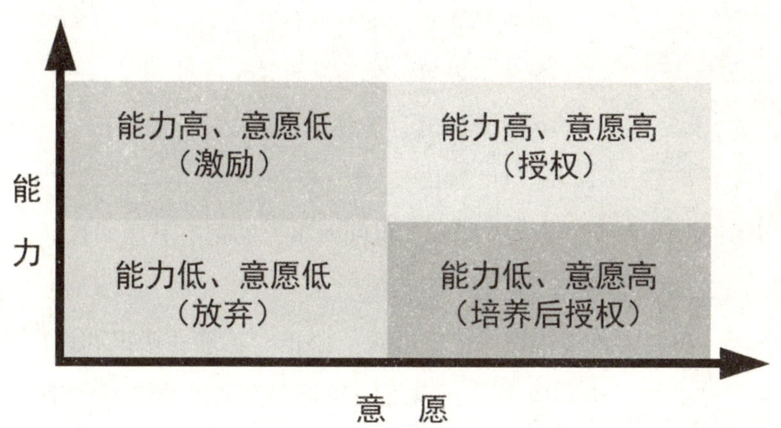

因能力、意愿不同而授权示意图

我们在用人授权上，一定要明白一个道理，把权力和责任压在一个人身上的前提是他能承担这种责任，否则就只能听天由命了。

看过《三国演义》的朋友都知道，马谡是一个非常卓越的军事参谋。诸葛亮在平定南方时曾问计于马谡，终七擒孟获收服人心，稳定了后方，得以全力北伐曹魏；后马谡又向诸葛亮献离间计，使曹丕心疑，将司马懿削职回乡，去掉了诸葛亮长期的一块心病。

合格的军事参谋不等于是合格的军事指挥人才。既没有实战经验又死搬教条的马谡被诸葛亮安排去守街亭，最终导致街亭丢失，诸葛亮只好挥泪斩马谡。

对于街亭的丢失和马谡的死，诸葛亮是要承担主要责任的。

安排什么人做什么事最合适，诸葛亮作为一个授权者，对下属马谡的能力如果有一个清晰的了解，就不会发生这样的悲剧。

清人顾嗣协的《杂诗》中有这样一首诗：

骏马能历险，犁田不如牛。
坚车能载重，渡河不如舟。
舍才以避短，资高难为谋。
生材贵适用，慎勿多苛求。

俗话说，尺有所短，寸有所长。世间万事万物都有其两面性，人也概莫能外。

所以，我们要善于认识自己，客观、公正、正确地认识和评价自己，在认识自己的过程中，既要看到自身的长处，又要看到自身的缺点和不足。作为管理者，最起码的用人之道就是要善于用人所长，避人所短。因为人才这个概念是相对的，用对了是人才，用错了却是庸才。一对一错，结果是云泥之别，天壤之别，全在乎管理者的一念之间。

（二）确定目标是有效授权的灵魂

亚里士多德说："要想成功，首先要有一个明确的、现实的目标——一个奋斗的目标。"

某企业领导对销售部的经理是这样授权的，第一种："张三，你的团队负责本公司产品的推销工作，加油干吧，公司将给你丰厚的奖励。"第二种："李四，你的团队负责本公司产品在北京地区的推广，公司希望实现40%的市场占有率，如果你能做到，公司将给你50万元的奖励。"结果怎么样？张三被授权后，四顾茫然，不知道自己的努力方向。李四呢？他接受的是明确的、富有挑战性的目标，此项任务立即引起了他的兴趣，李四充分调动自己的潜在能力，和团队积极配合，努力向目标奋进，领导授权的成效也浮出水面，取得了不俗的业绩。

当一个人不知道他驶向哪个港口时，所有的风向都是错误的。要想通过授权取得巅峰业绩，一定要使员工能够看远处的最终目标，只有清晰的目标导向才能把成功的欲望深深植于员工的意识中，使员工更快、更好、更有动力地完成工作，到达目的地。目标不明确，不但起不到激励的作用，还会使被授权者茫然、无所适从。管理者在授权时，从一开始就应清晰地告诉员工，公司试图达到什么目标，让员工对授权目标有个明确的、具体的认识。这样员工才能根据这个了然于胸的目标，依据自己的能力，迈出第一步、第二步、第三步，直到成功。

管理大师彼得·德鲁克说："目标并非命运，而是方向。目标并非命令，而是承诺。目标并不决定未来，而是动员企业的资源与能源以便塑造未来的那种手段。"

无论是制定团队的工作目标还是员工的绩效目标，都必须符合SMART原则，五个原则缺一不可。制定目标的过程也是制定者能力不断增长的过程，经理必须和员工一起在不断制定高绩效目标的过程中共同提高绩效能力。

关于目标管理的SMART原则，在目标管理的误区中有详细论述，在此不再赘述。

（三）责任清晰明确，授权是要将责任和权力一起交给下属

授权有一个误区，就是在授权时只给下属相应的责任而没有给下属充分的权力，这种授责不授权的做法是大错而特错的。例如采购部经理让采购员去采购一批办公用品，但相关的价格范围决定权、供应商的选择权、质量标准界定权由谁负责，都没跟采购员说清楚，采购员只好事事都向采购部经理汇报，他不汇报，就批评他，出了质量问题又让采购员承担责

任。这种授权方式不叫授权，而叫推卸责任。

下属履行其职责，必须要有相应的权力。只有责任而没有权力，则不利于激发下属的工作热情，即使处理职责范围内的问题也需不断请示管理者，这势必造成下属的压抑。只有权力而没有责任，又可能会使下属不恰当地滥用权力，这最终会增加企业管理者的过程控制难度。

某装修公司授予质量工程师质量否决权，质量工程师有权对不合格的装修勒令停工、返工。但由于只规定了质量有问题时质量工程师所负的连带责任，没有规定质量工程师不当的错误判断所负的责任。因此，造成质量工程师一怀疑哪里的质量可能有问题，就令其停工。

结果，造成许多不必要的停工损失。实际上，质量工程师在怀疑的情况下就停工，显然是在滥用权力。

被誉为“打工皇帝”“中国第一CEO”的唐骏在谈到什么是好的企业架构时说，当企业架构中的每一个人只知道自己的上司只有一个，自己只需要服从一个人指挥时，这个企业架构就是最好的。只有在企业长期工作经过绚烂复归平静的人才有这样深入的思考与感悟。

唐骏经常在演讲中提到自己的管理理念，即简单+勤奋。把复杂的事简单化，企业管理架构的简单化，管理内容的简单化，业务模式的简单化。

简单就是大美。唐骏悟透了管理的真谛。

管理架构设置错误会导致责任不清晰、不明确，就会产生多头管理或者无人管理，多头管理必无所适从，混乱与低效便由此产生。

（四）授权要信任下属

“用人不疑，疑人不用”，作为企业领导者，如果你将某一项任务交给你的下属去办，你就要充分相信你的下属能办好，因为信任具有无比的激励威力，是授权的精髓和支柱。在信任中授权对任何员工来说，都是一件非常快乐而富有吸引力的事，它极大地满足了员工内心的成功欲望，因信任而自信无比，灵感迸发，工作积极性骤增。

不被信任，会让员工感到不自信，不自信就会使他们感觉自己不会成功，进而感到自己被轻视或抛弃，从而产生愤怒、厌烦等不良的抵触情绪，甚至把自己的本职工作也“晾在一旁”。打个比方，老司机陪新手去开车，如果老司机总担心他开不好车，担心他方向盘掌握得不好或者油门踩得不好，不给他充分授权，不让他单独上路开车，这样他怎么能把车开好呢?

经营之神松下幸之助说：“最成功的统御管理是让人乐于拼命而无怨无悔，实现这一切靠的就是信任。”所以，当企业管理者给下级授权时应当充分信任下级员工能担当此任。

失去了管理者和下属的相互信任，管理就成了无源之水、无本之木。没有哪一个管理者希望员工背叛公司，但是员工的忠诚是用信任打造出来的。只有真心才能换来诚心，这真心就是滚利者对员工的信任。信任你的团队，信任你的员工，是管理者迈向成功的第一步。

唐玄宗李隆基即位之初，非常讲究用人之道。他任用姚崇、宋璟等贤相，整顿武周以来的弊政，推动了社会经济的发展，出现了历史上著名的“开元之治”。

有一次，姚崇就一些低级官员的任免事项向李隆基请示，连问了三次，李隆基不予理睬。姚崇以为自己办错了事情，慌忙退了出去。正巧高力士在旁边，劝李隆基说：“陛下即位不久，天下事情都由陛下决定。大臣奏事，妥与不妥都应表明态度，怎么连理都不理呢?”李隆基说：“我任用姚崇为相，大事情应该由我来决断。姚崇怎么能拿一些地方官的任用这些小事来烦我呢?”

这番话，虽然是批评姚崇用小事麻烦他，实则是放权给姚崇让他敢于任事。后来姚崇听了高力士的传话，就放手处理事情了。

从以上这个事例来看，放权用人的积极意义有以下几个方面：

(1) 可以充分调动部下的积极性，使部下放开手脚干工作。

(2) 可以克服部下对领导的依赖思想，激发其创造精神，提高独立工作的能力。

(3) 减少请示报告等工作程序，可以提高工作效率。

(4) 可以使领导者从事必躬亲中解放出来，集中精力抓好大事。

（五）不得重复授权

授权必须明确到具体的个人，不能含糊其辞，不能重复授权。现实工作中却经常出现这样的现象。

上午，经理对甲说："请你今天做一个市场调查，统计一下我市几家大型超市饮料的定价范围！"下午，见到乙后经理却又把同样的任务交给了乙。结果造成甲、乙之间的猜疑，怀疑自己的能力不行，甚至认为经理在无事生非，在制造同事之间的矛盾，甲、乙两人的工作积极性也因此下降，工作成绩黯然无色。

企业管理者在授权时出现重复授权可能是无意的，可能只是在口头上的随便讲讲，但是下级员工就会在领导语意不明的情况下，都以为这是领导交给自己的任务而开始工作。这样就会出现双头马车，造成公司资源的浪费，甚至造成公司员工的不团结。所以企业领导者授权时一定要清楚明白，千万不要出现重复授权的现象。

（六）进行反馈与控制

作为企业管理者，在授权的过程中，为保证下属能及时完成任务，管理者必须对被授权者的工作不断进行检查，掌握工作进展信息，或要求被授权者及时反馈工作进展情况，对偏离目标的行为要及时进行引导和纠正。同时，管理者必须及时进行调控：当被授权者由于主观不努力，没有很好地完成工作任务，必须给予纠正；对不能胜任工作的下属要及时更换；对滥用职权，严重违法乱纪者，要及时收回权力，并予以严厉惩处；对由于客观原因造成工作无法按时进展的，必须进行适当协助。诸葛亮分配关云长守荆州，最后关云长大意失荆州，这都是由于诸葛亮对荆州的信息了解不够，对关云长的工作开展情况了解不够，进而失去了必要的调控造成的。

授权不是不加监控地授权，在授权的同时应附以有效的控制措施，这样才能使授权发挥更好的作用。

授权就像踢足球一样，教练必须根据每位球员的特点安排其踢合适的位置，明确每位球员在球场上的职责，在比赛过程中教练又要根据球员的场上表现及时地换人、换位。同时，又要提醒场上队员应注意的事项，做到对全场比赛的有效控制。这样企业管理者才能很好地做好授权管理工作，被授权者才能有优异的工作绩效。

亨利·基辛格说："最好的领导者就是让大家感受不到他的存在，让他们觉得，'这事是我们自己完成的'。"

企业必须把管理的重点转移到提高员工素质，培养其获取信息和处理信息的能力方面。将全员管理提到新的高度，人人都是管理者，都是重大决策的参与者，也都是决策的执行者。

使员工不再是被动地在既定规制束缚下干活，而是主动而自觉地工作。另外，通过创造一种高度和谐、友善、亲切、融洽的企业文化，使企业的上下成为密切合作的团队。这将大大增强企业的自我组织、自我调节的功能，保证企业协调、有序、高效地运行。这样，领导者也就完全可以从繁重的事务中解脱出来。